PR...

El Dr. Larry Burkett (1939-2003) ha sido un fenómeno en la vida de la iglesia protestante en Estados Unidos. Su nombre por siempre se asociará con la síntesis de conceptos y principios de la Biblia aplicados a la toma de decisiones financieras.

Larry fue el fundador de la primera organización no-lucrativa dedicada al desarrollo de criterio bíblico para tomar decisiones económicas. Su organización, hoy llamada *Conceptos Financieros Crown*, se transformó en la organización más grande de su tipo en todo el mundo.

El libro que usted tiene en sus manos es un clásico. Apunta, primordialmente, a las raíces y fundamento del quehacer empresarial. Asume que usted se llama a sí mismo un cristiano (sea católico o protestante), y que, por ser cristiano, quiere obedecer a Cristo.

Demuestra los principios eternos —aplicables a todo tiempo, cultura y circunstancia económica— que han gobernado el éxito del quehacer empresarial por milenios.

Lamentablemente, a pesar de que la gran mayoría de los empresarios y profesionales latinoamericanos nos llamamos a nosotros mismos «cristianos», la verdad es que hemos perdido el «norte» y estamos manejando nuestras empresas como mejor nos parece. Es por eso que, sin saberlo, violamos los principios de nuestro Creador y, luego, nos metemos en problemas.

Le animo a que pase por alto las historias y aplicaciones prácticas que Larry hace para sus compatriotas norteamericanos y que se concentre en levantar del texto los conceptos eternos que debería aplicar a su propia empresa.

Le reto a que ponga estos principios a funcionar en su empresa y a que vea la revolución que pueden realizar, no solo en su propia compañía, sino también en su propia vida. Son miles las empresas del mundo (grandes y pequeñas), que manejan sus negocios de acuerdo a estos principios de la Santa Palabra.

Su amigo y servidor,

Andrés G. Panasiuk
Director Depto Hispano
Conceptos Financieros Crown

© 1996 EDITORIAL CARIBE
Una división de Thomas Nelson
P.O. Box 141000
Nashville, TN 37214-1000, EE.UU.

Título del original en inglés:
Business by the Book
© 1990 by *Larry Burkett*
Publicado por *Thomas Nelson, Inc.*

Traductora: *Elsie Powell*

ISBN: 0-88113-112-1
ISBN 978-0-88113-112-3

Impreso en EE.UU.
Printed in U.S.A.

E-mail: caribe@editorialcaribe.com
14ª Impresión
www.caribebetania.com

CONTENIDO

PARTE 3
Su vida y los negocios

PRIMERA PARTE

LOS NEGOCIOS
Y LA BIBLIA

|| 1 ||

Una perspectiva radical
en la dirección
de los negocios

En 1984 se trasladó la organización *Christian Financial Concepts* [Conceptos financieros cristianos], la cual presidía, a una ciudad pequeña en North Georgia donde edificábamos un centro de preparación. Después de este traslado alquilé una oficina a un empresario cristiano que conocí poco antes. Esta oficina se convirtió en una pesadilla para ambos.

El contratista no cumplió su compromiso de preparar correctamente las bases y el edificio comenzó a hundirse debido a la débil cimentación. Solíamos escuchar, mientras estábamos sentados frente a nuestros escritorios, cómo se agrietaban las paredes y cómo el edificio descendía unos centímetros más. Nuestra decisión de ubicar los materiales del departamento de empaque en el piso superior hizo que el progresivo hundimiento se acelerara aun más. El pánico sobrecogía a las personas que visitaban nuestras oficinas cuando escuchaban los ruidos que salían del edificio, pues temían que se tratara del comienzo de un terremoto. La acera del frente llegó al punto de sobresalir unos quince centímetros por encima de la entrada del edificio.

Llamé por teléfono al dueño (al que llamaré Ben) y le conté las dificultades.

—Ben, te habla Larry otra vez. Creo que tenemos un nuevo problema. Todo el costado de la pared del primer piso se ha agrietado y la brecha es tan grande que tus hijos podrían esconderse dentro...

—¿Te parece que el edificio terminará cayendo en el arroyito que corre por atrás? —me preguntó Ben con un hondo suspiro.

—No creo que tengamos esa suerte —le contesté—. Me parece que lo tendremos que seguir soportando... Pero trataré de que la gente sólo camine por la parte del frente por si acaso algo sucede.

—¿Qué piensas que debo hacer? —me preguntó Ben.

—Supongo que tendrás que picar los bordes de la acera en la entrada y volver a fundirlos antes de que alguien tropiece y se quiebre una pierna.

—Perfecto. Dentro de unos días te mandaré a alguien —contestó Ben con un quejido de desaliento. Luego agregó bromeando—: ¿No te interesaría comprar unas oficinas a *muy* bajo precio...?

—Te lo agradezco, Ben. Pero... imagino que cederemos esa suerte.

—Me lo temía —respondió.

Ben terminó, totalmente frustrado, regalándole el edificio a un miembro de su familia que dejó de mostrar la misma obligación moral de enfrentar los problemas como lo hizo Ben. Este ni siquiera se molestó en contestar nuestras repetidas llamadas telefónicas. Al darnos cuenta de que las alternativas que teníamos era llevarle a juicio o reparar el edificio, optamos por esto último. Llegamos a remodelar, a medida que iba en aumento la necesidad de espacio, las secciones que aún no se habían tocado. Ustedes tal vez pensaron que lo lógico hubiera sido anular el contrato y mudarnos. Pero, lamentablemente, eso no era tan simple. Otra mudanza implicaba un nuevo cambio de domicilio y la discontinuidad en medio de la enorme expansión de nuestra organización; de modo que decidimos quedarnos. Lo que hicimos fue descontarle el costo de las reparaciones del pago del alquiler. Pero, de ningún modo logró compensar las pérdidas por falta de fluido eléctrico, debido a las frecuentes roturas de cables; y las dos semanas que pasamos sin agua (incluso en los baños) cuando se separaron los caños de desagüe, así como otros inconvenientes.

Cuando el contrato expiró, después de tres años, optamos por renovarlo mes a mes hasta que encontráramos dónde reubicarnos. Finalmente logramos mudarnos. Pasados dos meses recibí una llamada del segundo dueño de las oficinas que ocupábamos con anterioridad. En ella nos exigía reparar, pintar y remodelar en general, todo el edificio porque encontraba difícil venderlo tal y como estaba.

Le contesté que si esperaba el tiempo suficiente, el edificio terminaría cayéndose y así podría librarse de ese dolor de cabeza. No le causó gracia. Continuó llamando y volviéndose más y más molesto con nosotros. Revisé los términos del contrato con nuestro abogado, quien me dijo que no teníamos otra responsabilidad legal que dejar el edificio en un razonable buen estado como cualquier arrendatario.

Estaba a punto de llamar al dueño y decirle que si quería que hiciésemos más de lo que el contrato (ya caduco) exigía, tendría que buscar una vía legal. Sabía exactamente lo que un abogado le contestaría: que no era legítimo lo que nos pedía.

En lugar de eso, el Señor usó a nuestro hijo mayor para darme un consejo. Me recordó que el dueño y su esposa habían perdido su único hijo unos pocos años antes y que aún sufrían por esa tragedia. A menudo habíamos sentido la necesidad de hacer algo por ellos, pero nunca se había presentado la oportunidad. Nuestro hijo sugirió que esta podía ser la «segunda milla» que el Señor quería que recorriésemos.

Al considerarlo, llegué a estar de acuerdo con su conclusión. Decidimos poner varios miles de dólares para restaurar un edificio virtualmente inutilizable.

Pero a esta altura usted pensará: ¿A qué escuela de negocios asistió este individuo? Con certeza puedo decirle que los estudios empresariales no me enseñaron a gastar miles de dólares sin necesidad. Me educaron para seguir la regla básica: «Lo que no rinde económicamente, elimínelo».

Pero desde que me gradué en esa institución he estado estudiando otro manual. Este se llama la Biblia. Este manual exige una perspectiva radicalmente diferente en los negocios, de la que sostiene la mayoría de las personas en el día de hoy. Una perspectiva que se preocupa más de la eternidad que de las ganancias en los negocios.

¿Tienen éxito los principios bíblicos sobre el mundo de los negocios? Le puedo asegurar categóricamente que sí, a la larga. Si lo que busca es un aumento rápido de las ganancias, no hallará allí el estilo en que Dios hace las cosas. Pero si lo que desea es crecimiento y estabilidad a largo plazo, el estilo de Dios es lo único que le puede llevar al éxito. Como dijo Jesús en Mateo 7.24-25: «Cualquiera, pues, que me oye estas palabras, y las hace, le compararé a un hombre prudente, que edificó su casa sobre la roca. Descendió lluvia, y vinieron ríos, y soplaron vientos, y golpearon contra aquella casa; y no cayó, porque estaba fundada sobre la roca».

He visto este principio resultar en negocios donde sólo hay una persona a su cargo, y en otros con miles de empleados. Dios anda en busca de unos pocos hombres (y mujeres) para brindar su apoyo. Hoy en día, la gran desventaja es que Dios no cuenta con demasiado material como para comenzar a actuar.

En los últimos años he enseñado estos principios a dueños de negocios y empresarios de todo el país, mediante mis seminarios sobre «Los negocios y la Biblia». Cientos de negocios han cobrado nueva fuerza y cientos de personas han cambiado su vida. Usted leerá estas historias a medida que analicemos los diferentes principios bíblicos. Aunque he cambiado los nombres, las personas son reales.

En el resto del libro trataré de bosquejar cuál es el plan de Dios para sus seguidores en lo que atañe a negocios. Algunos somos dueños; otros son gerentes o empleados. Cada uno en su nivel debe estar preparado para vivir los estatutos y mandatos de nuestro Señor, de manera que quede claro a los demás de que hay una diferencia. La norma básica no es preguntarnos: «¿Marco alguna diferencia cuando actúo así?, sino: «¿Estoy *dispuesto* a actuar de otra forma?»

2

Los puntos básicos de la Biblia

Cuando las personas se preguntan cuál es la base ética mínima que pide la Biblia, piensan en los Diez Mandamientos. En efecto, estas son las normas mínimas que Dios afirmó que debían distinguir a su pueblo de quienes lo rodeaban. En el ambiente de negocios, estos mismos mandamientos siguen operando, pero hay otros requisitos mínimos que separan a los seguidores de Dios de otros que se mueven en el ambiente comercial.

No son metas elevadas ni abstractas que nos exijan especular acerca de su sentido. Más bien se trata de indicadores que nos muestran si en realidad hemos tomado en serio dedicar nuestros negocios a Dios. Encuentro que aplicar estos principios básicos es un desafío constante. Son particularmente difíciles de seguir ya que con todos los que nos encontramos en el ambiente de negocios, y hasta con los que trabajamos, pocas veces intentan cumplirlos. Sin embargo, lo que Dios nos pone como meta no es hacer con otros lo que otros *hacen* con nosotros, sino relacionarnos con ellos de la manera que nos *gustaría* que se relacionaran con nosotros, pero que no lo hacen.

SEIS PRINCIPIOS BÁSICOS PARA HACER NEGOCIOS

1. Refleje a Cristo en su práctica comercial

Déjeme advertirle de frente, que si se decide a adoptar este principio en sus negocios le costará dinero. Vivimos en una sociedad que prospera gracias al engaño y a los contratos fraudulentos. Cualquiera que desee operar de la manera que complazca a Cristo se enfrentará a muchas situaciones que le causarán sufrimiento.

Tome por ejemplo la práctica de la honestidad total. Proverbios 3.32 dice: «Porque Jehová abomina al perverso; mas su comunión íntima es con los justos». Más adelante señala: «Aparta de ti la perversidad de la boca, y aleja de ti la iniquidad de los labios» (Proverbios 4.24). Ambos versículos reflejan este mismo principio: La honestidad se premia y la deshonestidad se castiga. Si la cuestión fuera entre robar y no robar, la mayoría del pueblo de Dios no tendría problemas en obedecerlo. Pero en las situaciones reales de la vida, las cosas se vuelven un tanto complejas.

Pablo era un ejecutivo retirado que se mudó a México para encargarse de una gran hacienda ganadera. Su negocio prosperaba porque había decidido pagar bien a sus empleados mexicanos y dirigía las cosas de manera que agradara a Dios. Su único problema consistía en que debía comprar equipos y repuestos en Estados Unidos y enviarlos a México. Pronto advirtió que si no pagaba un «plus» a los aduaneros y a otros empleados vinculados al proceso de importación, era probable que su equipo nunca llegara a la hacienda.

Pablo sabía que esas «gratificaciones» eran ilegales en México. Pero también sabía que se trataba de un estilo de vida y una práctica comercial tácitamente aceptada por todos... excepto por los canales oficiales, como es natural.

Durante una visita a Estados Unidos, Pablo asistió a uno de los seminarios sobre «Los negocios y la Biblia», realizado en Texas. Se sintió culpable de no estar honrando a Dios en este aspecto de sus negocios y tomó la decisión de no pagar el plus a nadie que trasladara el equipo que acababa de comprar. Tal como era de esperar, en la primera oficina de la frontera detuvieron la carga por «irregularidades». Después de muchas tentativas de tratar de liberar el equipo, Pablo les preguntó: «¿Cuánto me costaría arreglar esos formularios?»

Le contestaron que la demora podría eliminarse pagando un «honorario» de doscientos dólares, una suma pequeña si se compara con el valor del equipo.

Pablo ya había decidido que no pagaría dinero ilegal, no importa cuál fuera el precio, de modo que rehusó hacerlo. Como resultado, tuvo que ir a su hacienda dejando el equipo atrás. Varios días después decidió hacer averiguaciones. Después de muchos esfuerzos por localizarlo descubrió que le habían sustraído al equipo muchas de sus partes, para venderlas en el mercado negro. Lo que finalmente logró recuperar representaba una fracción de su valor original.

Debido a este tipo de cosas, Pablo decidió vender la hacienda, mudarse de nuevo a Estados Unidos y reiniciar allí las operaciones. Este paso significó un desembolso de miles de dólares y la pérdida de más equipos al tratar de cruzar la frontera y sacarlo del país. Pero sintió que no le quedaba otra alternativa, después de tomar la decisión de no pagar más dinero a personas deshonestas.

Dicho sea de paso, esta historia tuvo un final feliz. Unos meses después de salir de México recibió la noticia de que el gobierno mexicano incautó muchas de las haciendas que pertenecían a extranjeros, en el mismo distrito donde él trabajó. Si se hubiera quedado allí más tiempo, quizás hubiera recibido una fracción del valor de su propiedad.

2. Responda por sus actos

Quizás no haya algo más necesario para los que ocupan posiciones de autoridad que aprender a responder ante otros por lo que hacen. Muy a menudo quienes están en puestos de autoridad prefieren rodearse de gente que acepte sus órdenes sin cuestionarlas. En un principio, esto quizás parezca una ventaja, pero a la larga va en su contra. ¿Por qué? Porque sin un sistema de controles y equilibrios, cualquiera corre el riesgo de perder la dirección. Si usted no lo cree, trate de recordar algún caso donde alguien que no tuvo a quién responder por sus operaciones, permaneció en el rumbo que se propuso en un inicio.

Aun David, el rey que Dios mismo eligió, se apartó de su camino cuando escuchó a sus generales que le aconsejaban mantenerse lejos del campo de batalla porque su vida era demasiado valiosa para ponerla en riesgo... Olvidando que Dios lo había ayudado a salir victorioso de muchas batallas, David atendió dichos consejos y adulaciones. (¡Es fácil creer en ese tipo de consejos cuando lo que se quiere escuchar es precisamente eso!) Por eso se quedó en casa cuando el ejército salió a pelear. ¿El resultado? Ese vergonzoso episodio de Betsabé que terminó por originar la larga lucha política en el seno de su familia.

Muchos hombres de negocios creen que responden a otros por el simple hecho de actuar con un directorio, o porque tienen reuniones periódicas de negocios con su personal jerárquico. He asistido a demasiadas reuniones de directivos como para no saber que la mayoría operan con líderes fuertes donde todo lo que se hace es poner la firma a lo que decide el jefe. Sólo una persona excepcional se animará, una vez que ha tomado el curso elegido, a cuestionar las directivas del patrón cuando ese curso esté en total desacuerdo con los objetivos y lineamentos trazados por la empresa.

Entonces, ¿cuál es la respuesta? Creo que la Palabra de Dios nos ofrece varias. Una de ellas es buscar el consejo de su cónyuge. Esto es muy importante para cualquier persona casada que esté en un puesto de autoridad. Como en la mayoría de los casos los que dirigen las empresas suelen ser hombres, encaminaré mis comentarios al sexo masculino, pero las normas son válidas también para las mujeres. Cuando se trata de decisiones de negocios, la mayoría de los hombres virtualmente desoyen el consejo de sus esposas. Sin embargo, la Palabra de Dios dice que hizo al hombre y a la mujer para que constituyeran una sola persona: «Por tanto, dejará el hombre a su padre y a su madre, y se unirá a su mujer, y serán una sola carne» (Génesis 2.24). ¿No se tratará de una relación limitada que *no* toca cuestiones de negocios? Si fuera así, lo desafío a que me lo pruebe...

Un argumento válido podría ser que las mujeres por lo general no saben nada de negocios. La solución para esto es comenzar a compartir las decisiones más importantes de modo que *sí* sepan algo, cuando se presenta la oportunidad. Pero a menudo es la mujer la que *no quiere* saber nada acerca de la empresa de su esposo. Considero que esa no es la opción que nos presenta la Palabra de Dios. Cuando una esposa toma sobre sí la responsabilidad de ser pareja, debe estar dispuesta a aprender lo suficiente como para ayudar y secundar a su esposo.

Muchas veces me ha sorprendido la calidad de las intuiciones que las esposas aportan en una conversación sobre temas de los que se supone conocen poco o nada. Por ejemplo, hace unos años aconsejé a un fabricante cristiano de tejidos que estaba en una encrucijada con relación a la venta de su negocio. La empresa sufría los efectos de la competencia china y parecía inminente que muchos de los fabricantes tendrían que mudarse a Taiwan para reducir sus costos. La esposa de este hombre, quien aceptó estar presente en nuestros encuentros, afirmó en un momento dado por insistencia mía que no creía necesario vender la fábrica.

—¿Por qué no? —le contestó en el acto dando a entender con su gesto que no creía que sus opiniones tuvieran mucho valor. Al principio ella acató su rol de esposa sumisa y se refugió de nuevo en el silencio.

—Vamos, Jackie —la animé—. Si tienes algo que decir, no te dejes silenciar por este mandón. Eso no es ser sumisa, sino débil.

El esposo se quedó mudo sin levantar los ojos para mirarme.

—Bueno, lo que creo es que Dios nos dio este negocio para que operáramos en medio de una industria donde lo hacen casi siempre familias judías —respondió mientras echaba una mirada furtiva a su esposo—. Si no insistimos en quedarnos, es probable que ningún otro lo intente. Y ya que tenemos una buena base, me parece que sí podemos competir con los chinos. Tal vez descubramos algún producto que no puedan fabricar tan bien como nosotros.

—¿Qué quieres decir? —le pregunté observando la expresión de asombro que aparecía en el rostro de su esposo.

—Creo que deberíamos concentrar nuestros esfuerzos en desarrollar nuestra línea de algodones gruesos —sugirió mientras se veía que cobraba entusiasmo—. He observado que los países comunistas importan cada vez más *blue jeans* y productos similares. ¿Por qué no podemos obtener permiso de exportación para esos artículos de la misma forma que conceden permiso para exportar productos alimenticios?

Le contesté que su idea tenía muchos puntos valiosos y que debía analizarse en detalle.

Su esposo pareció reaccionar un poco y comentó que él también lo había pensado, pero nunca se había tomado el trabajo de averiguar las posibilidades. Pero luego su semblante decayó.

—¿Qué sucede? —le pregunté.

—No tenemos capital suficiente como para hacer el cambio y sobrevivir hasta encontrar el producto adecuado —comentó desanimado—. Ningún banquero nos va a facilitar un crédito para solventar una mera posibilidad.

—¿Qué tú piensas, Jackie? —le pregunté a la esposa.

—Creo que podríamos comenzar con una cooperativa entre los mismos empleados y venderles acciones en la compañía —respondió con entusiasmo—. Después de todo, son sus empleos los que están en juego. La alternativa sería liquidar la compañía y nuestras marcas a otros y vivir cómodos el resto de nuestra vida, pero eso obligaría a los empleados a lanzarse a buscar trabajo en una empresa en decadencia, frente a nuevos mercados.

—¿Sabes?, esta es una posibilidad que no se me había ocurrido antes —comentó su esposo en voz baja—. Es muy posible que nuestros empleados estén dispuestos a invertir su dinero a cambio de una participación en la empresa. Pero si lo hacemos y falla, habremos disminuido gravemente nuestra capacidad de decisión en el directorio.

—Hace veinte años comenzamos de cero —respondió Jackie suavemente—. Pienso que podríamos reiniciar así, si tuviéramos que hacerlo. Además, preferiría intentarlo y fallar, que levantar todo y descapitalizarnos poco a poco. Son escasas las compañías que intentan servir a Cristo en la industria textil, que me apena dejar perder esta oportunidad.

—¿Dónde aprendiste acerca de la industria? —le preguntó su esposo—, ¿y dónde escuchaste acerca de participación en acciones?

—Te olvidas que fui tu ayudante cuando comenzamos —respondió Jackie con una leve sonrisa—. Y no por quedarme en la casa a criar los hijos perdí mi facultad de pensar...

Jackie y su esposo terminaron vendiendo casi la mitad de las acciones a sus empleados, y desarrollaron una exitosa empresa exportadora a países comunistas de Europa Oriental. Ahora ya se han jubilado, pero pasan varios meses al año ayudando a iniciar empresas de coparticipación con cristianos de dichos países. Esta última aventura ha constituido una herramienta para acercarse espiritualmente a personas que antes resultaban inalcanzables.

FORME UN GRUPO DE CONTROL

Un hombre de negocios también podría establecer un grupo imparcial de consulta formado por consejeros cristianos. Sé que en muchas partes del país sería muy difícil encontrar cristianos calificados dispuestos a servir en esta tarea. Una alternativa es asociarse a una o dos personas que estén en negocios similares en otras partes del país y comunicarse por teléfono u otros medios, antes de tomar decisiones importantes.

He participado en grupos de esa naturaleza y aún ahora mis consejeros y yo seguimos comunicándonos por teléfono, al menos cada dos meses o cuando surge alguna necesidad específica. He notado que por haberme mostrado dispuesto a seguir sus consejos, ellos se vuelven más motivados a hacerlo con otros.

Incluso, nuestro grupo de consulta ha ayudado a resolver disputas de negocios. Por ejemplo, dos hombres de negocios cristianos entraron en sociedad de manera informal con el objeto de comprar una propiedad. Se pusieron de acuerdo en que uno de ellos pondría el dinero y el otro lo administraría. A medida que pasaba el tiempo, el primero descubrió que se habían transferido grandes sumas de dinero de su cuenta conjunta, pero que había ingresado muy poco de nuevo. Cuando le pidió a su socio que le rindiera cuentas, el administrador se ofendió y no quiso hablar en lo absoluto del asunto. Entonces, el socio gerente tuvo que *exigir* un informe contable bajo amenaza de acción legal, a lo cual el socio administrador, le contestó: «Puedes hacerlo... No he hecho nada malo. Tu dinero está allí».

Como el otro no quería iniciar una demanda a un hermano en la fe, me pidió consejo sobre cómo resolver la cuestión. Coincidió que conocía a su socio porque formábamos parte de un grupo de consulta, de modo que sentí la libertad de discutir las cosas directamente con él. Sin embargo, descubrí que también lo ofendía en grado sumo el hecho de que hubiera aceptado involucrarme. Colgó el teléfono a mitad de la conversación, para luego llamar, pedir disculpas y explicar su lado del asunto.

«Siento que le hago un favor por administrarle el dinero sin cobrar un centavo y me ofende que se sugiera que estoy desviando fondos», me dijo. «Todos los fondos se han ordenado directamente por télex e ingresado a nuestra cuenta, de modo que si se hubiera tomado el trabajo de examinar los informes de transferencias se hubiera dado cuenta de que todo estaba en orden».

Había dos cuestiones opuestas influyendo en esta sociedad informal. En primer lugar, el socio administrador actuó como un empresario independiente durante mucho tiempo, que le costaba aceptar que alguien dudara de sus decisiones ni de sus motivos. En segundo lugar, el socio gerente era dueño de una compañía que hacía miles de transferencias al mes, por lo cual era muy probable que el dinero que ingresaba se ubicara por error en algún rubro incorrecto de no identificarse expresamente.

Un análisis de la compañía demostró que todo el dinero estaba allí (y había dado ganancias). La amistad entre ellos logró salvarse, aunque la sociedad se disolvió. Sin un grupo de consulta es probable que la acción legal hubiera avanzado y la amistad hubiera terminado definitivamente. ¡Todo el mundo necesita responder por lo que hace, sobre todo los que no necesitan consejos!

3. Proporcione un producto de calidad a un precio justo

El valor de los productos y de los servicios dice más al público acerca del carácter real de la compañía y su gente, que quizás cualquier otro aspecto de la vida de una compañía. El término «valor» podría definirse como la recuperación efectiva de una inversión. Pero cuando un comerciante cristiano acepta cumplir con el estándar de servicio o de productos que demanda la Biblia, el resultado final debe ser *el producto de mejor calidad al mejor precio posible*.

Una vez leí un artículo acerca de un doctor que dejó de cobrar honorarios fijos y decidió que permitiría a cada paciente «establecer sus propios honorarios». Cuando llegaba alguna persona a la consulta, la recepcionista le brindaba la información acerca de la modalidad de pago, a la vez que le entregaba una lista detallada de los costos que asumía el consultorio, además de otros gastos. Luego le pedía al cliente que decidiera la suma que creía justa pagar por honorarios.

No obstante, los pacientes pagaban lo menos posible porque creían que el doctor trataba de influir en ellos. A la larga, no obstante, los ingresos del doctor aumentaron en un diez por ciento por haber optado el sistema del «pago libre». Al parecer, lo que esto revelaba era que los pacientes consideraban que recibían servicios de calidad.

Otro buen ejemplo de este principio es la compañía *Chic-Fil-A, Inc.*, con sede en Atlanta. Esta compañía, dirigida por cristianos, se precia de hacer productos de calidad. Gastan poco o nada en avisos publicitarios, y sin embargo son uno de los tres grupos de empresas de alimentos con mayor venta y crecimiento en Estados Unidos.

Chic-Fil-A cierra los domingos, en contraste con los otros negocios ubicados en la misma área comercial y pagan bien a sus empleados (hasta se hacen cargo de becas de estudio). De modo que cabe preguntarse: ¿Cómo sobreviven y hasta logran crecer? La compañía reparte muestras gratuitas de sus productos cada vez que abren un nuevo lugar de ventas. Los administradores saben que una vez que las personas los prueban volverán y se harán clientes. La mejor propaganda para un consumidor es un cliente satisfecho.

La norma de nuestra sociedad contemporánea pareciera ser: Entregar lo menos posible por el mayor precio posible. Pero esto opera sólo en determinados momentos, donde no hay mucha competencia o donde esta no existe.

Se dice mucho sobre los principios espirituales de los cristianos que están dispuestos a brindar alta calidad y precios justos. Cuando uno realmente ama a los otros, más que a sí mismo, quiere que el otro obtenga la mejor compra posible. Y de paso trae prosperidad a quien así procede.

4. Respete a sus acreedores

Los acreedores comerciales incluyen tanto a quienes prestan mercaderías, como a quienes prestan dinero. Muy a menudo, en nuestros ambientes de negocios, los proveedores se tratan como una fuente para operar capital sin tener que pagar interés. Cuando los negocios caen, es normal retrasar el pago a los proveedores para equilibrar la reducción en las ventas.

Una cosa es si la situación está fuera de su control. Pero otra muy diferente si sólo se aprovecha de una forma barata de operar porque viola un principio bíblico. Proverbios 3.27-28 sugiere lo siguiente:

No te niegues a hacer el bien a quien es debido,
Cuando tuvieres poder para hacerlo.
No digas a tu prójimo: Anda, y vuelve,
Y mañana te daré,
Cuando tienes contigo qué darle.

Un cristiano procede engañosamente cuando sigue pidiendo productos y otras mercaderías donde ya existen cuentas vencidas sin pagar. Esto le resultará difícil de aceptar, pero imagínese que usted es el proveedor. ¿Le gustaría que una persona le pida mercadería con la promesa de pagar después, cuando la misma ha demostrado que está perdiendo dinero y no está en condiciones de pagar? ¿O le gustaría que un cliente se retrase en pagar la mercadería, en lugar de pedir dinero mediante un préstamo a interés con el cual comprarla?

Realizaba un seminario a un grupo de hombres de negocios y mencioné de paso que no se actúa bien cuando nos retrasamos en los pagos a los proveedores porque los clientes a su vez se demoran en pagar. Uno de los asistentes me interrumpió y dijo:

—¿Quiere decir que si no pago mis cuentas porque a mí no me pagan es pecado?

—No, no es eso lo que quiero decir —le contesté—. Sólo es pecado cuando sabe que es malo y persiste en hacerlo.

—¿Pero qué pasaría si por pagar a todos mis proveedores pierdo mi negocio? —preguntó en un tono desafiante.

Utilicé la respuesta habitual que suelo dar en esas circunstancias:

—¿Hablamos de una situación real o hipotética?

—¿Qué quiere decir? —preguntó mientras comenzaba a ver mi lado en el asunto.

—Y bien, si pagar a sus proveedores significara realmente perder el negocio mientras que de no hacerlo sobreviviría, le sugiero que se comunique con los proveedores y les permita decidir al respecto. Estoy seguro de que la mayoría desearía ver que su negocio prospere en lugar de que fracase.

—Bueno, no se trata de que mi negocio fracase —admitió—. Pero tal vez causaría la quiebra de otra persona.

—Es cierto —coincidí con él—. Si esa es la situación, esa otra persona debería saber que existe esa posibilidad. Dios no nos responsabiliza con lo que no podemos hacer, sino tan solo de lo que está a nuestro alcance. Pero si la decisión es puramente económica, es decir, si es sólo porque es más barato financiar el capital adeudándose más bien con el proveedor que con el banco, no es correcto.

Esa misma persona comentó más tarde durante el seminario:

—Ustedes me han convencido que debo pedir los fondos prestados para pagar a mis proveedores a tiempo. Mi compañía puede absorber fácilmente los intereses. Sólo dilataba el pago a mis proveedores porque mi contador me aconsejaba que los «apretara» lo más que pudiera.

La integridad es algo muy difícil de hallar en nuestra generación, sobre todo cuando se trata del dinero de otros. Un cristiano, que quiere tener un testimonio creíble de su fe, debe al menos llenar este estándar mínimo. Recuerdo la nota que recibí de una de las compañías fabricantes de papel más grandes de Estados Unidos. Decía simplemente: «Gracias por la integridad que mostró en pagar sus cuentas a esta compañía».

Pensé que en realidad era notable que lo hicieran, porque mi compra total del año anterior no había sido más que unos diez mil dólares, lo cual apenas representaba una fracción de sus ventas totales. De modo que decidí hablar con el gerente y preguntarle el porqué de la nota.

«Lo que llevan a cabo con su organización cristiana me demuestra que es una de las pocas que nos paga sus cuentas a tiempo y siempre», me dijo. «Soy cristiano como ustedes, pero lamento decir que algunas de las estafas vinculadas a iglesias y otras actividades cristianas, se han vuelto un motivo de ridículo en nuestras reuniones de directorio».

Es realmente digno de reflexionar en que el presidente de una compañía haya sido objeto de mofas por sus colegas debido al fracaso de las organizaciones administradas por cristianos en lo que respecta a pagar sus cuentas a tiempo. ¡No es de extrañar que muchas personas prefieran no negociar con cristianos!

5. Trate a sus empleados con justicia

Ser justos con otros es una responsabilidad y un privilegio. El empleador que practica un trato justo puede testificar de Cristo a sus empleados, porque como dice el refrán: «Practica lo que habla». Por supuesto, algunos empleados critican a sus jefes o empleadores, no importa cómo les traten. Pero el problema es suyo. Los que están en autoridad sólo deben preocuparse por su propia conducta.

Por lo general, el buen trato se vincula a cuestiones de pago o de beneficios que se obtienen en el ambiente de trabajo. Pero eso no es todo. El buen trato también se relaciona con las actitudes y la forma de vincularse con los empleados. Por ejemplo, si la tendencia de los jefes es mirar por encima del hombro (social o intelectualmente) a los empleados de rango inferior, esa actitud será trasmitida y recibida por los mismos. Una vez que los empleados se den cuenta de que se han levantado barreras sociales, ya no aceptarán ningún esfuerzo evangelizador de su parte.

El primer paso para establecer principios de buen trato es reconocer que todas las personas tienen valor. No importa cuál sea su posición o su rol en la sociedad. La primera vez que reconocí este principio fue durante mi paso por las Fuerzas de Aviación. La barrera entre los oficiales de carrera y los empíricos era total y absoluta. Las fuerzas armadas crearon a propósito esta separación en un intento de hacer que el grupo dirigente (los oficiales) pareciera infalible. Perciben esto como un ingrediente indispensable para dar órdenes que involucren cuestiones de vida o muerte.

Lamentablemente, esta misma mentalidad se ha llevado a las relaciones comerciales. Quizás sea por un reflejo de la mentalidad amo-esclavo, a pesar de que hace más de cien años abandonamos la práctica esclavista. Pero Jesucristo no establecía tales barreras artificiales entre Él y sus discípulos, ni jamás permitió que lo hicieran los discípulos entre ellos, ni con las personas a quienes deseaban alcanzar.

Si se da cuenta de que no puede brindar el mismo respeto y consideración al empleado de más baja categoría que a los demás, es hora de que se detenga y arregle esta cuestión con el Señor. El segundo capítulo de Santiago analiza este aspecto cuando resume la idea en el versículo 9: «Pero si hacéis acepción de personas, cometéis pecado, y quedáis convictos por la ley como transgresores».

Tuve la oportunidad de ver la aplicación de este principio cuando era un nuevo creyente. Los miembros de nuestra iglesia estaban evaluando al Pastor para saber si aumentarle el sueldo. El Presidente de los diáconos presentó a la congregación una recomendación de que se le aumentara el sueldo en varios miles de dólares anuales y la iglesia lo aprobó por unanimidad. Luego el Presidente presentó un pedido de aumentarle el sueldo al Conserje, pero en un monto muy inferior al del Pastor.

El Pastor interrumpió la reunión y preguntó:

—¿Por qué están dispuestos a darme un sueldo mucho mayor que al Conserje si él tiene más hijos que yo y menos beneficios adicionales?

El Presidente de los diáconos quedó sorprendido. La razón era obvia, pero llevaba además algo implícito. Señalaba que la iglesia no remuneraba a los pastores de la misma manera que a los conserjes. Se usaba el principio de «cacique e indios». El Presidente respondió:

—Lo que pasa es que no nos alcanza para pagarle un aumento tan grande.

—Entonces quiero que le den parte del aumento que me iban a dar a mí —contestó el pastor—. No necesito ese dinero y estoy seguro que él, sí.

La reunión concluyó sin tomar una decisión final. Sin embargo, tiempo después, el Presidente de los diáconos terminó recomendando un aumento sustancial para el Conserje (casi el mismo sueldo del Pastor). Y los temas tratados en esa reunión tuvieron una profunda influencia sobre las actitudes de toda la congregación. A mí me desafió personalmente a analizar todas mis decisiones a la luz de la Palabra de Dios y no a lo que la práctica corriente dictamina.

6. Trate bien a sus clientes

Si realmente cree que su primera responsabilidad es ser un fiel testigo del Señor, su mayor influencia será entre quienes están más cerca de usted. En cuestiones de negocios, esto significa que se afectarán sus relaciones con los acreedores. Los escucharán porque los trata con respeto y les paga lo que es justo (analizaremos este punto con más detalles en el capítulo 9). Por cierto, esto afectará sus relaciones con los clientes, quienes lo tomarán en serio porque les brindará un producto de calidad a un precio justo y además por cumplir su palabra.

Hace algunos años vi la aplicación práctica de este principio en mi vida cuando estaba en el negocio de equipos electrónicos. Visité a uno de nuestros clientes potenciales para ofrecerle uno de nuestros productos, un control de circuito computarizado. Este equipo en particular era bastante caro, algo así como veinticinco mil dólares, pero ejecutaba una función que economizaba muchas horas de un técnico especializado, lo cual hubiera requerido varias veces ese monto. Sin embargo, este cliente no parecía tener necesidad verdadera de un equipo así. Más bien me dio la impresión de ser una de esas personas que quieren poseer cualquier equipo novedoso que sale al mercado. Se autoconvenció de comprar el equipo aun antes de que terminara de explicarle de qué se. trataba. Sin lugar a dudas, nuestro equipo facilitaba las operaciones de su negocio, pero no hubiera recuperado el dinero invertido en la compra.

Era una época en la que necesitábamos hacer ventas y mi cliente estaba listo para hacer la operación. Pero, aunque ya había sacado los formularios de compra de mi maletín, recordé las palabras del apóstol Pablo que me decían: «Nada hagáis por contienda o por vanagloria; antes bien con humildad, estimando cada uno a los demás como superiores a él mismo» (Filipenses 2.3). Me detuve y le dije:

—No puedo venderle este equipo.

—¿Por qué? —se apresuró a decir un poco molesto—. Puedo pagarlo. ¿Necesita un anticipo?

—No —le respondí—. No se trata de dinero. Simplemente me doy cuenta de que en su caso no llegará a recuperar el precio del equipo con el volumen de trabajo empleado. Creo que usted lo lamentaría más adelante y no quiero quedar como alguien que lo obligó a comprar un equipo innecesario.

Su expresión cambió a un gesto de sorpresa. Luego sonrió. Me expresó su agradecimiento por haber estado dispuesto a perder la venta y agregó que ya se había dado cuenta de lo que le había advertido. Pero manifestó que tenía planes de comenzar una nueva línea de negocios para reparaciones de otras compañías similares a la suya. Entonces estuve de acuerdo con él, de que nuestro equipo le resultaría ideal para esa función y cerramos el trato.

Durante los años subsiguientes, me encontré con ese hombre en varias oportunidades y nos hicimos muy amigos. La muerte de su hijo menor lo llevó a buscarme para recibir ayuda, así que tuve el privilegio de llevarlo a los pies del Señor. Creo que todo el proceso comenzó cuando sentí la convicción de poner sus necesidades por encima de las mías y tratarlo como era debido.

Ahora, veinte años después, los veinticinco mil dólares que le pagó a nuestra compañía ya se han ido y el equipo que le vendí terminó su vida útil. Pero lo que perdura entre nosotros es nuestro mutuo amor por el Señor. Esta «venta» perdurará por toda la eternidad.

‖ 3 ‖

Esclavitud en los negocios

Nunca he sido un esclavo de mis deudas, ni siquiera cuando no era cristiano. Tengo un temperamento que no tolera con facilidad la idea de tener que pagar intereses a nadie, de modo que si alguna vez pedí un crédito, me apresuré a pagarlo lo antes posible. Pero he caído en la esclavitud de los negocios de otras maneras.

Procedo de una familia pobre y desde el comienzo de mi carrera empresarial me sentía con la obligación y la necesidad de triunfar. Como resultado, desde que despertaba hasta que me dormía, dedicaba casi la totalidad de las horas del día a trabajar. No me interesaba tanto el dinero como en la seguridad que me brindaba. No gastaba dinero en compras superfluas, ni tampoco me consumía el orgullo, ni sentimientos de autosuficiencia. Sin embargo, estaba esclavizado. Mi búsqueda de seguridad me robaba tiempo para estar con mi familia y, más tarde, para estar con Dios.

La esclavitud de los negocios se presenta en muchas formas, desde estar preocupado con deudas y vencimientos, hasta estar excesivamente dedicado al trabajo. Se puede definir como todo lo que interfiere en nuestra relación con Dios o con la familia y si está en desequilibrio con respecto a la Palabra de Dios.

La esclavitud se caracteriza por carecer de pautas realistas que ayudan a balancear nuestras vidas. Unos años atrás lo comprendí mediante una propaganda comercial que me ayudó a ver este principio demostrado a la perfección. La primera escena era la de un hombre joven y un niño que le hablaba. El niño le preguntaba al padre si podía dedicarle un tiempo para que le llevara a pescar.

El hombre levantaba la vista de su escritorio cargado de papeles y decía: «Me gustaría hacerlo hijo, pero acabamos de abrir nuestra nueva planta y en este momento realmente no me alcanza el tiempo». En la escena siguiente aparecía un adolescente que le preguntaba a su padre si no tendría tiempo para acompañarlo a pescar. El hombre le respondía: «Me encantaría hacerlo hijo, pero acabamos de abrir una planta en Europa y tengo que estar allí. Te prometo tomarme el tiempo cuando regrese».

La última escena era la de un hombre entrado en años que le preguntaba a otro mucho más joven: «Hijo, ¿sería posible que uno de estos días tuvieras tiempo para ir a pescar conmigo? Te aseguro, que desde el día que murió tu madre, todo parece muy solitario por acá».

«Quisiera hacerlo papá, créeme... pero tú sabes que acabamos de abrir una nueva planta en Japón y necesariamente tengo que estar allí. Te prometo que lo haremos cuando regrese».

Este padre ya estaba bajo la esclavitud de los negocios cuando su hijito le habló la primera vez. La esclavitud no se limita a los que no tienen cómo pagar las cuentas. Es todo lo que impide mantener una relación con Dios y con los demás.

A menudo se acercan personas después de escuchar mis charlas y dicen: «Si al menos hubiera escuchado esto hace cuarenta años, mi vida hubiera sido otra». Quizás sí, pero quizás no. Siempre es fácil mirar hacia atrás y ver los errores. ¡Cuánto mejor es mirar hacia adelante y evitar errores futuros! Nunca es demasiado tarde para cambiar malos hábitos y actitudes, pero cuanto antes se empiece, tanto más fácil resulta.

A menudo los cristianos profesan el deseo de servir a Dios «de la manera que Él lo disponga». Pero su resolución se viene abajo cuando se percatan de que lo que Dios les pide es algo que costará más de lo que están dispuestos a pagar.

Somos una generación aferrada a la seguridad y casi siempre condicionamos cualquier compromiso de seguir a Dios a la idea de que primero necesitamos asegurar nuestro futuro económico. Decimos: «Te serviré Señor, pero primero...»; o bien: «Te serviré cuando...» o «Te serviré si...»

Jesús tuvo que enfrentar ese tipo de argumentos cuando iba a salir de Capernaum. Un hombre deseaba seguirlo, pero le dijo: «Señor, déjame que primero vaya y entierre a mi padre» (Lucas 9.59).

Es obvio que este comentario era una respuesta al desafío de Jesús: «Sígueme». Lo menos evidente era que muy probablemente el padre de este hombre aún no había muerto. De acuerdo a las tradiciones judías con relación a los entierros, si el padre estuviera muerto, el hijo hubiera estado en su casa y no a la orilla del camino escuchando a Jesús. Lo que el joven decía era que debía permanecer en la casa hasta recibir la parte de la herencia que le correspondía de su padre.

Jesús no mostraba insensibilidad al responderle: «Deja que los muertos entierren a sus muertos; y tú ve, y anuncia el reino de Dios» (v. 60). Así estableció una verdad muy simple que es válida aún hoy: Tenemos la oportunidad de seguir en esta vida las normas del mundo o las de Dios.

Si tomamos las decisiones basadas en nuestra seguridad y bienestar, nos resultará difícil seguir el sendero que Dios nos marca. Rara vez el llamado de Dios coincide con nuestros deseos humanos. Como dijo el profeta: «Escogeos hoy a quién sirváis».

La mayoría de los cristianos se conforman con vivir rodeados de los atractivos de este mundo en lugar de arriesgarse a perderlos por hacerse cristianos de forma radical. Según mi definición, un cristiano radical es el que pone a Dios en primer lugar en todas sus decisiones, aun cuando hacerlo le resulte costoso. En el mundo de los negocios esto significa que debemos poner a Dios primero, aunque nos cueste dinero. Aquí está la verdadera libertad —libertad espiritual— en oposición a la esclavitud del dinero.

¿Cómo reconocemos la esclavitud en los negocios? Déjeme decirle algunas observaciones acerca de los síntomas de esta enfermedad espiritual. Cualquier síntoma es sólo la manifestación externa de lo que sucede interiormente en una persona. Si usted presenta estos síntomas, es que ya contrajo la enfermedad.

SÍNTOMAS DE ESCLAVITUD EN LOS NEGOCIOS

Primer síntoma: Aire de superioridad

Tal vez no exista nada que ejemplifique mejor el triste estado de nuestra sociedad que las actitudes egocéntricas de muchos y aún más de la mayoría de los hombres de negocios que se han «hecho solos». Nadie se «hace solo». Es el esfuerzo conjunto de muchas personas lo que hace que alguien obtenga el éxito. En realidad es un resultado directo de la bendición de Dios.

Encuentro sumamente importante que cuando uno atraviesa problemas severos (financieros, conyugales o de salud) tiende a sentirse humilde de espíritu y acepta la ayuda que otros le brindan. Pero si salimos adelante con los problemas y los sustituimos por éxitos, la mayoría adoptará un aire de «lo hice yo solo».

Algunos años atrás me encontré con un cristiano muy próspero que me invitó a su casa para una cena evangelística. Invitó también a varios de los hombres de negocios más prominentes de la comunidad, así como a otros líderes. Después de la cena nos contó su testimonio acerca de su éxito empresarial y le dio gracias a Dios, como suele hacerse.

En ese momento dudé que las otras personas se sintieran impresionadas por sus palabras, ya que la mayoría había llegado a un nivel de éxito superior al suyo. Y me dije: «Esta cena sería mucho más impactante si hubiera invitado a los pobres de la ciudad para presentarles un testimonio sobre cómo obtuvo el éxito y un plan sobre la manera en que pensaba compartir una porción de las riquezas que Dios le había brindado...» En lugar de eso invitó a algunos de sus colegas para impresionarlos con el hecho de que Dios estaba «de su parte».

Quizás sea un juicio demasiado duro. Sin embargo, este principio es lo que revela claramente el pasaje que mencioné antes del libro de Santiago: «Pero si hacéis acepción de personas, cometéis pecado, y quedáis convictos por la ley como transgresores» (Santiago 2.9).

Lamentablemente, el fenómeno de la autoelevación también aparece en círculos cristianos. Algunos cristianos intentan elevarse por sobre los otros empleando su tiempo en trabajar con otros cristianos de éxito, esos bien reconocidos o en cargos de liderazgo, porque esto implica espiritualidad mediante la asociación.

A veces veo que los líderes de la comunidad que ayudan a patrocinar mis conferencias me obligan a asistir a sus almuerzos y otras reuniones preparadas para sus amigos. En el fondo, esto no es malo, a menos que la motivación sea la de ostentar su amistad con una «celebridad cristiana». En primer lugar, Dios no necesita de esas «celebridades». Y en segundo lugar, nunca he hallado a alguien que lo fuera.

Los cristianos que permiten que los hagan caer en la trampa de ser «celebridades cristianas» descubren, a menudo, que Dios simplemente los echa a un lado; terminan viviendo de experiencias pasadas. Quienes buscan autoascender colgándose de la falda de cristianos de éxito no han entendido el mensaje. ¡No hay tal cosa de cristianos hechos solos!

Tendría que admitirle a cualquiera que no soy muy experto en mantener la fachada de ser un líder cristiano. Soy el que soy, y me daría lo mismo ser un mecánico de autos, como cualquier otra cosa. En lugar de eso, Dios me ha permitido usar mi habilidad para escribir y enseñar. Esta capacidad es un regalo de Dios y no me he tenido que esforzar por tenerlas. Sin embargo, no dejen que los confunda. Preparar conferencias y escribir libros implican mucho trabajo, aunque la inspiración venga de Dios. ¡No lo podría hacer solo! Dependo de muchos voluntarios alrededor del país que me ayudan a alcanzar a las personas en sus comunidades con el mensaje de Dios sobre las finanzas y les estoy enormemente agradecido. A menudo, cuando me dirijo a una ciudad para dar una conferencia, me encuentro tan absorto con mis clases y temas de consejería, que me olvido de agradecer adecuadamente a los voluntarios que lo hacen posible. Espero que Dios los premie como corresponde.

Muchos de estos voluntarios me han ayudado durante años y en realidad no esperan nada, excepto el privilegio de saber que sirven a Dios y ayudan a cambiar algunas vidas. Pero recuerdo un hombre de negocios que ayudó a coordinar una de estas conferencias en su ciudad. Mientras estuve allí surgió una situación difícil que involucraba a un líder de la iglesia que estaba a punto de separarse de su esposa y el pastor me pidió que de acuerdo a mis posibilidades los entrevistara. Acepté hacerlo y virtualmente todo mi tiempo libre lo dediqué a esta pareja. Como resultado, descuidé la obligación de reunirme con los hombres de negocios que organizaron las charlas (aunque el coordinador de mi equipo sí lo hizo). También me olvidé de agradecer al empresario que lo organizó todo (lo que suele ocurrirme). Apenas tuve tiempo de comer un sándwich con él después de la última sesión, pero como también se unió al grupo el pastor y su esposa, no logramos conversar gran cosa. De todos modos traté de agradecerle sus esfuerzos y le manifesté mi gratitud por todo lo que hizo.

Varias semanas después recibí una llamada de uno de los miembros de mi directorio que vivía en esa ciudad. Me comentó que este empresario estaba muy molesto conmigo y les había dicho a un grupo de comerciantes que lamentaba haberme invitado. De inmediato, lo llamé por teléfono para saber qué lo ofendió así. Me percato de que al enseñar acerca de las finanzas es fácil ofender a alguien que interpreta mal lo que expreso y cree que ataco su profesión. Pero no era ese el caso con este negociante. Estaba ofendido porque no le dediqué más tiempo cuando estuve allí. También les dijo a otros empresarios importantes que almorzaríamos juntos y esperaba que se le reconociera públicamente invitándolo a la plataforma cada noche (cosa que no sucedió). En otras palabras, necesitaba que infláramos su ego y simplemente quiso usar mis charlas para lograrlo. Me temo que este hombre mirará algún día hacia atrás y le pesará no haberse esforzado por obtener esa recompensa superior que Dios puede darnos.

Segundo síntoma: Trabajar en exceso

Nuestro estilo de vida actual demanda cada vez más que nos demos ciertos gustos para mantenernos satisfechos (por un tiempo). A menudo esto significa tener que buscar dos empleos, o muchas horas extras, por uno o ambos miembros de la pareja. Comparado con el negociante entusiasta que trata de edificar su pequeño imperio, el trabajador promedio es una tortuga... No es poco frecuente que una persona que intenta levantar un negocio trabaje por lo general unas ochenta horas semanales y en algunos casos hasta cien horas o más. Lamentablemente, muchas personas creen que este régimen es necesario y normal. De modo que no sólo se autoexigen, sino que demandan lo mismo de todos los que están a su alrededor.

Es verdad que trabajar cuarenta horas semanales rara vez es suficiente para levantar un negocio emprendedor. Pero un promedio de cien horas semanales refleja un desequilibrio muy evidente de las prioridades y no una dedicación encomiable para ser líder. Puedo decirles sin titubear que nadie puede mantener un buen equilibrio entre el trabajo, la familia y Dios si trabaja más de sesenta horas a la semana. Quizás haya períodos en los que sea necesario e inevitable excederse, pero aun así las relaciones sufren.

Siempre recuerdo mis días de estudiante cuando trabajaba de diez a catorce horas diarias en Cabo Cañaveral, Florida, y a la vez llevaba una carga normal de asignaturas en la universidad. ¡Esos sí que eran días y semanas largos! En ese momento no veía otra alternativa, ya que no conocía ningún banquero que fuera lo suficientemente loco como para querer prestarme dinero para cursar mis estudios.

Me llevó casi seis años terminar y luego comencé un negocio de artículos electrónicos con un amigo mío. Todo lo que hice fue sustituir las horas de estudio por más horas de trabajo y mantuve el mismo ritmo durante varios años. Creía en realidad que ese era el ritmo normal para el éxito, ya que era el mismo que llevaban varios empresarios de éxito que conocía. De lo que no me daba cuenta en ese momento era que varios de ellos ya iban por su segundo o tercer divorcio, y repetían el mismo patrón que arruinó sus primeros matrimonios. Por lo que sabía, ninguno era cristiano, pero algunos manifestaban que eran miembros de iglesias (aunque rara vez asistían).

Luego, en medio de mi esfuerzo por lograr la idea que el mundo tiene del éxito, encontré al Señor como mi Salvador y me di cuenta que mis prioridades estaban desequilibradas. Comencé a descansar medio día los domingos, para poder ir a la iglesia.

No obstante, pronto volví a caer en la vieja rutina. No lograba, aunque trataba, romper los hábitos de toda una vida. Por ese entonces comenzamos a desarrollar una nueva línea de productos y eso requirió aún más tiempo del que dedicaba a los negocios.

Llegué a tener la costumbre de trabajar veinte horas diarias y dormir un rato cuando tuve una experiencia que me hizo reaccionar. Un día regresé a las dos de la mañana y me tiré a la cama. A los pocos minutos me desperté con una de esas «revelaciones» que Dios suele hacer. Sentí que me hablaba mediante un pasaje de las Escrituras que aparecía con toda claridad en mi mente. De modo que pasé como dos horas tratando de ubicarlo en la Biblia. (Sabía tan poco acerca de la Biblia que ni siquiera conocía la existencia de una concordancia para ayudar a ubicar pasajes que escapan a la memoria.)

Finalmente encontré el pasaje, Salmo 127.2, y nunca lo olvidaré:

> Por demás es que os levantéis de madrugada,
>   y vayáis tarde a reposar,
> Y que comáis pan de dolores;
>   Pues que a su amado dará Dios el sueño.

No sería posible decirlo con mayor claridad. Al aceptar a Cristo le prometí a Dios que nunca más tendría que reprocharme por desobedecerlo (equivocarme quizás, pero no desobedecerle). Sólo le pedía que su voluntad fuera tan clara en mi vida que me fuera imposible interpretarla mal. El Salmo 127.3 fue también lo bastante claro cuando leí: «He aquí, herencia de Jehová son los hijos; cosa de estima el fruto del vientre». Desde ese momento me comprometí a no pasar nunca más tantas horas interminables persiguiendo el éxito de mi empresa. Me limité a cuarenta y ocho horas semanales como máximo y desde ese día mantuve mi promesa. Descubro que logro más y empleo mi tiempo mejor que cuando trabajo el doble de tiempo. Así miraré hacia atrás cuando tenga setenta años sin tener que decir: «Ojalá hubiera hecho lo mismo hace veinte años».

Si usted es de los que no logran mantener el uso del tiempo en la prioridad que debe tener cada cosa, le sugiero la norma que me dijo un amigo mío hace muchos años. ¡Simplemente pedirle a Dios o bien la sabiduría necesaria para mantener el equilibrio o quitarle la tentación haciendo que el negocio fracase!

Quizás el peor culpable que conocí en esto no fue un negociante, sino un pastor. Pastoreaba una congregación muy grande y pasaba con ella prácticamente todos los minutos que estaba despierto. Aun en los ratos en que estaba en casa, su mente se mantenía enfocada en la iglesia. Se sentía justificado porque hacía «la voluntad de Dios» (una forma común de evadirnos, si queremos usar el trabajo cristiano para acrecentar nuestro ego). Aunque este pastor tenía problemas en la casa, con su mujer y sus hijos, se jactaba en decir que nunca permitía que su problemas «personales» interfirieran su ministerio.

Pero un día llamó a su puerta la policía para decirle del nuevo arresto de su hijo por portar drogas. El día anterior su esposa sufrió una crisis de nervios y la internaron en un hospital siquiátrico. Esto no le impactó al punto que preparó un sermón para el domingo basado en el tema del «sufrimiento». Pero ese día se dio cuenta, al escuchar al policía, que toda su vida era un engaño. Fue esclavo de su ego, de su orgullo. Él mismo hubiera aconsejado a cualquier miembro de su congregación a dejar de trabajar tanto y enderezar su vida.

Ese domingo subió y detrás del púlpito le dijo a la congregación: «Mi vida se ha derrumbado y me doy cuenta que he vivido en falsedad. Mi esposa está en una sala de enfermos mentales, mi hijo en la cárcel por drogas y no sé si Dios quiere seguirme usando en su servicio. De modo que por el momento voy a renunciar a mi pastorado. Trataré de restaurar mi relación con Dios y con mi familia. Si lo logro, volveré de nuevo si es que aún desean mis servicios. De lo contrario, sabré que Dios tiene otros planes para mí».

Se mantuvo un profundo silencio mientras el pastor bajaba de la plataforma. Entonces uno de los diáconos se acercó y le dijo: «Creo que al fin Dios ha comenzado a hacer su obra. Hace mucho tiempo que mi esposa y yo estamos orando para que algo así sucediera». Después, todos oraron por el pastor y su familia.

El pastor estuvo ausente durante seis meses mientras la congregación se arregló con pastores transitorios o invitados.

Empleó todo su tiempo en acompañar a su esposa y visitar a su hijo en el centro de detención. Al cabo de seis meses, decidió que ya había reorientado sus prioridades y pidió a la comisión de diáconos que volvieran a considerarlo como candidato al pastorado. No obstante, estableció condiciones para su regreso. Cada diácono debía mostrar su acuerdo a un pacto de total transparencia entre ellos; un pacto que estableciera prioridades en cuanto a finanzas, empleo del tiempo, estudio bíblico y oración. En segundo lugar, debían decir si estaban de acuerdo en hacer un análisis completo de la membresía, para determinar cuántos en realidad eran cristianos. Los que no lo fueran debían integrar una membresía diferente, independientemente de su rango o antigüedad en la iglesia.

Después de muchos debates, los diáconos aceptaron el plan y el pastor se reincorporó. Su primera actividad oficial fue poner un letrero a la entrada del santuario que decía: «Sólo aceptamos pecadores. Los demás son mentirosos, lo que los hace pecadores también».

La iglesia no volvió a ser la misma. El cambio más grande en la administración de la iglesia fue que el pastor pidió a los diáconos que asumieran un rol de liderazgo y lo relevaran de la necesidad de aconsejar, planificar y llevar adelante todo. Este pastor aprendió lo que otros cristianos no aprenden hasta que es demasiado tarde: Dios no necesita que nos desgastemos trabajando para Él. Prefiere que nos vayamos gastando poco a poco y que en ese proceso nos mantengamos llenos de su gracia.

Tercer síntoma: Uso excesivo del crédito

Ningún otro principio financiero ha dominado tanto la manera en que los hombres de nuestra generación hacemos los negocios que el uso de créditos. Hace sesenta años el país, y en realidad el mundo entero, sintió la sacudida hasta los cimientos de la caída de nuestra base financiera. Millones de personas quedaron sin empleos a medida que quebraban las industrias y miles de bancos tuvieron que cerrar sus puertas. Alguien creería que la Gran Depresión dejaría un impacto duradero en la sociedad y que nunca más volverían a haber personas que arriesgarían su hogar y su seguridad por endeudarse excesivamente. Pero hoy, seis décadas después, estamos más endeudados que nunca.

Imagínese una situación en la que una fluctuación del dos por ciento, en los porcentajes de interés, determine si la economía del país crece o entra en recesión. Ahora imagine una situación en la que la fluctuación en otro dos por ciento destruyera más de la mitad de las posibilidades comerciales logrando que más de treinta millones de personas queden sin trabajo. ¿Le parece increíble? Bien, sobre ese precipicio estamos precisamente suspendidos en el momento en que escribo estas páginas.

El vuelco se puede producir en cualquier momento. Uno creería que en el mundo de los negocios se trata con desesperación de pagar las deudas en un esfuerzo por evitar el colapso. En lugar de eso la mayoría de las personas piden créditos como si no existiera nunca un mañana. Los diarios están llenos de compras de empresas, o de firmas que se unen para formar una nueva, y todo gracias a operaciones con financiamientos considerables. Hay literalmente cientos de millones de dólares «sin respaldo» que flotan alrededor de Wall Street, a la espera de que se produzca la caída de la próxima explosión financiera.

Volveremos a analizar el tema del crédito en el capítulo 10, de modo que no entraré en detalles en este momento. Sólo quiero dar un ejemplo del daño que puede causar la esclavitud al mal uso del crédito. A principios de la década del setenta, un empresario en bienes raíces de Atlanta se hizo rico con un sistema de ventas de propiedades sindicadas (un nombre fantasioso para convencer a grupos de inversionistas que tenían una propiedad por la que pagaron demasiado y no pensaban usar, que la vendiera a otro grupo a un precio mayor).

Este empresario logró hacer mucho dinero vendiéndoles terrenos sindicados a personas de una comunidad cristiana. Cada nueva operación elevaba el precio del contrato anterior. Por ejemplo, un agente de desarrollo sindicaría un área junto con un grupo de inversionistas que prometían pagar al propietario el precio de la misma (generalmente a algún granjero) de manera financiada. La operación solía hacerse mediante una entrega inicial y el resto en cuotas. A menudo se hacía mediante un arreglo con algún banco local. Por lo general el contrato sólo pedía el pago de intereses (por un plazo de dos años) y luego un pago global por el resto.

Esta estrategia permitía que un sindicador con espíritu empresarial lograra asegurar una cantidad considerable de tierra y relativamente con poco dinero. Todo lo que necesitaba era conseguir un grupo de inversionistas ingenuos (o codiciosos) que pudieran hacer el pago de los intereses durante dos años hasta que la propiedad lograra venderse a otro grupo de inversionistas a un precio mayor. A menudo el mismo sindicador formaba el segundo grupo de inversionistas fijando el precio superior. Era algo así como el juego de las sillas musicales. Cuando para la música, siempre había alguien que se quedaba sin silla.

La primera vez que oí acerca de estas «inversiones», pensé que sería un negocio de hombres inescrupulosos que engañaban a sus clientes. Pero descubrí que la mayoría de los sindicadores creían en el método que usaban. Es más, muchos arriesgaban virtualmente todo lo que poseían para invertir en esos negocios.

Todo comenzó a desmoronarse cuando una inspección federal realizó una auditoría a una de las cadenas de bancos más grandes de Atlanta. Los auditores descubrieron que la mayoría de los préstamos sindicados no tenían toda la garantía —prácticamente todo el seguro consistía en las propiedades y los endosos de los mismos sindicadores— y prohibieron al banco y sus filiales que entregaran más préstamos para compra de terrenos sindicados sin una garantía alterna de los inversionistas.

A esa altura el castillo de naipes vino abajo. Las operaciones comenzaron a agotarse porque la venta de tierra tan financiada y costosa dependía de préstamos cada vez mayores. De pronto, los sindicadores que cosechaban miles de dólares en estas operaciones se vieron sin entradas, mientras a su vez les notificaban mensualmente el vencimiento de pagos que debían.

Por un tiempo muchos inversionistas, creyendo que la situación se iba a revertir, pidieron más préstamos mediante hipoteca de sus casas y de otros bienes, con el objeto de seguir pagando las cuotas. Pero a medida que notaron que sus ganancias se disolvían y no aparecían nuevos compradores para los terrenos sindicados, lo cual requería enormes sumas cada mes, se asustaron. Muchos se negaron a seguir pagando y esto aceleró el derrumbe. Todo el esquema era como una montaña rusa cuesta abajo sin carril al final. Muchos sindicadores honestos trataron de mantener los grupos de inversionistas asumiendo el pago de los intereses cuando algún inversionista quería retirarse. Pero el colapso siguió. Llegó a ser común en Atlanta este comentario jocoso: «Puedes decir quién es un sindicador si ves un Mercedes alquilado, con las gomas lisas y un agujero donde antes iba la antena del teléfono». Fue en ese momento que conocí a Paul Barnes. Paul fue el pastor de una iglesia muy grande de la ciudad de Atlanta en el momento en que comenzaba el ciclo de compras de terrenos sindicados. Invirtió parte de su dinero en varios planes de sindicación y el primer año logró ganancias sustanciales, más de cincuenta mil dólares. Sobre esta base logró convencer a varios amigos que invirtieran de esta manera y estos también obtuvieron importantes sumas de dinero. Pero como el sistema estaba previsto de esa forma, las ganancias subsiguientes dependían de que hubiera nuevos inversionistas que les pagaran las cuotas.

Paul estaba entusiasmado y convencido del potencial de estas operaciones. Las alababa desde el púlpito y convenció a la comisión de diáconos de que debían invertir los fondos que guardaban para un nuevo edificio. La idea era que los fondos se duplicaran o triplicaran sin gran esfuerzo. Pero con el tiempo y precisamente cuando el pastor logró obtener su licencia de agente inmobiliario y sindicaba tierras junto a varios comerciantes de su iglesia, el ciclo de ganancias llegó a su agotamiento. Al derrumbarse el negocio, la iglesia perdió más de trescientos mil dólares para la nueva edificación y muchos de los miembros perdieron todos sus ahorros. Paul ya debía tanto que le resultó imposible pagar las cuotas de la hipoteca de su casa. En poco tiempo vio desaparecer todo lo que tenía y por lo cual trabajó tantos años. Tuvo que dejar el púlpito avergonzado y derrotado. Descubrió, junto con otros miles de personas, que cayó bajo la esclavitud del crédito y que no lo supo hasta que fue demasiado tarde.

Lo sucedido a Paul Barnes y a otros miles en Atlanta al colapsar el negocio de tierra sindicada y lo sucedido a los inversionistas del petróleo en el sudeste de Estados Unidos cuando el precio del petróleo cayó es lo que al final les sucederá a millones de personas cuando el globo de créditos explote. Cuando usted depende de créditos para llevar adelante un negocio y no tiene un plan trazado para liberarse de las deudas, viola el principio elemental que expresa Proverbios 27.12: «El avisado ve el mal y se esconde; mas los simples pasan y llevan el daño».

Cuarto síntoma: Desorganización

En la Biblia este síntoma se llama negligencia. Proverbios nos lo advierte en numerosos pasajes. Particularmente me gusta Proverbios 10.4: «La mano negligente empobrece; mas la mano de los diligentes enriquece». Esto no justifica de ninguna manera que se trabaje con exceso en detrimento de todo lo demás, pero sí establece bien un principio bíblico del que trataremos más adelante: la pereza es pecado.

En cierta medida todos somos desorganizados. A menudo el grado de desorganización depende del proyecto entre manos. Por ejemplo, soy un fanático de los autos antiguos y me deleita desmantelar y volver a montar viejos modelos. Cuando lo hago, trato de ser tan meticuloso como sea posible porque sé por amarga experiencia lo que puede suceder cuando un solo tornillo queda flojo. Pero por otra parte soy capaz de arreglar la cortadora de césped con un alambre para acabar el trabajo cuanto antes.

En los negocios, la organización es una necesidad absoluta, no una alternativa. Algunas personas (como los contadores) son organizados por temperamento. A menudo les atrae el trabajo contable porque se deleitan en los detalles y en el orden. Pero rara vez alguien que se deleita en ser ordenado llegará a ser empresario de algo, a menos que la empresa se vincule directamente a los números. ¿Por qué? Pues debido a que la mayoría de los empresarios son de temperamento independiente, que les gusta hacer una variedad de cosas y no les atraen las tareas rutinarias. Sin embargo, un empresario sagaz aprenderá muy pronto que si las ideas originan los negocios, la organización es lo que las vuelve exitosas. Eso significa que un dueño de negocios, o bien debe desarrollar la disciplina necesaria o debe contratar a alguien que mantenga el orden. De lo contrario, si la empresa crece al punto en que ya no es posible seguir tomando «decisiones al vuelo», el empresario deberá vender su empresa o verá su derrumbe.

Bob Gray era un empresario cuya inclinación a la desorganización le llevó a la quiebra. Era un investigador químico que desarrolló una fórmula especial para filtrar partículas extrañas de los aceites de auto. Su idea era agregar al aceite del motor la fórmula que preparó y recoger las partículas sucias en un filtro también especial que reemplazaría al filtro común de aceite. El aceite permanecía así indefinidamente limpio y el filtro sólo requería cambio cada quince mil kilómetros; todo a un costo menor de dos dólares. Por lo que el invento tenía un valor de varios millones de dólares para cualquiera que quisiera negociar en repuestos de automóviles.

Bob hizo un contrato con una compañía de transporte de camiones para probar su producto exclusivamente en esa empresa. La compañía le permitió modificar e instalar su invento en diez de sus vehículos por un período de prueba. Durante este lapso, Bob dedicó especial atención a los detalles y vigiló personalmente el cambio de filtros y la aplicación del aditivo. Los resultados fueron espectaculares. No sólo porque el aceite quedaba libre de impurezas y de otros elementos contaminantes, sino que produjo un aumento en el rendimiento del carburante, superior al cinco por ciento. La compañía de transporte ordenó que se agregaran esos dispositivos a cada uno de los vehículos y así comenzó la empresa de Bob a funcionar viento en popa.

Lamentablemente, a medida que la empresa crecía y las demandas aumentaban, la calidad del producto comenzó a bajar. Bob aprendió una dura lección acerca del trabajo desorganizado. Alrededor de treinta camiones con acoplados se quedaron en la vía con sus motores arruinados debido a que ciertas unidades de su producto no estaban bien preparadas. La compañía retiró de inmediato los filtros con aditivos de los demás vehículos y entabló una demanda legal a la compañía de Bob por ochocientos mil dólares en daños y perjuicios.

Por negligencia, Bob dejó de renovar adecuadamente su seguro a medida que aumentaba su capital y descubrió que no cubría más que una fracción de la demanda. Apeló a una quiebra, pero supo al hacerlo que se le negaba el derecho porque los libros no estaban en orden como para demostrar que una vez acabado el pleito podría volver a operar. Por ello tuvo que liquidar la empresa y vender la patente a la compañía de camiones transportistas como parte del pago por el daño provocado.

Bob estaba a un milímetro de una vida de seguridad económica cuando la empresa quebró. Llegó a pasar una entrevista de prueba con una de las marcas de autos más importantes del mundo para incorporar su producto en todos los vehículos que vendieran. Faltaban sólo unos días para firmar esa operación, por valor de millones de dólares, cuando se corrió la voz del desastre ocurrido. De inmediato, la compañía de autos canceló las negociaciones y emitió un telegrama anulando el contrato. Esto resultó fatal para la compañía. Su excelente idea inicial mordió el polvo del fracaso por la negligencia de Bob.

Quinto síntoma: Mentalidad de hacerse rico rápidamente

Algunas personas ven los negocios como una manera de hacer dinero fácil, con el mínimo de esfuerzo posible y luego retirarse a gozarlo. Las personas con esta filosofía dejan vidas quebrantadas y un gusto amargo por el cristianismo en boca de empleados, clientes y proveedores.

Hoy en día, esta mentalidad de riqueza fácil puede verse a través de Estados Unidos en la compra y venta de miles de compañías. Los empleados innecesarios se tratan como chatarra y los acreedores a menudo se quedan con la mano estirada cuando las compañías venden sus bienes y los resultados los absorben las nuevas firmas que se hacen cargo. El cascarón de la empresa original se va a la quiebra, mientras acreedores y empleados prácticamente no reciben ninguna compensación.

No es malo hacerse rico cuando se aplican los talentos que Dios nos dio para negociar. Pero el punto en que los negocios se vuelven contrarios a las Escrituras es cuando la codicia de ganancias prácticamente se convierte en la única motivación que hay detrás de cada decisión. Lo que a menudo separa al verdadero negociante cristiano de los que no lo son o de los llamados «cristianos carnales» es la manera en que valorizan a las personas que trabajan para ellos. Pablo lo expresó de la manera más clara posible cuando dijo: «Nada hagáis por contienda o por vanagloria; antes bien con humildad, estimando cada uno a los demás como superiores a él mismo» (Filipenses 2.3). ¿Cuáles son mis motivos reales? ¿Beneficiarme «primero yo» o favorecer primero a otros? Todos los planes de ganancias rápidas se basan en la codicia y el centro de toda codicia es «primero yo».

A menudo he dicho que si pudiera convencer a los negociantes cristianos de que guarden una pequeña porción de lo que ganan y de que eviten los esquemas de hacer «dinero rápido» van a descubrir que pueden bajar el precio de sus productos y a la larga ganar más al final de su vida. ¿Cuántos doctores, dentistas o abogados conoce que ganan dinero haciendo otras cosas aparte de aquellas para las que estaban capacitados? Quizás unos pocos, pero por unos cuantos que se lanzaron a hacer «dinero fácil», cientos perdieron su dinero.

Alex es un buen ejemplo. Era un comerciante cristiano que logró levantar un próspero restaurante en su comunidad. Desarrolló una especialidad en comidas rápidas que aprovechaba la clientela de empleados de lunes a viernes. Además, se dedicó además en los fines de semana a un estilo totalmente distinto de comidas para atraer a los grupos que suelen salir a cenar en esos días. Cada uno de sus hijos iba incorporándose al negocio a medida que crecían y aprendían a trabajar en el mismo y la mayoría pensaba quedarse.

Luego, en medio de la manía de las «cadenas» que surgieron a finales de la década del setenta y comienzo del ochenta, Alex decidió establecer otras ramas a sus restaurantes. Su motivación principal era lograr una red nacional de concesionarios, luego venderla y usar el capital para dedicarse a empresario inversionista. Tenía un hermano que se suponía ganaba millones en el negocio de administrar «cadenas».

La primera rama que abrió Alex en una ciudad cercana anduvo muy bien. El éxito lo entusiasmó y decidió buscar un socio como promotor que se ocupara de vender acciones de su empresa. Este capital lo ayudaría a seguir abriendo otros locales en concesión, y como él pensaba, lo haría rico de inmediato.

El promotor alcanzó a vender unos veinte paquetes de acciones en diferentes ciudades, pero el proyecto comenzó a derrumbarse casi antes de iniciarse. Los impuestos legales para registrar acciones en sociedad eran el doble de lo que esperaba, y además, la ley le prohibía pasar cierto límite en sus ofertas de acciones. Esto obligó a Alex a buscar créditos y endeudarse, para lo cual tuvo que hipotecar el restaurante del que era dueño.

Los gastos comenzaron a subir a medida que se acumulaban desembolsos de edificación y porque las ramas de la cadena se demoraban en abrir sus puertas. Varios de los concesionarios dejaron sus empleos anteriores e hipotecaron sus casas para entrar de lleno en el negocio. Con cada demora en la inauguración de los negocios, su oportunidad de éxito disminuía proporcionalmente.

Después de varios meses de demora, tres de los socios del concesionario le entablaron juicio para recuperar sus inversiones. Argumentaban que había fraude en Alex y su compañía. La corte falló a favor de los socios y Alex se vio obligado a devolver un dinero con el que no contaba. El resultado fue que su empresa, su casa y casi todos sus bienes tuvieron que liquidarse para pagar las deudas. Por un tiempo parecía que iban a entablarle un juicio criminal, pero su voluntad de restituir todo convenció al abogado que desistiera de la acción legal.

Alex podría haber continuado haciendo buenos negocios junto con su familia por el resto de su vida, pero su mentalidad de hacer «dinero rápido» lo llevó a correr riesgos excesivos.

La mentalidad de riqueza fácil nos lleva a tres errores básicos: (1) Involucrarse en asuntos de los que no se sabe lo suficiente; (2) arriesgar fondos que uno no puede permitirse el lujo de perder; y (3) hacer decisiones apresuradas. Cada una de estas acciones viola uno o más principios bíblicos que analizaremos en este libro. En conjunto representan un pecado llamado codicia. Como Proverbios 28.20 apunta: «El hombre de verdad tendrá muchas bendiciones; mas el que se apresura a enriquecerse no será sin culpa». Una manera de evitar el problema central de caer en la esclavitud financiera es hacer planes realistas para los negocios y para la vida. Consideraremos la planificación de las finanzas personales en el capítulo 4 y la de los negocios en el capítulo 5.

4

Metas de un estilo de vida personal

La primera pregunta de un negociante cristiano no debe ser «¿cómo planifico? sino «¿por qué planifico?» La razón para mantener el registros de las finanzas y cuentas de pago es clara; uno debe hacerlo a riesgo de perder el negocio. Pero planificar supone también proyectar con meses y aun años de anticipación las metas acordes con la Biblia.

He oído a muchos cristianos decir sinceramente: «¿No dice la Biblia que no debemos preocuparnos por el día de mañana?» Puedo contestar esa pregunta con un rotundo no.

En Lucas 12.22 el Señor dice: «Por tanto os digo: No os afanéis por vuestra vida, qué comeréis; ni por el cuerpo, qué vestiréis». Estas no son instrucciones para obviar el futuro sino más bien para evitar que nos consuma el temor al futuro. En primer lugar, porque aunque quisiéramos no podríamos evitar la mayoría de los problemas. Y en segundo lugar, porque la fe se irá convirtiendo en una parte de nuestra vida a medida que confiemos en Dios para que Él nos ayude a superar las crisis inesperadas.

Siempre hay una línea muy tenue entre la fe (como la describe Hebreos 11.1: «Es, pues, la fe la certeza de lo que se espera, la convicción de lo que no se ve») y la realidad (descrita en Lucas 14.28: «Porque ¿quién de vosotros, queriendo edificar una torre, no se sienta primero y calcula los gastos, a ver si tiene lo que necesita para acabarla?»). A menudo veo cristianos que se cruzan de uno a otro lado de la línea. Yo mismo lo he hecho debido a la confusión que se nos plantea entre elegir lo que debemos hacer y lo que debemos dejar en las manos de Dios.

Por ejemplo, supongamos que usted está al frente de una compañía de bienes raíces y se percata de que sus ingresos fluctúan sustancialmente según la época (por depender del estado general de la economía en ese momento). Si ha tenido un período muy bueno y le queda un superávit importante después de pagar todas las cuentas, ¿le parece que sería mejor donar el resto a diversas obras de caridad y después confiar en que Dios le proporcionará los nuevos ingresos que necesite en los meses venideros? ¿O debería retener parte de ese excedente previendo posibles mermas en las ventas? Si es esta, ¿cuánto debería retener?

Las decisiones en la vida real no siempre son tan claras como en la clase de Escuela Dominical. Para responder a los desafíos de la vida y obtener un equilibrio razonable entre confiar en Dios y ser administradores prudentes, se requiere más que un conocimiento superficial de los principios divinos. Si nos atenemos a la «fe pura», deberíamos regalar todo el superávit mensualmente. Si nos atenemos a la «lógica pura» deberíamos reservar todos los excedentes, para superar las épocas de ventas bajas. Podríamos defender ambas posiciones, pero sólo apelando a versículos aislados de la Biblia.

En Lucas 14.33 Jesús nos dice: «Así, pues, cualquiera de vosotros que no renuncia a todo lo que posee, no puede ser mi discípulo». Por cierto que nadie interpretaría esto como otra cosa que desprendernos de todos los recursos materiales que ofrece el mundo. Pero Lucas 22.35-36 registra un diálogo entre Jesús y sus discípulos que sugiere un énfasis diferente: «Y a ellos dijo: Cuando os envié sin bolsa, sin alforja, y sin calzado, ¿os faltó algo? Ellos dijeron: Nada. Y les dijo: Pues ahora, el que tiene bolsa, tómela, y también la alforja; y el que no tiene espada, venda su capa y compre una». Tal parece que este pasaje indica que el problema no está tanto en retener las reservas, sino en depender de ellas más que de Dios mismo. En otras palabras, cuando consideramos el tema de los superávits, lo que debemos preguntarnos es: «¿Soy capaz de seguir confiando en Dios a la vez que retengo las reservas? ¿Necesito deshacerme de todo para confiar en Dios?»

La mayoría de los pasajes de la Biblia se inclinan a decirnos que debemos retener sólo excedentes modestos, porque hay muchos peligros en torno al exceso material. Pero por otra parte, como es difícil operar en negocios dentro de nuestra sociedad sin contar con un capital a mano, las alternativas son: (1) despedirse del mundo de los negocios; (2) pedir prestado cuando sea necesario; (3) retener parte de las ganancias para las épocas malas.

El pasaje que siempre viene a mi mente cuando considero estas interrogantes es el de Proverbios 6.6-9:

> Ve a la hormiga, oh perezoso,
>   Mira sus caminos y sé sabio;
> La cual no teniendo capitán,
>   Ni gobernador, ni señor,
> Prepara en el verano su comida,
>   Y recoge en el tiempo de la siega su mantenimiento.
> Perezoso, ¿hasta cuándo has de dormir?
>   ¿Cuándo te levantarás de tu sueño?

Las hormigas no acaparan; sólo almacenan lo que necesitarán para pasar el invierno. Cuando una colonia de hormigas se traslada a un lugar donde el clima les permite hacer provisiones durante casi todo el año, anulan algunas de las cámaras de almacenamiento hasta quedar con las reservas equivalentes a las necesidades.

Lo más elemental y básico en el tema de planificación es que resulta tan necesario como bíblico ser un buen administrador. Esto implica prever para el futuro con prudencia. Demasiada planificación puede llevarnos a confiar en nosotros mismos y muy poca planificación nos llevaría a una crisis que deberíamos haber evitado. Si nos basamos firmemente en la Palabra de Dios y dependemos de su guía diaria, seremos capaces de llegar a un buen equilibrio.

METAS PERSONALES

Antes de planificar con éxito los negocios, uno debe tener algunas metas financieras personales. Estas pueden fijarse con facilidad realizando dos pasos previos:

1. Haga y mantenga un plan de gastos personales

Bert Lance, director de presupuesto durante la administración Carter, se vio involucrado en problemas personales debido a ciertos créditos indebidos en bancos donde figuraba como presidente. Su justificación fue decir que no tenía cómo saber lo que tenía en la cuenta ni lo que debía en cada momento del día. En ese instante me dije: «¿Es demasiado pedirle al secretario del presupuesto nacional que viva según su presupuesto?»

La manera en que las personas manejan sus finanzas será la misma para las de su compañía. El principio es muy simple: Las personas fieles y cuidadosas en cosas pequeñas, lo serán en las grandes. Pero aquel que es descuidado o infiel en las cosas pequeñas, también lo será en las grandes (véase Lucas 16.10). En cierta ocasión, J.C. Penney dijo: «Un hombre que es demasiado rico como para molestarse en recoger un centavo es demasiado rico». El corolario de esto, en sentido bíblico, lo encontramos en Proverbios 12.9: «Más vale el despreciado que tiene servidores, que el que se jacta, y carece de pan».

La mayoría de las veces los que dirigen negocios dejan que algún otro se preocupe de estas cuestiones «triviales». En el caso de las parejas, el esposo casi siempre le pasa el presupuesto a su esposa dándole poca o ninguna participación. Pero Dios dice que si dos personas trabajan juntas el resultado es mejor (Eclesiastés 4.9), y también dice que los cónyuges deben actuar como una sola persona (Génesis 2.24). Eso significa que hacer un presupuesto personal y mantenerlo es responsabilidad tanto del esposo como de la esposa. Si está demasiado ocupado como para molestarse en conocer los detalles del presupuesto familiar, está demasiado ocupado.

No voy a analizar en este momento los detalles de cómo hacer un presupuesto. El tema se ha tratado en muchos libros.

Pero me gustaría subrayar que cuando los cónyuges trabajan juntos en su presupuesto familiar, aprenden a conocerse mejor que de ninguna otra forma. A menudo Dios pone personas muy diferentes para que se acompañen y equilibren. Cuando los cónyuges no se comunican con relación al tema de las finanzas, les puedo asegurar que no existe comunicación entre ellos sobre ninguna otra cosa.

2. Establezca algunas metas personales a corto y largo plazo

Todo cristiano tiene la responsabilidad de establecer algunas metas fundamentales en su presupuesto familiar. Los que poseen la capacidad de hacer más dinero que otros tienen una responsabilidad aun mayor, según lo que nos advierte el Señor en Mateo 13.12: «Porque a cualquiera que tiene, se le dará, y tendrá más; pero al que no tiene, aun lo que tiene le será quitado».

Establecer metas significa ser capaz de evaluar las cosas y no sólo fijarse objetivos. También significa decidir sobre aspectos como el estilo de vida y tener pautas acerca de cuánto éxito financiero consideramos que es suficiente lograr. Creo firmemente que muchos cristianos canjean su herencia en la eternidad por las gratificaciones temporarias de este mundo. Son pocos los que comprenden el concepto de la recompensa eterna, aunque el Señor dedicó bastante de su precioso tiempo para enseñarnos acerca de ella. Lo que sabemos con seguridad es que nuestra posición en el Reino de Dios será inversamente proporcional a la manera en que nos gratifiquemos en esta vida.

No hay una enseñanza equilibrada en cuanto a esto, porque son muy pocos los que en realidad la comprenden. Los «estoicos» creen que para seguir a Jesús un cristiano debe vender todo y vivir en la pobreza. Para justificar esta posición suelen citar el comentario del Señor acerca del joven rico en Lucas 18.22-25. Creo que ese modo de interpretar las Escrituras está totalmente fuera de contexto. El Señor se dirigía a un problema específico de aquel hombre. Sin embargo, su advertencia tenía el objeto de incluirnos a todos: «¡Cuán difícilmente entrarán en el reino de Dios los que tienen riquezas!» (Lucas 18.24).

Por otro lado están los propagadores del «evangelio de la prosperidad» que traen un mensaje de bienestar, riqueza y éxito. Este grupo, que está asentado principalmente en torno al cinturón de petróleo en el sudoeste de Estados Unidos, ha bajado un tanto el tono después del colapso de la industria petrolera. ¡Es difícil vender un mensaje de «prosperidad» cuando algunos de sus principales exponentes han ido a la quiebra!

Cuando la gente hace ganancias de millones es fácil predicar el evangelio de la «prosperidad», porque con ese mensaje les resulta más fácil justificar las gratificaciones superfluas en que incurren. Es un mensaje más difícil de vender cuando los grandes donantes pierden sus casas a pesar de todo lo que ofrendan para tener a Dios de su parte. Sin embargo, en las condiciones actuales, estoy seguro de que los vendedores del mensaje de la prosperidad volverán a aparecer tan pronto como el éxito vuelva a sus empresas.

En algún punto intermedio de estos dos extremos está el equilibrio. Las palabras del antiguo profeta lo expresan así:

> Dos cosas te he demandado;
>> No me las niegues antes que muera:
> Vanidad y palabra mentirosa aparta de mí;
>> No me des pobreza ni riquezas;
>> Manténme del pan necesario;
> No sea que me sacie, y te niegue, y diga:
>> ¿Quién es Jehová?
>> O que siendo pobre, hurte,
> Y blasfeme el nombre de mi Dios. (Proverbios 30.7-9)

Si acepta la verdad que expresa la Palabra de Dios de que tan solo somos administradores (mayordomos) de sus recursos, la tarea de determinar cuánto nos basta es mucho más simple. Como Dios es dueño de todo, y todo se recicla de generación en generación, es cuestión de determinar cuánto necesitamos esforzarnos para llevar a cabo la obra que Dios nos ha asignado durante nuestra vida.

Se puede definir el exceso de gratificación personal (o la autoindulgencia materialista) como la compra de cosas que casi no necesitamos o que nos resultan superfluas. Un ejemplo de esto es el espectáculo que ofrecen los jardines de muchas familias estadounidenses, donde se van acumulando lanchas, casas móviles, etc. La lista aumenta si agregamos los autos deportivos para los adolescentes, las casas de veraneo, las cabañas para esquiar y así sucesivamente.

Pero el precio por sí solo no es suficiente para determinar si algo es superfluo. Tengo un amigo que compró recientemente un avión nuevo por doce millones de dólares. Dicha compra no era una autoindulgencia. ¿Por qué? Porque es dueño de una línea de trasporte aéreo y una avioneta es un medio de trabajo para él. Lo que cuenta no es el precio, sino su valor y utilidad personales.

Estoy firmemente convencido de que Dios quiere que su gente prospere. Pero no al punto de que nos gratifiquemos con cualquier novedad de las que nuestra sociedad produce a diario (ni que se lo permitamos a nuestros hijos). John Wesley señaló en cierta oportunidad: «No es posible que un cristiano fiel permanezca pobre por mucho tiempo. Porque la misma naturaleza de Dios, que ahora lo anima, hará que su frugalidad finalmente lo premie con el éxito».

Nuestra generación ha perdido mucho de su frugalidad. Los líderes cristianos que están en negocios o al frente de ministerios cristianos parecen esforzarse por demostrar lo ricos que son con la ayuda de Dios. Pero no encuentro casi ninguna persona no creyente que se quede bien impresionada por el argumento de la riqueza ni del éxito. Han visto demasiada riqueza entre hombres de mundo como para saber que no sólo las personas de vida recta acumulan dinero... Lo que sí impresiona, tanto a los creyentes como a los que no lo son, es la vida de esos pocos individuos que aprendieron a controlar su estilo de vida y emplean la abundancia que reciben de Dios para ayudar a otros y para extender la Palabra de Dios.

Una vez que una pareja establece cuáles serán sus metas a corto plazo debe establecer cuáles serán las de largo plazo. A continuación enumero algunas. Estas requieren el compromiso de ambos miembros de la pareja, así como también un largo período de oración y reflexión antes de adoptarlas. Recuerde, sus metas tienen que nacer de su comprensión del plan de Dios para su vida y no de mis planes ni de otras personas.

DEUDAS

Una de las metas que todo creyente debe proponerse es llegar a estar totalmente libre de deudas. Eso significa que debe liberarse de deudas de la casa, el auto, la ropa y demás artefactos. En una economía que fluctúa tanto como la nuestra, esto es una simple medida del sentido común. En algún momento la economía estará encaminada a dar un severo vuelco negativo. Quienes entonces tengan deudas deberán enfrentar la ruina financiera. Si necesita una motivación adicional, simplemente reflexione en lo que dice Proverbios 22.7: «El rico se enseñorea de los pobres, y el que toma prestado es siervo del que presta». Pregúntele esta verdad a cualquiera de los que estaban en empresas agrícolas o en negocios petroleros en Estados Unidos a comienzos de la década del ochenta.

ESTILO DE VIDA

No es una simple coincidencia que pertenezcan a los que tienen más dinero las casas más grandes, los autos más lujosos y los juguetes más caros. ¡Y muchos cristianos conocidos en el mundo de los negocios expresan abiertamente que el que no ostenta ese nivel de riqueza es porque ha perdido el tren de Dios!

Permítame proponerle una idea radical sacada de la Palabra de Dios: Determine qué es lo mejor que Dios puede darle para vivir y satisfágase con eso, aunque esto signifique bajar el nivel de vida. En Lucas 8.18 el Señor dice: «Mirad, pues, cómo oís; porque a todo el que tiene, se le dará; y a todo el que no tiene, aun lo que piensa tener, se le quitará». Y Él ha prometido en Lucas 18.29-30: «De cierto os digo, que no hay nadie que haya dejado casa, o padres, o hermanos, o mujer, o hijos, por el reino de Dios, que no haya de recibir mucho más en este tiempo, y en el siglo venidero la vida eterna».

Obviamente, Dios tiene un plan diferente para cada uno de nosotros y nos dará el estilo de vida que nos brinde la máxima libertad para servirle. Algunos cristianos bien pueden necesitar una casa de 500 m^2 para llevar a cabo lo que Dios los llame a hacer en su comunidad. Pero la mayoría de los cristianos acaudalados de hoy en día nunca han reflexionado con fe acerca de la pregunta: ¿Cuánto es suficiente? En lugar de eso instintivamente responden como el financiero Bernard Baruch cuando le preguntaron lo mismo: «¿Cuánto es suficiente? Pues, un poquito más».

AUTOMÓVILES

Es evidente que muchos cristianos despliegan su sistema de valores en el tipo de automóviles que poseen. Es probable que en muchos casos esta actitud proceda de su juventud cuando la popularidad dependía del modelo de auto. Si alguien pasa por el parqueo de un preuniversitario privado no tendría dificultad en saber cuál es la sección destinada para alumnos y cuál para los profesores. El de los alumnos está lleno de modelos caros, mientras que el de los profesores parece una venta de chatarra.

No quiero ser el juez de nadie, y el modelo de auto que usa es una cuestión entre usted y Dios. Pero sería negligente, como maestro de la Palabra de Dios, si no les advirtiera que si la calidad de lo que le damos a Dios no es equivalente a la calidad de lo que pretendemos para nuestros vehículos, necesitamos reevaluar dónde está nuestro corazón: «Porque donde está vuestro tesoro, allí estará también vuestro corazón» (Lucas 12.34).

Personalmente, me encantan los autos. Soy capaz de valorar los autos caros por su excelente rendimiento, pero no compro modelos de temporada porque pierden gran parte de su valor al instante de salir del salón de ventas.

UNA PERSPECTIVA PARA ESTABLECER METAS EN UN ESTILO DE VIDA

Si usted es un cristiano del mundo de los negocios, tiene la oportunidad de representar, para bien o para mal, lo que realmente cree. Lo que haga con los recursos que se le han brindado, reflejará lo que para usted es más valioso. Creo que en los medios cristianos hace falta con urgencia que se vean cristianos prósperos que sepan ejercer autodisciplina en su estilo de vida. Una vez que un cristiano alcanza una posición importante en el mundo de los negocios (o adquiere una esfera de influencia), salvo raras excepciones, es difícil distinguirlo de cualquier otro tipo de persona que también arribó al éxito. La opulencia es un hábito que se adquiere con facilidad; y volverse autoindulgente es algo para lo cual es muy fácil encontrar justificaciones. Hoy en día lo que necesitamos son cristianos radicales que vivan en primer lugar para Dios y que dejen el mundo para el último lugar.

Carecerán de valor, pasado un segundo de que nuestro corazón deje de latir, los autos caros, las casas de lujo, las vacaciones costosas, las cuentas bancarias repletas, etc. Lo único que tendrá gran importancia para la eternidad es lo que se hizo en el nombre de Dios y siguiendo la manera en que el Señor mismo hacía las cosas. Nuestro Señor pasó gran parte de su ministerio tratando de advertirnos acerca de los peligros de servir al mundo en lugar de servirlo a Él. Quisiera cerrar este capítulo con las advertencias que más han modificado mi vida a través de los años desde que decidí ser cristiano. Después de todo, los principios para operar un negocio cristiano son importantes, pero sin la actitud del corazón que reconoce a «Jesús como Señor» esas mismas normas se pueden volver vacías. Por favor tómese los minutos siguientes para leer y orar acerca de los siguientes pasajes:

No os hagáis tesoros en la tierra, donde la polilla y el orín corrompen, y donde ladrones minan y hurtan; sino haceos tesoros en el cielo, donde ni la polilla ni el orín corrompen, y donde ladrones no minan ni hurtan. Porque donde esté vuestro tesoro, allí estará también vuestro corazón. (Mateo 6.19-21)

Mas buscad primeramente el reino de Dios y su justicia, y todas estas cosas os serán añadidas. (Mateo 6.33)

Pero cualquiera que me oye estas palabras, y no las hace, le compararé a un hombre insensato, que edificó su casa sobre la arena. (Mateo 7.26)

Porque ¿qué aprovechará al hombre, si ganare todo el mundo, y perdiere su alma? ¿O qué recompensa dará el hombre por su alma? (Mateo 16.26)

Y cualquiera que haya dejado casas, o hermanos, o hermanas, o padre, o madre, o mujer, o hijos, o tierras, por mi nombre, recibirá cien veces más, y heredará la vida eterna. Pero muchos primeros serán postreros, y postreros, primeros. (Mateo 19.29-30)

El que es el mayor de vosotros, sea vuestro siervo. Porque el que se enaltece será humillado, y el que se humilla será enaltecido. (Mateo 23.11-12)

|| 5 ||

Metas comerciales
bíblicas

Planificar y poner metas son términos sinónimos. Para hacer una buena planificación es preciso en primer lugar establecer algunas metas realistas a corto y a largo plazos. Para llevar a cabo una meta hace falta planificar. Es asombroso que muchos hombres de negocios deambulan sin establecer metas específicas y terminan con problemas financieros en empresas que podrían haber sido de tremendo éxito. Quizás el ejemplo más claro de este principio fue lo sucedido en el sector agrícola de Estados Unidos durante esta generación.

Desde la década del sesenta, los granjeros sembraron más de lo que el mercado existente podía absorber. Esto a menudo creaba condiciones de mercado donde los precios fluctuaban enormemente según la cantidad cultivada de alguna semilla en particular. Si un año fue muy bueno para la haba de soja, los agricultores producían el doble para el año siguiente y los precios se venían abajo, siendo a menudo a precios iguales o inferiores al costo de producción. Esto produjo el caos en la industria y entonces decidieron intervenir desde Washington.

El sistema de distribución de cosechas al comienzo de la década del setenta fue un programa auspiciado por el gobierno para estabilizar los precios. Este consistía en estimular a los agricultores a sembrar menos. Para lograrlo, el gobierno decidió implementar una política que consistía en pagar a los agricultores para que no sembraran ciertos tipos de semillas. A los granjeros, naturalmente, les encantaba este sistema ya que obtenían dinero de la nada.

A mediados de la década del setenta se consideraba que la agricultura era la mejor inversión de capital. Cuanto más tierra se poseyera, tanto más dinero se obtenía por no cultivarla. De modo que la idea de moda era poseer la mayor cantidad de tierra como fuera posible. Muchas generaciones de jóvenes de agricultores salían de los institutos de agricultura con esta lección: para tener éxito había que usar la vieja granja paterna como garantía para comprar más tierra.

Al principio esta nueva generación tuvo dificultad en convencer a la vieja generación de que era lógico pedir créditos empleando tierra libre de deuda. Pero armados de contratos de cuotas del gobierno, les resultaba fácil pedir enormes sumas de dinero con las cuales comprar más terrenos. A medida que subía la demanda, el precio de la tierra cultivable también subía. A finales de la década del setenta, el precio de la tierra creció fuera de toda proporción con su valor real. La tierra cultivable se vendía a precios que tornaban a la agricultura económicamente imposible. Pero eso importaba muy poco porque quienes la compraban no pensaban trabajarla.

Un error estratégico que hizo la mayoría de estos granjeros, aun los cristianos, fue que ninguno trazó metas objetivas a corto o largo plazo para separar parte de los ingresos y tratar de rescatar tan siquiera una porción de la tierra. En lugar de eso continuaron hipotecando más a medida que la tierra seguía en su espiral ascendente. Ni siquiera parecían preocuparse por conseguir los contratos de cuotas del gobierno, porque la tierra misma se había convertido en un objeto de especulación.

Como es lógico, todo este ciclo llegó a su fin. En este caso se derrumbó cuando el gobierno decidió que ya no podía seguir subsidiando los programas de siembra, cosa que ocurrió durante los primeros años de la administración Reagan. Los precios de la tierra comenzaron a bajar. Los banqueros se vieron demasiado sobrecargados con créditos que a menudo sumaban siete veces más el valor de las granjas y del equipo que el que tenían en el mercado real. Como resultado, los bancos se vieron obligados a cerrar créditos anticipadamente a miles de granjeros que a su vez se vieron en la obligación de vender sus tierras. La tierra, que estuvo en manos de alguna familia por generaciones, debió rematarse por una fracción de su valor.

Sería fácil señalar una serie de principios bíblicos vulnerados por este gran fiasco agrícola. Pero el principal de ellos es la falta de disciplina de los granjeros cristianos que los hizo seguir sumisamente la modalidad de los granjeros no cristianos. Una buena planificación les hubiera evitado el problema y estarían ahora comprando la tierra excedente que comenzó a rematarse cuando todo el sistema se vino abajo.

METAS A LARGO PLAZO DE UN NEGOCIANTE CRISTIANO

Cuando comento acerca de la planificación de los negocios con algún cliente, comienzo por establecer cuál es el propósito de largo alcance de un empresario cristiano. En realidad hay un propósito primordial para un negociante cristiano: Servir a Dios. Pero hay varias maneras de hacerlo. Estas se convierten en las «funciones» de la empresa, literalmente, las razones de existir de la empresa.

Primera función: Financiar el evangelio

Una función importante de los empresarios cristianos debe ser financiar la proclamación de la Palabra de Dios. La Biblia dice que debemos honrar a Dios con los primeros frutos de todo lo que producimos (véase Proverbios 3.9). Para los cristianos que tienen la autoridad para hacerlo esto significa dar una porción de las ganancias de la compañía a ministerios o servicios cristianos. Financiarlos es una función muy importante. Sin embargo, esto sólo no hace que una empresa sea «cristiana». Es sólo un factor más de un hombre de negocios que ha decidido servir a Dios.

Segunda función: Cubrir las necesidades de otros

Otra función importante para un negociante cristiano es suplir las necesidades de quienes dependen de la empresa: las familias del comerciante y de los empleados. En 1 Timoteo 5.8

lo dice así: «Porque si alguno no provee para los suyos, y mayormente para los de su casa, ha negado la fe, y es peor que un incrédulo». Creo que este pasaje no sólo se aplica a la propia familia, sino para un comerciante que tiene que proveer el sustento a sus empleados.

En capítulos posteriores analizaremos cuánto se debe pagar a un empleado y qué constituye necesidad. Pero una regla buena y práctica es considerar si usted mismo estaría dispuesto a vivir con lo que le paga a los empleados que dependen de su empresa. Si no es así y está en condiciones de pagarles más, tendrá que tomar en cuenta las palabras de Santiago 5.4: «He aquí, clama el jornal de los obreros que han cosechados vuestras tierras, el cual por engaño no les ha sido pagado por vosotros; y los clamores de los que habían segado han entrado en los oídos del Señor de los ejércitos». Este versículo establece sin lugar a dudas que Dios nos da la responsabilidad de proveer el sustento a las familias bajo nuestro cuidado.

Tercera función: Discipulado

El apóstol Pablo escribió: «Lo que has oído de mí ante muchos testigos, esto encarga a hombres fieles que sean idóneos para enseñar también a otros» (2 Timoteo 2.2). En varias oportunidades me he encontrado con comerciantes cristianos que gastan miles de dólares anuales para viajar y testificar de Cristo a otros en diferentes países, pero cuyos empleados nunca han escuchado de ellos el mensaje del evangelio de una manera que tenga sentido.

Un hombre de negocios, que llamaré Alejandro, me contó su preocupación después de asistir a uno de nuestros seminarios sobre negocios. Me dijo al terminar:

—Pensaba que era un firme comerciante cristiano, pero no hago ni un tercio de lo presentado aquí. ¿Cómo debo comenzar?

—Por favor —le contesté—, no vuelva a su empresa para decirle a sus empleados que comiencen a poner en práctica estos principios. Simplemente concéntrese en los que se aplican a usted mismo. Y muéstreles a sus empleados que siente preocupación por su bienestar.

Alejandro volvió a su lugar de origen y convocó una reunión de la compañía. Sus empleados pensaron: «¡Ay... no! Ha asistido a otra de esas reuniones religiosas. Ahora va a querer decirnos lo que debemos hacer para agradar a Dios». Esto es algo que sucede muy a menudo. Un empresario se entusiasma con algo aprendido en algún retiro y decide que debe volver a su empresa y ponerlo en práctica. Los empleados lo odian, porque piensan: «Ahora tenemos que aguantarlo tres semanas hasta que todo su entusiasmo se le pase y volvamos a la normalidad».

Pero Alejandro decidió hacer las cosas de otra manera. Les dijo a sus empleados: «Asistí a un retiro para hombres de negocios que cambió mi vida y quisiera poder trasmitirles lo que Dios me ha mostrado. De modo que una vez a la semana vamos a cerrar la planta, al menos por una hora, y voy a contarles lo que la Palabra de Dios dice que debería hacer por ustedes. Las reuniones son voluntarias, pero todos pueden sentirse bienvenidos. A partir de ese momento, quiero que me exijan que sea la clase de jefe y de cristiano que Dios quiere que sea».

Cuando la semana siguiente se cerró la planta para la reunión, todos los empleados asistieron. Con el tiempo comenzó a contarles lo que creía que debía ser su empresa y lo que iba a hacer con ella. A veces les decía: «No puedo poner esto en práctica de inmediato, porque la empresa quebraría, pero espero poder ir implementándolo poco a poco de acuerdo a mi capacidad». Uno de los programas que quería comenzar Alejandro era un plan para ayudar a los empleados a financiar los gastos médicos y de salud. Otro de los planes era de becas para financiar estudios mediante créditos otorgados para ese fin. Para llevarlo a cabo hacía falta realizar un programa educacional completo para que los no beneficiados no se sintieran resentidos con los beneficiados. También requirió poner un empleado al frente de una comisión para supervisar los fondos y evaluar los candidatos. Pero Alejandro estaba decidido a hacerlo.

En 1976, alrededor de un año después de iniciadas estas reuniones semanales, Alejandro me pidió que dirigiera la palabra a sus empleados. En un momento de mi charla les pregunté:

«¿Cuántos han aceptado a Jesucristo como Salvador personal debido a la influencia de este hombre?» Las manos se levantaron por todo el lugar. En un año, más de sesenta personas se entregaron a Cristo por la influencia de Alejandro y él ni siquiera lo sabía. Su meta no fue evangelizar a sus empleados. Simplemente fue volverse más como Cristo en su vida de negocios.

El apóstol Pablo dice que recogemos en la medida en que sembramos (véase 2 Corintios 9.6). Alejandro descubrió cuán cierto era esto cuando en 1982 se vio en medio de tremendas dificultades financieras para enfrentar una coyuntura en los negocios. La situación se tornó tan difícil que necesitaba una fuerte suma de dinero para poder continuar operando la planta. Los intereses elevadísimos de ese momento hacían imposible enfrentar un crédito. La noticia de los problemas económicos de Alejandro llegó a oídos de los empleados y algunos se pusieron de acuerdo para unirse y darle el dinero (casi trescientos mil dólares). No sólo recaudaron todo el dinero necesario entre ellos, sino que se lo prestaron sin intereses.

Alejandro estaba recogiendo lo que había sembrado. Cuando empezó a seguir los preceptos de Dios, no sabía que gracias a su testimonio más de la mitad de los empleados aceptarían a Cristo como su Salvador, ni que los empleados decidirían con el tiempo prestarle trescientos mil dólares. Simplemente cosechó lo que el principio bíblico nos dice: «Y como queréis que hagan los hombres con vosotros, así también haced vosotros con ellos» (Lucas 6.31).

Los empleados, sobre todo si no son creyentes, tienen la tendencia de creer más bien lo que ven y no lo que se les dice. Si lo que hacemos no se ajusta a lo que decimos, por lo general echan a un lado nuestras palabras. Esto es lo que señala Santiago: «Pero sed hacedores de la palabra, y no tan solamente oidores, engañándoos a vosotros mismos» (Santiago 1.22).

Cuarta función: Obtener ganancias

Contrariamente a lo que opinan algunos, no hay nada en la Biblia que vaya en contra de hacer ganancias. Las ganancias son el subproducto natural de un negocio bien llevado, y deberían considerarse lógicas y honorables. Si un negocio no logra generar ganancias, terminará en la ruina, y también se acabará el ministerio que brinda a sus empleados y clientes.

Por lo general, las ganancias son la recompensa económica por buenos servicios y productos. Ninguna empresa puede triunfar si no obtiene ganancias, ni siquiera la General Motors. Poco antes de la década del setenta muchos empleados de la General Motors creían que la compañía era indestructible. Pero llegó el momento en que la empresa no pudo producir ganancias y la compañía tuvo que eliminar empleados, algunos de ellos definitivamente. De pronto los empleados de dicha compañía se dieron cuenta que les resultaba vital que la empresa obtuviera ganancias.

Cada cristiano que está en un negocio, ya sea como empleador o como empleado, debería trabajar para maximizar las ganancias, pero sin excluir otros principios bíblicos en los que se basa la economía. Por ejemplo, si un empleador maximiza ganancias pagándoles poco a sus empleados, violará la segunda función de un negociante cristiano: Encargarse de sus necesidades.

Los empleadores cristianos deben reconocer que puesto que Dios es realmente el dueño del negocio, no toda la ganancia les pertenece a ellos solos. Se cree que repartir dividendos es una innovación de las últimas décadas de este siglo. Pero Proverbios 11.24 dice: «Hay quienes reparten, y les es añadido más; y hay quienes retienen más de lo que es justo, pero vienen a pobreza».

Por primera vez, en varias décadas, los hombres de negocios cristianos tienen la oportunidad de mostrarles a sus empleados que se preocupan por ellos. Las leyes laborales surgieron debido a la insensibilidad que los empresarios mostraron al tratar a sus empleados como herramientas que se podían usar y dejar a un lado si era necesario. Como resultado, los empleados se organizaron y surgió una relación conflictiva entre patrones y obreros. Hoy, con el poder de los sindicatos en descenso, los empresarios y jefes cristianos tienen la oportunidad de sembrar una semilla digna. Si los negociantes cristianos pueden volver a encender la chispa de una ética laboral estableciendo una atmósfera de afecto y responsabilidad hacia ellos, es posible que todo el sector empresarial tome conciencia acerca de sus métodos.

METAS OPERACIONALES A CORTO PLAZO PARA NEGOCIANTES CRISTIANOS

Una vez establecidas las metas a largo plazo, el paso siguiente es establecer metas operacionales específicas y a corto plazo. Aquí están algunas de las prioridades más importantes para considerar en la planificación de negocios a corto plazo.

1. Establezca prioridades en el uso del dinero

Una buena planificación significa establecer prioridades y enfrentar las más importantes primero. En el ámbito comercial se le llama presupuesto, y debemos planear de una u otra forma. Hacer un presupuesto no es otra cosa que repartir los recursos que están al alcance entre una variedad de gastos posibles. Si tiene una compañía que vende productos o presta servicios, debe tener un plan para cobrar a los clientes o involuntariamente se convertirá en una sociedad sin fines de lucro. ¡No se ría! He tenido entrevistas con decenas de hombres de negocios que estaban perdiendo dinero en negocios potencialmente rentables, porque no sabían si habían cobrado o no a sus clientes, o porque no sabían decir si una cuenta se había pagado o no.

Pamela, por ejemplo, operaba una compañía de transporte interestatal heredada de su padre. Antes de la muerte de su padre, trabajó en la compañía durante varios años de modo que comprendía cómo se operaba. Hasta tenía varias ideas muy buenas sobre qué hacer para expandir el campo de operaciones, incluyendo el alquiler de remolques a otras compañías durante los períodos más activos de transporte, un sistema que ahora han adoptado muchas compañías transportistas.

Pamela no sólo heredó el fruto de las habilidades mecánicas del padre, sino su manera de hacer presupuestos, que consistía en varias cajas con cuentas y recibos que se mezclaban a lo largo del mes. Al final de cada mes venía un contador local que revisaba las cajas y las ponía en orden para determinar cuál había sido la ganancia. Entonces se depositaban los cheques y se pagaban las cuentas más importantes. Este sistema apenas servía cuando la compañía era pequeña. Ahora que comenzaba a crecer, se convirtió rápidamente en un método desastroso. El contador se veía cada vez más alejado de la contabilidad, pero no decía nada, de modo que muchas cuentas quedaban sin pagar. Peor aún, muchas de las cuentas a cobrar se quedaban engavetadas. Como la operación de alquiler de remolques dependía del cobro mensual de los usuarios, las entradas comenzaron a caer drásticamente a la vez que subían los gastos de mantenimiento y propaganda.

Al cabo de un año Pamela ya tenía varias acciones legales en su contra por cuentas sin pagar y le cortaron el crédito de gasolina por presentar cheques sin fondos. Se enfrentó al contador y este tuvo que confesarle que no lograba equilibrar las cuentas con los recibos. Ya estaba considerando pedir la quiebra cuando finalmente llamó a nuestra consultora pidiendo ayuda, porque los acreedores la amenazaban con incautar todos los vehículos con los que operaba. Si sucedía algo así, se hubiera quedado sin dinero.

Una vez que vi el sistema de «contabilidad» de Pamela le aconsejé que llamáramos a una firma contable para revisar los registros. Ella hizo objeciones al respecto, ya que no tenía suficiente dinero como para pagar ese servicio. Pero encontramos una firma que estaba dispuesta a hacer el trabajo a riesgo propio: su pago dependería de los fondos que hubiera después de hacer el balance de los libros. Pamela aceptó y dedicó una semana a trabajar con el contador de esa firma contable reconstruyendo los contratos de alquiler y descubriendo la situación de pago de los remolques alquilados.

Al final descubrimos que los acreedores más irritados que perseguían a Pamela eran también los que la estaban estafando con los alquileres de los transportes. Le debían casi veinte mil dólares más en alquileres (que nunca les cobró), de lo que ella les debía. Retiraron en silencio los juicios iniciados y se pusieron de acuerdo para pagar lo que debían. Cuando se equilibraron las cuentas, Pamela tenía un haber a su favor de casi ciento ochenta mil dólares por encima de lo recaudado en los diez meses anteriores. Una vez establecido un sistema de cobros, logró operar la empresa de tal modo que unos años después la vendió por más de tres millones de dólares.

Uno de los indicadores más evidentes de lo que realmente creemos es cómo usamos el dinero. No lo digo yo, lo dijo el Señor: «Ningún siervo puede servir a dos señores; porque o aborrecerá al uno y amará al otro, o estimará al uno y menospreciará al otro. No podéis servir a Dios y a las riquezas» (Lucas 16.13).

Si echamos una buena mirada a las prioridades que establecemos para el uso de nuestro dinero, tendremos una buena información de cómo estamos parados espiritualmente. Quizás a usted no le haga falta hacerlo, pero al menos yo encuentro que debo hacerlo... y a menudo.

Me he sentido así muchas veces. Dudo que haya un creyente que no se haya cuestionado acerca de su salvación alguna vez en la vida; yo por lo menos lo he hecho. Soy una persona muy pragmática y me he preguntado: «¿Es la salvación una experiencia real?» Hace mucho que he llegado a la conclusión de que la salvación se basa en una promesa del Señor. Luego me he seguido preguntando. «¿Estás seguro que eres fiel?» Casi siempre me lo pregunto después de pasar por alguna racha frustrante con algún mal hábito. Siempre he salido confortado con la confesión de Pablo: «Y yo sé que en mí, esto es, en mi carne, no mora el bien; porque el querer el bien está en mí, pero no el hacerlo. Porque no hago el bien que quiero, sino el mal que no quiero, eso hago. Y si hago lo que no quiero, ya no lo hago yo, sino el pecado que mora en mí» (Romanos 7.18-20). Creo que Pablo decía que no siempre podría depender de sus sentimientos ni sus reacciones, sino solamente de la promesa de Dios.

Si alguien es un discípulo de Jesucristo y heredero de sus promesas, la evidencia de ese hecho debe demostrarse en la vida cotidiana incluyendo el uso de su dinero. Encuentro difícil de aceptar que algún seguidor de Cristo pueda deliberadamente pagar mal a sus empleados, ni estafar a sus acreedores, ni aprovecharse de sus proveedores pidiendo mercadería que no piensa pagar aunque cuente con el dinero para hacerlo. A veces esto viene como resultado de una mala planificación o contabilidad defectuosa. Pero ordenar productos sabiendo que ya tiene pedidos anteriores sin pagar es prácticamente lo mismo que robar. También me cuesta creer que un cristiano no va a querer compartir una porción de lo que Dios le ha dado. Esto es más que donar a las iglesias o ministerios cristianos en la manera tradicional. La medida de que realmente damos algo a otros es compartir con quienes no tienen prestigio ni nos podrán beneficiar de la misma manera. Después de todo, ¿acaso no es así el amor? Como dijo el Señor: «Y respondiendo el Rey, les dirá: De cierto os digo que en cuanto lo hicisteis a uno de estos mis hermanos más pequeños, a mí lo hicisteis» (Mateo 25.40).

La prioridad en los pagos

Creo que las Escrituras dan la base para establecer una jerarquía de prioridades en los pagos de las obligaciones legítimas de una empresa. Básicamente se reduce a esto: ¿A quién debo pagar primero cuando las cosas se ponen difíciles?

PRIORIDAD FINANCIERA #1: PAGAR A LOS PROVEEDORES

Sin lugar a dudas, los que proporcionan mercadería a crédito son los primeros que tienen derecho a los ingresos disponibles de la empresa. Estoy consciente de que esto va en contra de la lógica corriente en materia de negocios que dice: «Cuando se está económicamente ajustado hay que hacer esperar a los acreedores». Pero considere lo que dice Proverbios 12.22: «Los labios mentirosos son abominación a Jehová; pero los que hacen verdad son su contentamiento». Cuando alguien pide mercadería con la promesa implícita de pagarlas pero no lo hace, esa persona sencillamente miente.

Juan estaba en el negocio mayorista de zapatos y tenía una empresa a gran escala. A menudo encargaba de cien a doscientos mil dólares de calzado deportivo para revenderlo en los diferentes negocios minoristas del país. A medida que aumentaba la competencia, Juan se dio cuenta de que iba a tener que dar más descuentos para mantener los clientes. Al final descubrió que en algunos casos tenía que entregar los productos a menos del precio de costo. En un principio justificaba esta práctica por la necesidad de mantener los clientes hasta que los precios volvieran a subir. Pero a medida que pasaba el tiempo y seguía pidiendo más y más mercadería de la que podía pagar, se fue atrasando en su balance comercial. Sólo pagaba las cuentas más viejas y eso sólo porque los proveedores rehusaban mandarle más mercadería si no las pagaba.

La prioridad en los pagos que Juan practicaba era muy simple. Sacaba lo necesario para pagar sus gastos personales (que no eran excesivos). Además pagaba los gastos básicos para mantener las puertas abiertas de la distribuidora como luz y alquiler. Luego pagaba la parte que le correspondía al Señor. Y finalmente le pagaba a los proveedores de lo que quedaba después de las ventas, que a menudo era menos del cincuenta por ciento del costo del calzado pedido.

Conocí a Juan a través de un amigo mutuo que le ayudó a financiar inicialmente el negocio. Juan había ido dos veces durante ese año a pedirle capital adicional a su amigo. Este se dio cuenta la tercera vez que lo hizo que algo andaba mal. Le prometió ayuda sólo bajo la condición de que consultara con algún asesor. Fue entonces que lo conocí.

Cuando vi la progresiva acumulación de deudas que tenía Juan, le pregunté cuál era su plan de negocios. Me contestó:

—Simplemente tratar de sobrevivir.

Me explicó entonces que, debido a la competencia de los agentes de venta de las fábricas que manufacturaban los calzados deportivos, se había visto forzado a hacer descuentos en su mercadería por debajo del costo real.

—¿Cómo piensas salir de este círculo vicioso? —le pregunté.

—No lo sé en este momento —respondió—. Pero si cierro el negocio nunca podré pagar todo lo que debo. Sigo esperando que la situación cambie.

Juan siguió diciendo lo que en numerosas oportunidades he escuchado de labios de comerciantes cristianos en las mismas circunstancias:

—Sé que Dios me puso en esta empresa y sé que obrará un milagro si tengo fe —me dijo.

Creo en la fe y creo en los milagros, pero también creo que la actitud de Juan impedía que, tanto la una como los otros, pudieran efectuarse. En otras palabras, no creo que los cristianos puedan violar voluntariamente los principios establecidos por Dios en su Palabra y luego esperar que Él pague la fianza por cada desastre que hacen.

Se lo dije a Juan y su respuesta fue desafiante:

—Los amigos de Job también lo acusaron injustamente. Creo que Dios es capaz de hacer cualquier cosa que le pedimos si tenemos fe.

Otra vez esa palabrita: *fe.*

—Juan —le dije después de calmarme un poco—, *la forma en que llevas actualmente tu negocio sólo le exige fe a tus acreedores, no a ti. Son ellos los que corren el riesgo, no eres tú. Las Escrituras enseñan claramente que Job sufrió debido a las falsas acusaciones de Satanás, no por alguna desobediencia de su parte.*

Luego le dije a Juan que debía priorizar su sistema de pagos de acuerdo a la Palabra de Dios. Según Proverbios 3.27 no debemos retener el «bien» (pago) a quien se debe. Los proveedores que le prestaron mercadería son los que invirtieron tiempo y dinero. Por lo tanto, hablando en términos financieros, eran los que estaban en primer lugar.

—Debes hacer un compromiso solemne, una verdadera promesa, de pagar primero a tus proveedores de cualquier dinero que entre en caja —le aconsejé a Juan.

—Pero si hago eso no tendré suficiente dinero para mantener el negocio andando —protestó Juan.

—Pues esa es la verdadera fe de la que hablamos, Juan —le dije—. Hebreos 11.1 expresa que tener fe es tener la convicción de lo que no se ve. ¿Crees sinceramente que si fuera el Señor el que hubiera estado al frente de tu negocio ordenaría que le manden mercadería sin una expectativa razonable de que estaba en condiciones de pagar a sus proveedores?

Juan se dejó caer en la silla pensando en lo que le acababa de decir. Finalmente contestó:

—Dios me dijo que empezara este negocio y nadie me va a convencer que lo deje a menos que Él mismo me lo diga.

Es una pena que muchos cristianos bien intencionados se resisten tenazmente a seguir los principios de la Palabra de Dios. En lugar de eso adoptan la misma actitud que tuvieron los judíos en el desierto cuando se quejaban de todo lo que Moisés le pedía que hicieran. Al final, Dios tendrá que dejarlos a un lado y buscar a otros que le obedezcan. El Salmo 66.18 dice: «Si en mi corazón hubiese yo mirado a la iniquidad, el Señor no me habría escuchado». Si usted sabe que hace algo indebido e insiste en hacerlo, Dios no escuchará sus ruegos.

Finalmente, Juan pidió la quiebra y su negocio se disolvió. En lugar de ser un poderoso testigo para su Señor se convirtió en una piedra de escándalo más para muchos con quienes negoció.

PRIORIDAD #2: PAGAR A LOS EMPLEADOS

Una vez pagadas las deudas al máximo de las posibilidades, la siguiente prioridad es pagar a los empleados lo que se les debe. Esto también va en contra de la práctica habitual de la gente de negocios. Después de todo, el dueño de la empresa tiene derecho a obtener primero su pago ya que es «dueño», ¿no es así? No, en eso está equivocado. Recuerde lo que dice Filipenses 2.3: «Nada hagáis por contienda o por vanagloria; antes bien con humildad, estimando cada uno a los demás como superiores a él mismo».

La mayoría de las veces el dueño-gerente de una empresa puede permitirse el lujo de perder un sueldo ocasional, mientras que no es así el caso con los empleados. Además, hablando bíblicamente, a los líderes cristianos se les pide que se vuelvan humildes, en otras palabras, que pongan a los demás en primer lugar.

PRIORIDAD #3: RESPONDER A LAS NECESIDADES DEL DUEÑO

Una vez que esté seguro de que se han pagado las deudas y que sus empleados han recibido lo que se les debe, debe sacar su porción de las ganancias. (En un capítulo posterior analizaremos cómo determinar el monto.)

No es poco común que alguien que comienza un negocio se sienta así: *Me he sacrificado para iniciar esta empresa, de modo que tengo derecho a cubrir primero mis necesidades.* Lamentablemente, como lo he demostrado, eso no es lo que la Palabra de Dios enseña.

La decisión crítica aquí, como en otras cuestiones, está en si debemos obedecer la Palabra de Dios o seguir la práctica frecuente de nuestra sociedad. La elección que se haga es la distancia que separa a los cristianos de los que no lo son. De ahí que se nos pueda llamar «seguidores de Jesús», porque seguimos sus principios, no importa lo que nos cueste. Sabemos que Dios nos observa aunque otros no lo hagan.

Creo firmemente que uno de los factores más grandes que inhibe a Dios a usar hombres de negocios hoy en día es que muchos carecen de un compromiso absoluto con Él. Este compromiso debe estar presente, aunque no haya nadie que cuestione sus decisiones. Del ejemplo de Daniel aprendemos su rechazo a desobedecer lo que Dios le pedía sabiendo que iba en perjuicio suyo. Daniel sufrió las consecuencias sin ese «ay de mí» tan típico de los discípulos remisos.

Cuando el rey Darío firmó un decreto prohibiendo la adoración de cualquier dios u hombre que no fuera el rey durante treinta días, Daniel continuó orando a Dios con la ventana abierta a la vista de todos. Al desafiársele a cumplir el decreto estuvo dispuesto a desobedecerlo y someterse al castigo: ser lanzado al foso de los leones. Es cierto, Dios intervino a favor de Daniel, pero sólo después que este mostró la obediencia y la disposición de seguir el camino de Dios sin claudicar.

2. Establezca prioridades en el uso del tiempo

No hay ningún principio bíblico que fije las horas normales para negociar en cuarenta, sesenta u ochenta horas semanales de trabajo. Sin embargo, la mayoría de los casos en las Escrituras parecen indicar que una semana de seis días no es un exceso.

Nos parece que hemos desarrollado dos visiones opuestas para la vida comercial en la actualidad. A juzgar por las apariencias, los empleados piensan que cualquier cosa que supere las cuarenta horas semanales de trabajo debiera convertirse en plus (prima) y los patrones creen que menos de las ochenta horas semanales indica que los empleados son perezosos. Ambos se han ido a extremos equivocados.

Cuando un negociante adopta una semana laboral larga en exceso, que apenas proporciona tiempo para descansar ni hacer alguna actividad, establece implícitamente una norma: «Si no trabajas jornadas largas, no progresas en esta empresa». Esto coloca a los empleados bajo un estrés agotador que al final los vuelve menos productivos. La mentalidad en esas empresas se suele calificar como «explotadora». Los dueños extraen lo mejor del empleado hasta que cae extenuado; entonces buscan a otro para reemplazarlo. La cantidad de cambios en ese tipo de empresas es enorme y lo que ofrecen para retener empleados es la compensación de salarios altos.

A menudo los dueños de negocios que adoptan este estilo de empresa piensan que lograrán retener a los buenos empleados si les pagan mejor que a otros. He descubierto que el dinero es sólo uno de los factores que motivan a las personas. Es verdad que si ganan muy poco, los mejores empleados se verán obligados a buscar otro empleo. No obstante, un sueldo excesivo no logrará mantenerlos en un trabajo que domina totalmente sus vidas. En efecto, aunque no logren acumular suficiente dinero como para mantenerse con un salario inferior, se irán porque prefieren humanizar su tiempo.

3. Establezca prioridades éticas

Una vez creadas las prioridades para el dinero y el tiempo de su negocio, deberá establecer algunos principios éticos. Entre las violaciones más comunes de la ética comercial están la evasión de impuestos, el fraude y el uso indebido de propiedad de la compañía. Examinaré estas tres áreas antes de describir los principios de la Biblia concernientes a la falta de ética.

IMPUESTOS

Quizás no exista otra cosa que refleje mejor los valores de un negociante que su actitud hacia los impuestos. A nadie le gusta pagar impuestos. Incluso, ni para las personas que reconocen la necesidad de pagarlos para el cuidado de las carreteras, las escuelas, ni la defensa del país. Rara vez consideran que pagar impuestos sea un privilegio. (Al fin y al cabo reclaman que estas deducciones reduzcan la carga de los impuestos igual que todos los demás.) Pero llegar a engañar con relación a los impuestos gananciales, o cualquier otro tipo de impuesto, es un pecado y este nos separa de Dios.

A menos que crea que su relación con Dios es la cosa más importante que tiene en este mundo, el pecado logrará enredarlo con facilidad. Personalmente creo que engañar con relación al impuesto de las ganancias es el pecado más común entre los negociantes cristianos. La mayoría de las veces la evasión está tan bien hecha que aun el mejor de los auditores no logra detectarla. Pero Dios siempre sabe acerca de ella.

A través de los años me he enterado de toda clase de formas de evadir impuestos. He conocido cristianos que han confesado que nunca pagaron sus impuestos y que nunca o muy rara vez creyeron que la evasión era un pecado. Muchas de estas personas eran generosas con sus donaciones a la iglesia. Buen número hablaban muy bien en el púlpito y trabajaban grandemente en la extensión del evangelio. Había, sin embargo, una característica común en todas: falta de paz y satisfacción en su vidas. Podían pretender ser cristianos dinámicos cuando estaban entre otros que aplaudían sus capacidades y su forma de actuar, pero a solas se daban cuenta que algo les faltaba en su relación con el Señor Jesús.

Hace algunos años, durante una conferencia en una ciudad del oeste, expresé que engañar acerca de los impuestos a las ganancias era uno de los pecados más comunes entre negociantes cristianos. También señalé mi convicción de que alguien que engaña con relación a los impuestos, o en cualquier otro aspecto de los negocios, deja de ser útil para los planes de Dios. Hasta que esa persona no confiesa y se arrepiente de su pecado, Dios simplemente los pasa por alto.

Tan pronto como dije esto, un hombre sentado en la segunda fila del auditorio cerró de pronto su cuaderno de notas y se quedó sentado con el ceño fruncido durante la siguiente media hora hasta que anuncié un descanso. Entonces se dirigió derecho a la plataforma. Empujó con torpeza a otros que estaban antes que él y se presentó ante mí.

—No sé cómo puede llamarse cristiano y enseñar algo con tan poco fundamento bíblico —dijo en tono acusador.

Esta era la primera oportunidad que me veía frente a frente con un cristiano que creía que era contrario a las Escrituras pagar impuestos. Desde entonces, me he encontrado con muchos que afirman que no es bíblico pagar impuestos al gobierno, porque este entrega fondos a causas no cristianas. Sin duda nuestro gobierno sostiene causas contrarias a la Biblia como el aborto, la homosexualidad y el secularismo. Pero lo mismo hacía el gobierno romano y Jesús claramente dijo referente a los impuestos: «Dad, pues, a César lo que es de César» (Mateo 22.21).

A esta altura había un grupo grande que trataba de escuchar la discusión. Al parecer, la enseñanza antiimpuestos de este hombre había llegado a conocerse en la ciudad donde era pastor. (También era dueño de una empresa grande de construcción, por lo cual no necesitaba sueldo de pastor en la iglesia que había ayudado a fundar años atrás.)

Le pregunté a mi acusador cuándo llegó a esa conclusión o si él mismo no había pagado nunca sus impuestos.

—Solía pagarlos hasta que escuché a alguien que me hizo ver que el decreto que reglamenta los impuestos nunca se ratificó legalmente y por lo tanto es anticonstitucional —respondió en su defensa.

—Pero, ¿cómo se vincula a las Escrituras? —le pregunté.

Me encontraba familiarizado con el argumento de que el decreto en cuestión no estaba legalizado. Pero como la Corte Suprema dio por sentado la legalidad del decreto en la práctica, tenía que reconocer que era legal independientemente de si a mí me parecía justo o injusto.

—Dios no quiere que paguemos impuestos a un gobierno pagano —gritó con la mejor voz de púlpito que tenía—. Este gobierno está en contra de Dios y por lo tanto no debemos apoyarlo.

—¿Está familiarizado con las instrucciones que Pablo le da a los creyentes en Romanos 13? —le pregunté.

A esta altura el grupo que nos rodeaba se había hecho más grande y había algunos que meneaban sus cabezas apoyando cada cosa que él decía.

—Sí, sí lo estoy —respondió mientras me señalaba con su dedo índice—. Ya sé lo que va a decir. Usted cree que las instrucciones de Pablo sobre pagar impuestos incluyen nuestro impuesto a las ganancias. Pero a lo que Pablo se refería era al del templo, que se debía pagar a la sinagoga.

—¿Y qué del impuesto que el Señor menciona en Mateo 22 cuando lo querían tentar los fariseos? —le pregunté.

Por un momento no supo qué contestar porque había estado preparando sus argumentos para discutir acerca de las instrucciones de Pablo en Romanos, pero luego se recuperó.

—Eso no importa —contestó con severidad—. El impuesto que nos piden que paguemos no es constitucional y por lo tanto, totalmente voluntario. Si uno no lo quiere pagar, el gobierno no puede obligarme.

—¿De modo que usted diría que la cuestión es más bien legal que bíblica?

—Bien, quizás es así. Pero es anticonstitucional que el gobierno exija impuesto al salario. Y además —continuó seguro de tener la razón—, el dinero que usamos es falso, porque sólo el oro sirve para darle respaldo.

—No obstante, puedo decirle dos cosas con relación a ese argumento. En primer lugar, pague los impuestos con el mismo dinero falso que el gobierno pone en circulación. De modo que no tendrá problemas por eso. Segundo, si realmente cree que el impuesto a las ganancias es anticonstitucional, debería depositar el dinero estipulado en una cuenta de terceros para que nadie diga que sus motivos son egoístas. Luego entable un juicio en contra del gobierno para descalificar el sistema de impuestos. Si cree que tiene razón, permítale al sistema que le otorga esa libertad de discrepar la oportunidad de defenderse.

»Pero me parece —luego agregué—, que la motivación que se encuentra detrás de esta cuestión es la codicia y no una objeción de conciencia. Si tengo razón, usted guía a muchos hijos de Dios a pecar y les priva del privilegio de ser una parte vital del plan de Dios para nuestra sociedad.

El hombre dejó la plataforma bufando y murmurando algo acerca de mi estupidez y de ser parte del plan satánico de confundir a los verdaderos ciudadanos estadounidenses. Luego me enteré que decenas de cristianos bien intencionados estuvieron siguiendo su consejo y dejaron de pagar los impuestos. Varios meses después me enteré que este señor tuvo varias aventuras amorosas con mujeres de su iglesia. Cuando alguien decide ceder al pecado, las oportunidades para aumentarlo se multiplican.

Lo último que oí de este pastor fue que lo acusaron por evasión de impuestos y tenía que enfrentar un juicio. Si salía culpable, le esperaban cerca de treinta años de prisión.

FRAUDE

Constantemente me asombro ante el grado de deshonestidad que la mayoría de mis compatriotas acepta como normal. Muchas veces vemos evidencias muy claras de la deshonestidad de los políticos y, no obstante, los reelegimos para cargos públicos. Sabemos de atletas que quebrantan normas y sin embargo los aficionados organizan campañas para que no los penalicen. Un área en la que la mayoría de los estadounidenses no toleran la deshonestidad es en el mundo de los negocios. No porque demanden más de los empresarios, sino porque se sienten víctimas del fraude comercial.

En los últimos años se han realizado muchos estudios que intentan medir el índice de «honestidad» del ciudadano promedio, tanto de los consumidores como de los comerciantes, y los resultados son desalentadores. El fraude más aceptable que se practica mucho es en contra de las compañías de seguros. Muchos negociantes entrevistados sentían que podían recuperar dinero de sus compañías de seguros después de pagar una póliza por años. Veían en sus pólizas de seguros algo así como dividendos anuales, ya que, según ellos, si una persona pone una cantidad de dinero tiene derecho a retirar algo del monto.

Ese tipo de actitud parece ser muy corriente entre los médicos. A menudo un médico cristiano, bien intencionado, se pone de acuerdo con su paciente para que aproveche el dinero de su cobertura médica. El procedimiento es simple: basta con aumentar la cuenta después de calcular la parte del paciente. Así la totalidad del monto la paga la compañía de seguros. Muchos cristianos que llaman a diario a nuestro programa radial se sienten incómodos con esta práctica, pero temen confrontar a sus médicos. Cuando alguien engaña, aun con la mejor de las intenciones, hace que todos paguen.

El fraude también es frecuente en muchos otros sectores de la comunidad comercial. Jaime, un amigo mío, compró hace poco acciones en una agencia de autos nuevos. Su socio era un cristiano que tenía varias agencias de este tipo.

Lo que Jaime encontró una vez que se encargó de la gerencia de esta agencia lo dejó pasmado. Los vendedores engañaban a sus clientes aumentándoles el precio de los autos y luego les ofrecían descuentos que parecía acercarse «al costo» de fábrica. En la práctica, ninguno de los autos se vendía ni remotamente cercano al «costo». Además, en los talleres de mantenimiento se les cobraba a los clientes por trabajos que nunca se llevaban a cabo. De ese modo los montos que la fábrica concedía por garantía se podían usar para aumentar la ganancia de la agencia. Los problemas menores, como detalles de terminación, sencillamente se pasaban por alto. Todos sabían que el cliente no tenía tiempo para traer de nuevo el auto por un detalle menor. El procedimiento tácito del servicio de la agencia era no arreglar ningún detalle de segunda importancia, a menos que el cliente realmente se molestara, ¡pero sólo después del tercer plazo!

Jaime también descubrió que la agencia tenía un acuerdo con una compañía financiera local que ofrecía un descuento de hasta doscientos mil dólares por un contrato de compra en mensualidades. A esta compañía financiera enviaban muchos clientes inocentes, donde más tarde debían pagar varios puntos más altos de interés en comparación con un financiamiento a través de un banco común.

Jaime, al darse cuenta de lo que pasaba, cortó esas prácticas poco éticas y despidió a los gerentes de venta y de servicio. No pasó tres meses y las ventas bajaron un veinticinco por ciento y su socio quiso saber el porqué. Cuando Jaime le dijo acerca de los cambios, se enfureció.

—¡No seas tonto! —le gritó a Jaime—. Tú no sabes nada de cómo se maneja una agencia de autos. Debes hacer lo que te digo y las cosas irán bien.

—¿Pero qué pasa con los clientes? ¿Acaso no los perjudicamos? —le preguntó Jaime asombrado.

Conocía a su socio desde hacía varios años, pero ahora se daba cuenta de que en realidad no lo conocía. Su socio profesó ser cristiano y siempre trató bien a Jaime de modo que creyó que podían ser socios.

—Escucha, Jaime, lo que el cliente no sabe, no le duele. Si creen que sacan una operación ventajosa, quedarán satisfechos. Además, creen que nos estafan a nosotros. Entonces, ¿cuál es la diferencia? —le respondió.

—Supongo que la diferencia es algo que se llama «integridad» —le contestó Jaime mientras le anunciaba su retiro de la sociedad. Al final, vendió su participación al socio que tenía derecho legal sobre la compañía.

Es absolutamente claro que la Biblia nos dice que todo engaño terminará al descubierto. «El que camina en integridad anda confiado; mas el que pervierte sus caminos será quebrantado» (Proverbios 10.9). Lo mínimo que se le pide a un cristiano es honestidad total. Si un negocio no puede sobrevivir basado en la honestidad total, es hora de cambiarlo.

MAL USO DE LA PROPIEDAD

Podría haber incluido este punto en el área de los impuestos por cuanto están vinculados. Pero como el uso (o el mal uso) de las propiedades de una empresa es algo tan común entre cristianos, me pareció que merecía un tratamiento aparte.

La mayoría de los dueños de negocios hacen lo que pueden para reducir o eliminar el uso indebido de bienes de la compañía por los empleados. Se estima que los robos por empleados suman alrededor de ciento sesenta mil millones de dólares anuales en la balanza comercial de este país. Pero me pregunto, ¿a cuánto ascenderá cada año el robo de los *dueños* con relación a las propiedades de la compañía? En cifras globales quizás sea menor que el robo de los empleados, pero tomado sobre una base per cápita, pienso que sería considerablemente más alto.

Los dueños de negocios creen que pueden tratar la propiedad de la compañía como si fuera suya. Como las leyes actuales no están de acuerdo con esa perspectiva, la práctica constituye un pecado. Alguna de las formas más comunes en que los dueños suelen malversar la propiedad de la compañía son:

1. *Los vehículos de la compañía.* Con raras excepciones, los vehículos de la compañía se usan para actividades ajenas a los negocios. Si este fuera el procedimiento correcto, tendrían que reembolsar a la compañía de los fondos personales. Una alternativa es declarar el valor de este uso personal como ingreso y pagar los impuestos correspondientes. Esta alternativa suele especificarse en las normas comerciales.

2. *Uso del teléfono.* Me animo a decir que la mayoría de los dueños de una compañía no titubean en emplear el teléfono para hacer llamadas personales de larga distancia. La actitud correcta es la misma que con los vehículos de la compañía. O bien se reembolsa a la compañía del propio peculio o se especifica el valor de las llamadas en la declaración de ingresos.

3. *Fotocopiadoras, bolígrafos, lápices, papel.* Estos rubros suelen verse como beneficios naturales. En realidad pueden ser trampas tendidas por Satanás que sabe que si alguien engaña en cosas pequeñas, el paso siguiente le resultará más fácil. Los dueños de negocios deben estar alertas contra estos pequeños actos de deshonestidad, para que los grandes no terminen causando problemas más tarde. Como dice Proverbios 4.14: «No entres por la vereda de los impíos, ni vayas por el camino de los malos».

CONFESIÓN Y RESTITUCIÓN

Es mucho más fácil evitar la tentación de mentir o robar a su compañía que confesar o restituir, porque la confesión y la restitución casi siempre implican algunas consecuencias desagradables. Muchas veces los cristianos piensan que todo lo que Dios exige es abandonar una práctica pecaminosa, pero eso no es cierto. Dios exige que abandonemos el pecado, lo confesemos y luego, cuando sea posible, hagamos restitución.

La Biblia contiene cientos de ejemplos de confesión y restitución. Un caso que viene a la mente cuando uno piensa en restitución es el de Zaqueo (véase Lucas 19.8). Cuando se vio

frente a frente con la verdad, se arrepintió de practicar la estafa; la confesó y se ofreció a restituir por encima de lo que estipulaba la ley judía, que sólo exigía el doble del monto.

Hace algunos años me encontré con un negociante cristiano que se hubiera beneficiado si seguía el ejemplo de Zaqueo. Este hombre, que operaba una empresa grande de empaquetamiento de cosméticos, atravesaba un momento económicamente difícil debido a malas inversiones en varios otros negocios fracasados. Era claro que sus problemas económicos se podrían haber subsanado si dejaba de invertir en estas empresas colaterales. La compañía de empaquetamiento era productiva y tenía potencial para seguir creciendo mucho más. De modo que mi consejo fue: «Deje de perder dinero en estos negocios paralelos».

Unos meses después recibí un telegrama urgente de este hombre: otro negocio en el que invirtió tenía problemas por una suma de casi un millón de dólares. Durante esa semana hablamos varias veces por teléfono. Luego de analizar el estado financiero del nuevo negocio llegué a la conclusión de que no había esperanzas de salir de la deuda y aunque era una idea muy buena terminaría fracasando.

—¿Por qué se le ocurrió arriesgar más de un millón de dólares en una aventura de este tipo? —le pregunté—. Si simplemente se concentrara en la compañía de empaquetamiento, haría todo el dinero que necesita para una vida.

Pensaba que era otro caso de esos comerciantes jóvenes que sueñan con hacer un monopolio de empresas. Lo que me extrañaba era que este hombre no parecía tener el ego gigantesco, que por lo general acompaña a alguien con esas motivaciones. Parecía una persona callada y sencilla, o por decirlo en otras palabras, un buen tipo.

Unos días después, esta persona me llamó a Atlanta para preguntarme si él y su esposa podían venir al día siguiente para una entrevista personal. Como me di cuenta por su voz de que había urgencia, hice los arreglos con mi secretaria para que modificara los horarios y les concediera una entrevista.

Al día siguiente, ya en la oficina, este hombre me confesó uno de los relatos más sorprendentes de deshonestidad comercial que jamás había escuchado.

—Heredé el negocio de mi padre —comenzó diciendo mientras bajaba la vista—. Papá lo manejó durante veinte años y todos los empresarios lo respetaban, pero el negocio no llegó nunca a dar todo su potencial. De modo que inicié una empresa de transporte para trasladar materia prima y productos elaborados entre las distribuidoras. Pero al faltarnos capital para desarrollar una flotilla de transportes lo suficientemente grande, saqué dinero a crédito con el respaldo del otro negocio.

—Los costos asociados a la compañía de transportes eran mucho mayores de los previstos y como invertí tanto volví a sacar más dinero del negocio. Antes de que pasara el año me vi involucrado en problemas financieros y parecía que estaba a punto de perder mi negocio y, con él, el sostén de mi madre.

»La empresa para la cual empaquetábamos nunca había logrado entrar en el mercado minorista porque sus precios eran demasiado altos. Me daba cuenta de que si lográbamos ese mercado, el potencial para la compañía de empaquetamiento aumentaría enormemente. De modo que contraté a un químico que analizara las fórmulas y comenzamos a fabricar cosméticos empleando ingredientes menos caros. Luego mezclamos las fórmulas por partes iguales con las anteriores y las lanzamos de forma competitiva en negocios minoristas. Fue un éxito instantáneo y las ventas se duplicaron.

»Hicimos esto durante un año y logramos salir de la deuda. Luego comencé a sentir mala conciencia por lo que hacíamos y decidí cortar.

—¿Tenía la compañía alguna idea de lo que usted hacía? —le pregunté.

—Estoy seguro que sí —contestó, mientras miraba a su esposa, quien asintió con un gesto—. Desde que comenzamos a mezclar los productos por parte iguales, los pedidos para ese producto aumentaron sustancialmente, mientras que las ventas nuestras a los antiguos mayoristas no cambiaron de manera proporcional. Creo que se daban cuenta de lo que hacíamos, pero decidieron mirar para otro lado. Después de todo era negocio para ellos también y no tenían que pagar nada por abaratar el producto y volverlo más competitivo.

»Lamentablemente, con el aumento de la gasolina, la compañía de transporte comenzó a perder y tuvimos que comenzar de nuevo con la práctica de mezclar en partes iguales para sacarlo a flote otra vez. Ahora nos damos cuenta de que dependemos de esa fuente de ingresos y no podemos parar la situación.

Le pregunté si se daba cuenta que la práctica en la que estaba no sólo no era ética, sino probablemente ilegal.

—Sé que lo es —respondió incómodamente—, pero estamos tan metidos en esto ahora que no sé cómo salir. Hay más de cien empleados y sus familias que dependen de nuestra empresa de transporte.

Este hombre colocaba las necesidades de otros como paliativo para continuar haciendo lo que en realidad no quería dejar de hacer. Esta práctica consiste en dirigir la atención hacia otra cosa para distraerla del problema primario. Me di cuenta de que la decisión debía salir de la pareja misma y no de mí. Pero les recomendé que el esposo fuera a la compañía y confesara lo que estaba haciendo y luego asumiera las consecuencias, cualesquiera que fueran.

—Algo va a suceder en cualquier momento que se destape todo esto y ya no tendrá la oportunidad de ser usted el primero en confesarlo —le dije—. Trate de aprovechar la oportunidad ahora mismo.

Con eso se terminó la entrevista y se fueron.

Unas pocas semanas después recibí una llamada desesperada del esposo diciéndome que uno de los empleados que trabajaba en el procesamiento de la mezcla fue despedido. Enojado por el despido fue a la compañía de cosméticos a revelar toda la operación que se estaba haciendo. Entregó un informe escrito a la junta directiva y esta inició una auditoría obligatoria para nuestra empresa de empaquetamiento.

La conclusión de la auditoría legal fue que el directorio retiró el contrato a este hombre de negocios «cristiano» y demandó la venta de su empresa para recuperar las ganancias que, según ellos, les pertenecían por ser los verdaderos dueños de los productos.

Al final, lograron sobrevivir a la crisis porque la compañía de cosméticos reconoció haber hecho ganancias millonarias con el negocio ilegal. Decidieron no llevarlo a juicio para evitar la propaganda adversa que eso iba a generarles. Pero la verdadera pérdida en todo este proceso fue la de credibilidad de un hombre de negocios que se hizo pasar por un cristiano auténtico.

|| 6 ||

Cumplir las promesas

Una promesa puede definirse como «la sincera disposición que nos exige actuar de cierta manera». Este término aparece en numerosas oportunidades en la Biblia para referirse a alguna promesa o pacto, donde se enfatiza en el compromiso asumido. Como dice Deuteronomio 23.23: «Pero lo que hubiere salido de tus labios, lo guardarás y lo cumplirás, conforme lo prometiste a Jehová tu Dios». Eso significa que si damos la palabra de hacer algo, ¡estamos obligados a cumplir!

Lamentablemente esta no es la actitud típica actual. La mayoría parece creer que el cumplimiento de una promesa es condicional. «Cumpliré si me conviene», o «Lo haré sólo si el juez me obliga». En otras palabras, llevamos a cabo las promesas que nos benefician y rompemos las que nos perjudican.

Esta mentalidad se puede ver en el atletismo profesional actual. Un deportista que suscribe un contrato para jugar por un millón de dólares se siente encantado hasta que oye que otro atleta ha recibido una oferta de dos millones. Entonces se siente molesto y no quiere jugar hasta «renegociar» el contrato.

Es claro que lo que está en juego no es el valor real: ¿Quién puede creer sensatamente que un atleta valga millones en comparación a otro profesional? La cuestión gira alrededor de la integridad de la persona y del valor que se le da a algo y esto es precisamente lo que falta en nuestra sociedad. La misma cuestión está en juego cuando un contratista de construcción rehúsa completar una obra porque descubre que ha hecho un presupuesto inferior a lo que vale el trabajo, o un orador cancela un compromiso porque recibió una oferta mejor, o un adolescente falta a su trabajo el sábado por la mañana porque se siente «demasiado cansado» después de la fiesta del viernes en la noche.

UNA SOCIEDAD INFIEL

Quebrar una promesa es tan común en nuestra sociedad que las aerolíneas sobrefacturan un treinta por ciento de asientos para compensar las numerosas personas que cancelan a último momento. Esa práctica no nos resulta criticable hasta que advertimos que es sintomática de una sociedad edificada sobre la expectativa de que la gente no suele cumplir su palabra. Quienes sí cumplen su palabra sin quebrantar sus promesas suelen denominarlos «ingenuos». Muchas personas creen que cualquiera puede aprovecharse de esos individuos honestos porque tienen una personalidad incompatible con la sociedad.

Sin embargo, hace apenas una generación atrás guardar la palabra era la norma de la sociedad. Los que no cumplían sus promesas eran mal vistos y muy pocas personas hacían negocios con ellos. Dudo que nuestros abuelos conozcan a quienes declaren quiebras fraudulentas o estafen con créditos. En 1920 en Estados Unidos aún había cárceles para deudores y los abogados que se dedicaban a realizar divorcios no hubieran podido ganarse la vida en dicha época.

Los compromisos más fuertes que alguien puede tomar son el matrimononial y el de padres. Cuando uno observa cómo estas promesas se descartan con tanto descuido hoy en día, es porque esta generación ha dejado de ser ética. Hoy en día la gente comienza y termina relaciones matrimoniales con la misma facilidad que nosotros antes cambiábamos de novias durante la adolescencia. Cerca de un cincuenta por ciento de los matrimonios terminan disolviéndose. Con un nivel de compromiso tan bajo, ¿acaso debe sorprendernos que una persona renuncie a un trabajo si considera que no le resulta beneficioso?

Basta mirar simplemente el número de bebés abandonados en los hospitales para comprender lo que nuestra sociedad piensa de las promesas. Inclusive, matrimonios de clase media han dejado abandonado a su hijo por descubrir que no es normal. No hace mucho, por ejemplo, leí de una pareja que en el hospital se negaba a recibir su bebé porque les dijeron que tenía una deficiencia genética que lo inhabilitaría de por vida.

Lo que nuestra sociedad necesita es una buena dosis de ética bíblica del pueblo de Dios. Esa clase de ética que nos exige cumplir nuestras promesas sin importar lo que nos cueste. Una ética situacional ha terminado por deformar a tal punto nuestra sociedad, que aun los cristianos han perdido el concepto absoluto de lo que es cumplir con la palabra empeñada.

En 1984 algunos de lo jugadores de la Liga Nacional de Fútbol comenzaron una huelga para obtener mejores contratos de pago. Pero otros jugadores se negaron a apoyarlos. Los ánimos se caldearon tanto, que algunos jugadores favorecían al equipo contrario para dejar mal parados a los no huelguistas de su propio equipo. Otros rehusaban buscar a sus compañeros para ir a entrenamiento, a pesar de haberlo hecho durante años.

Fue por esta época que recibí la llamada de uno de los jugadores cristiano que estaba metido en medio de la controversia. Quería tomar una decisión respecto a la huelga basándose en principios bíblicos, pero sentía que necesitaba consejo. Tenía un sentimiento de lealtad personal por sus compañeros en huelga, pero también sentía que estaba comprometido por el contrato hacia los dueños del equipo. Hasta ese momento seguía asistiendo a los entrenamientos, pero muchos de los jugadores lo acusaban de rompehuelgas.

—Larry, necesito saber si debo ponerme de parte de la mayoría de los compañeros del equipo para apoyarlos o cumplir mi compromiso estipulado en el contrato —me dijo un día por teléfono.

—¿Qué sienten tus compañeros sobre este asunto?

—No me cabe ninguna duda sobre ese punto —contestó—. Creen que cualquiera que no apoya la huelga es porque quiere acomodarse. Pero qué debo decidir: ¿seré leal a ellos o a los dueños del equipo?

—¿Para quiénes firmaste el contrato? —fue mi pregunta.

—Pues, con los dueños, naturalmente. Pero también firmé un acuerdo con el sindicato de jugadores de que me representarían si había una disputa acerca del contrato —me respondió.

—¿Se trata de una disputa acerca de los términos del contrato? —pregunté indagando.

—Bueno, en realidad, no —me dijo—. Pero el sindicato dice que sí para apoyar a los huelguistas. El contrato actual está a punto de terminar y como quieren el apoyo de los jugadores para renegociar mejor el siguiente, iniciaron ahora la huelga.

—Y bien —continué—, no puedes tener dos autoridades a quienes responder acerca de esto, de modo que debes preguntarte quién paga tu salario.

—Los dueños del equipo —replicó—. Pero ya sé lo que van a decir los muchachos: «Como ya tiene asegurado el dinero, no quieres hacer huelga por nosotros». Pero no es ese el motivo de mi actitud. De todos modos, ¿cómo convencerlos? Mi contrato me satisface, pero muchos no han hecho buenos contratos y me doy cuenta de que se les debería pagar más dinero.

—Pero ese no es tu problema —le aconsejé—. Tu responsabilidad es seguir las convicciones que tengas en base a la Palabra de Dios. Recuerda lo que dice Eclesiastés 5.4-5: «Cuando a Dios haces promesa, no tardes en cumplirla; porque Él no se complace en los insensatos. Cumple lo que prometes. Mejor es que no prometas, y no que prometas y no cumplas».

—Eso es lo que creo, pero si lo hago, nunca volveré a ser popular en el equipo —vaticinó el muchacho.

—¡Pero Dios nunca dijo que sería fácil hacer su voluntad! —respondí—. En realidad lo que dijo fue: «Si alguno quiere venir en pos de mí, niéguese a sí mismo, y tome su cruz, y sígame» [Mateo 16.24].

—Pues bien... Tienes razón, no me va a ser fácil —admitió—. Pero, ¿estarías dispuesto a hablar con otros miembros cristianos del equipo? Hasta ahora ellos también están en desacuerdo con mi decisión.

—Encantado —le dije—. Tengo que estar por esa zona de todos modos. Así que pregúntales si podemos reunirnos el próximo miércoles.

La reunión se vino abajo enseguida. Los otros compañeros (catorce en total) trajeron al pastor local que estaba de acuerdo con la posición de los huelguistas. Lo cuestioné acerca de su basamento bíblico para apoyar la huelga y su defensa fue que los dueños del equipo eran insensibles y mal intencionados.

—Además —comentó el pastor—, la autoridad que los representa es el sindicato.

—Pero, ¿quién paga los salarios y quién firmó los contratos con los jugadores? —pregunté.

—Eso no interesa —respondió acaloradamente—. Los obligaron a firmar esos contratos que ni siquiera les garantizan un seguro de accidentes.

—No discuto que los contratos típicos de los equipos deportivos suelen redactarse para beneficio de los dueños —contesté—. Pero esa no es la cuestión en este caso. Es más, ni siquiera es eso lo que realmente se encuentra detrás de esta huelga. Los jugadores no pelean por las cláusulas del contrato, sino que desean obtener más dinero en los contratos subsiguientes. Tengo mis dudas de que la cuestión se base en principios o convicciones personales.

El resto de la breve reunión se convirtió en un partido de gritos, en el que ganaron los que tenían la voz más fuerte. No obstante, hubo un jugador que se convenció de que no debía hacer huelga. Dijo que después de firmar un contrato y dar la palabra, jugaría a menos que el dueño del equipo le dijera que no lo hiciera. Esto no les cayó bien a los otros compañeros y, al fin y al cabo, la actitud que este excelente atleta adoptó esa noche terminó costándole una brillante carrera deportiva. Los sentimientos negativos que expresaron los jugadores influyeron sobre un posible canje a otro equipo.

A medida que la huelga se desarrollaba sin mayores resultados, tanto el jugador que me habló en la primera oportunidad como el que se agregó después de la reunión continuaron asistiendo al lugar de entrenamiento. En un inicio, se les unieron otros, pero luego el activismo de los huelguistas terminó haciendo que se pasaran al otro bando.

Por último, al extenderse la huelga indefinidamente, los dueños del equipo les dijeron a los dos jugadores que persistían entrenándose que se quedaran en casa y rehusaron pagarles de acuerdo a lo estipulado. A uno de ellos lo penalizaron injustamente y poco después lo despidieron. Pero aquel que me llamó por teléfono felizmente continuó jugando en la Liga Nacional y terminó siendo uno de los jugadores más valiosos a juzgar por los récords logrados. Nunca dudó de su decisión de hacer lo que Dios le dijo y lo hubiera vuelto a hacer aunque lo hubieran despedido del equipo.

¿QUÉ VALOR TIENE SU PALABRA?

¡En la generación de mis padres cuando un hombre daba la palabra para hacer un trabajo lo hacía! Si no cumplía su palabra, nadie volvía a hacer trato con él. Hoy, con cualquier tipo de contrato que se haga, se requieren varios abogados para revisarlo y asegurarse de que no haya alguna salida legal que permita a cualquiera de las partes evadir el cumplimiento del contrato. Es más, los abogados mejor pagados y los que obtienen mayor renombre son a menudo los que mejor logran entretejer un lenguaje ambiguo en un contrato de modo que la intención real quede implícita, aunque no esté escrita.

Recuerdo que en una oportunidad mi padre, que era electricista, estuvo de acuerdo en renovar la instalación eléctrica de un vecino por un precio de dos mil dólares. Cuando iba a mitad de su tarea, descubrió que hizo un presupuesto de varios cientos de dólares menos de lo necesario y al mismo tiempo el costo de los materiales aumentó debido a una huelga de trabajadores del cobre. Por la suma de dos mil dólares mi padre perdía cerca de ciento doce dólares, cantidad considerable en la década del cincuenta. Hoy en día, cualquier contratista en condiciones similares buscaría una causa real o imaginaria para elevar el precio, o simplemente lo abandonaría. Mi padre jamás pensó en ninguna de las dos cosas. Simplemente fue al banco y consiguió un crédito hipotecando nuestra casa para continuar el trabajo. El cliente nunca le dio las gracias porque jamás se enteró lo que pasó. Mi padre sólo hizo lo que cualquier comerciante ético y honesto de esos días hubiera hecho en circunstancias parecidas.

UNA PROMESA ES UNA PROMESA

Roy era un comerciante en antigüedades que también realizaba una subasta al mes. En una subasta de otro colega logró comprar un escritorio que pensó sería valioso por tratarse de una pieza de estilo estadounidense colonial. Pero cuando la examinó de cerca se dio cuenta de que se trataba de una reproducción excelente. De modo que decidió incluirlo en su próxima subasta con la intención de cubrir al menos una parte de su inversión.

El día de la subasta llegó una mujer al negocio de Roy. Esta descubrió el escritorio y se enamoró de él.

—¿Cuál es el precio de esa pieza colonial tan bella? —le preguntó.

—Señora, no es una antigüedad clásica. Es tan solo una excelente reproducción —dijo Roy mientras suspiraba interiormente. Sabía que esa mujer era incapaz de notar la diferencia, pero no se sentía honesto cobrándosela como si fuera una pieza antigua cuando no lo era en realidad.

—No me importa —contestó—. Me encanta tal como es. ¿Cuánto cuesta?

—Pues pagué cuatrocientos dólares por él —le respondió—. Se lo venderé por lo que invertí.

—¿Ah sí?... es un buen precio —respondió con entusiasmo—. Dejaré un depósito y traeré luego el dinero que falta.

—No hace falta, señora —le dijo—. Si me da su nombre y su teléfono guardaré el escritorio hasta que regrese.

—Muy agradecida —respondió mientras le dejaba la información necesaria—. Volveré mañana con una camioneta para recogerlo.

Roy estaba feliz por recuperar su dinero. «Es una copia excelente», murmuró mientras lo miraba una vez más. «Podría engañar a cualquiera si no fuera por las curvas de los cajones. Pero ese estilo curvado no existía todavía en el siglo XVIII».

Uno poco antes de la subasta del día siguiente, los revendedores comenzaron a venir para revisar las cosas. Uno de ellos que conocía a Roy muy bien, se detuvo frente al escritorio que llevaba el cartel de «reservado». Roy sonrió viendo al revendedor de rodillas examinarlo cuidadosamente por debajo y por dentro de los cajones. Era una reproducción excelente.

El revendedor se acercó luego donde estaba Roy.

—Veo que tienes este escritorio «reservado» para alguien —le dijo aquel hombre—. Me imagino que conseguiste un excelente precio, ¿no es así?

—No realmente, Tom. Sólo logré recuperar los cuatrocientos dólares que invertí en él —respondió—. Bueno, los cobraré cuando me traiga el dinero mañana.

—¡Cuatrocientos dólares! —exclamó el revendedor—. ¡Te doy cinco mil ahora mismo por él!

—¿Cinco mil? —preguntó Roy asombrado—. Estás loco, Tom. No es un auténtico escritorio de la época de Jefferson. Es sólo una copia... una buena copia, te lo aseguro, pero sólo una copia.

—No es una copia, Roy. Sólo han reemplazado la parte interior de los cajones. La madera es de nogal auténtico y la mano de obra es absolutamente de esa época.

De pronto Roy se dio cuenta de que podía ser cierto lo que decía su amigo. No tomó en consideración la posibilidad de que alguien hubiera reparado los cajones. Sólo dio por sentado de que nadie podía ser tan tonto como para alterar un original.

—Te diré otra cosa Roy —le dijo el revendedor bajando la voz—. Creo que este es uno de los escritorios que estaba en la mansión de Jefferson hasta antes de desatarse la guerra civil. Bien podría tratarse del escritorio faltante de Jefferson.

—¿Qué? —exclamó Roy—. ¡No puede ser! Hace más de cien años que ese escritorio desapareció. ¡Hombre, un escritorio como ese debe costar cien mil dólares o más!

—Me parece que debe estar rondando los doscientos mil dólares, más bien —le dijo a Roy—. Si no lo has vendido, te sugiero que lo guardes en algún lugar seguro.

—Lo que pasa es que *ya* lo vendí —respondió Roy—. La compradora vendrá a buscarlo mañana.

—¿Ya le has aceptado el dinero? —preguntó el revendedor.

—No —contestó—, pero le he dado mi palabra.

—Escucha, puedes darle una excusa u ofrecerle uno similar —le dijo—. Jamás aceptaría recibir cuatrocientos dólares por ese escritorio. ¿Acaso no sabes lo que puede llegar a costar? Quizás sea uno de esos que el propio Jefferson fabricó. Podrías conseguir un coleccionista que te pague doscientos cincuenta mil dólares por él.

Durante el resto de ese día Roy luchó consigo mismo por mantener su decisión. Sabía que había acordado la venta. Pero, como no había aceptado el dinero, tenía ciertas dudas de si considerar la transacción como enmarcada dentro de lo legal.

Después de permanecer despierto durante varias horas, Roy se levantó con la idea de llamar al abogado para preguntarle acerca de las posibilidades de anular la compra. Pero luego cambió de idea al mirar el reloj y ver que eran casi las dos. «Además», se dijo, «no se trata de una cuestión legal».

A la mañana siguiente, cuando la mujer vino a buscar el escritorio, no lo vio dentro del negocio.

—¿Dónde está mi escritorio? —preguntó—. ¡No lo habrá vendido a otro después de darme su promesa!

—No, señora —respondió Roy—. Todavía está aquí. Pero lo puse en un lugar seguro.

Entonces procedió a contarle lo que sabía acerca del precio real del escritorio.

—¿Entonces no me lo va a vender? —dijo la mujer apenada.

—Sí, se lo voy a vender —replicó Roy—. Tengo que admitir que luché con esa decisión durante toda la noche. Pero en esta mañana, mientras oraba, el Señor me llevó a un versículo en Proverbios que dice: «La integridad de los rectos los encaminará; pero destruirá a los pecadores la perversidad de ellos» [Proverbios 11.3]. He dado mi palabra y debo mantenerla. No deje que nadie la convenza para que le venda ese escritorio, señora. Es una pieza antigua de mucho valor.

—Bien, entonces me parece que no lo voy a aceptar —respondió la mujer—. Si realmente es tan valioso, siempre estaría preocupada de que le pudiera pasar algo. Quédese usted con él y trate de que lo pongan en un lugar donde la gente pueda apreciarlo.

—Pero señora —dijo Roy—, vale de doscientos a trescientos mil dólares y usted tiene derecho a él.

—Entonces, ¿por qué no lo vende y me compra una buena reproducción para usar en mi escritorio? —dijo mientras se acercaba a la puerta—. Llámeme cuando encuentre algo como lo que estoy buscando.

Finalmente, Roy vendió el escritorio a un museo de Washington por doscientos treinta mil dólares. Utilizó diez mil dólares para comprarle una hermosa reproducción del escritorio de Jefferson, hecha a pedido suyo, y se lo regaló a la compradora junto con un cheque de mil dólares. Roy se dio cuenta de que su integridad valía mucho más que lo ganado.

GUÍAS PARA HACER PROMESAS QUE PUEDA CUMPLIR

Todos, en algún momento de la vida, hicimos promesas que luego deseamos no haber hecho. En mi caso ha sido aceptar compromisos para hablar que luego lamenté haber tomado. En el momento en que acepto la responsabilidad no me parece una tarea de tanta exigencia. Además, estas suelen ser con una anticipación de meses y aun años. Pero el tiempo pasa veloz y de pronto el compromiso está allí. A menudo, en esos momentos, tengo demasiados compromisos y comienzo a pensar si no habrá una puerta de escape.

Me he comprometido a cumplir cada actividad que acepto, de modo que cuando me sucede esto, de igual forma voy a pesar de los inconvenientes. Sabiendo que un compromiso equivale a una promesa, me he acostumbrado a orar primero y considerar todos los problemas que pueden surgir. (Mi esposa Judy no es de gran ayuda en este aspecto. Siempre está dispuesta a ir a cualquier lado, así que no se opone a que asuma compromisos.)

Como al ser cristianos estamos comprometidos a cumplir con la palabra empeñada, tenemos que ser muy cuidadosos cuando prometemos algo. He adoptado cinco normas muy sencillas que me ayudan a evitar hacer compromisos que luego me cuesta cumplir.

1. Cuando hay dudas, diga no

A menudo le pido a mi equipo que no me exija una decisión sobre alguna cuestión crítica si estoy trabajando en un proyecto. Tengo la tendencia a concentrarme tanto en lo que tengo entre manos, ¡que me resulta fácil responder a una pregunta y luego ni recordar siquiera que sostuve dicha conversación!

Como sé que tengo esta manera de ser he desarrollado un sistema para no enredarme en problemas. En primer lugar, mi secretaria controla las interrupciones si estoy ocupado en algo. En segundo lugar, procuro programar un tiempo para tratar otros asuntos menos importantes aprovechando los momentos en que resulta fácil y conveniente hacer una interrupción en lo que estoy haciendo. Tercero, si alguien me pide una decisión fuera de este período programado, ¡siempre digo que no! Si los miembros del equipo no quieren escuchar mi respuesta negativa, esperan hasta que estoy libre para concentrarme en lo que dicen.

2. Tenga un calendario anual a la vista

A veces me visitan amigos en la casa para pedirme favores especiales tales como hablar en su iglesia o para dar una charla a un grupo de hombres de empresa. A través de los años aprendí a moverme con una agenda única que guardo en la oficina. Así puedo decir a mis amigos con franqueza que no puedo responderles hasta no consultar en mi agenda de la oficina.

Uso una agenda anual que abarca al menos dos años para observar cuáles son mis compromisos previos con sólo una ojeada. ¿Por qué? Simplemente porque si bien en esa ocasión en particular no tengo otros compromisos, es posible que necesite recargar mis baterías después de una semana difícil o necesite prepararme para la siguiente semana. He tenido que aprender a la fuerza que me hace falta reservar algo de mi tiempo para evitar problemas de estrés.

3. Prioridades diarias

He descubierto que mis peores decisiones las tomo cuando caigo en márgenes estrechos de tiempo debido a una mala planificación de las obligaciones del día. Como le pasa a la mayoría de las personas, me enfrento a interrupciones fuera de agenda sobre las que tengo poco o ningún control. Estas pueden ser las visitas de mis nietos, las llamadas de amigos con necesidades de urgencia o la visita de alguna personalidad muy importante.

Interrupciones de este tipo solían desestabilizarme por bastante tiempo. No las quería eliminar, pero tampoco quería que controlaran mi vida. Pero un día un amigo obstetra me contó su solución para esos casos. Como los partos rara vez son algo que se planifican en una agenda, mi amigo se veía interrumpido con frecuencia en su consultorio por las pacientes que requerían atención inmediata. Finalmente observó que aunque esas interrupciones no eran las mismas cada día, se presentaban de manera regular. De modo que le pidió a la recepcionista que no anotara consultas en todo ese horario y que reservara períodos para «compromisos inesperados». Si nada se presentaba durante ese horario, tenía un par de horas para llenar papeles, leer la Biblia o hacer cualquier cosa que deseara. No obstante, si alguien se presentaba con una emergencia, trataba de ubicarla en ese lapso.

Decidí que ese mismo principio podía servirme a mí y, además, comencé a usar un sistema para el manejo del tiempo que me enseñó otro amigo de Phoenix, Arizona. Este sistema me ayuda muchísimo a establecer las prioridades diarias de trabajo y hasta planificar las interrupciones fuera del plan.

4. No haga compromisos con demasiada anticipación

En Santiago 4.13-15, se nos reprocha bondadosamente por decir: «¡Vamos ahora! los que decís: Hoy y mañana iremos a tal ciudad, y estaremos allá un año, y traficaremos, y ganaremos; cuando no sabéis qué será de mañana[...] En lugar de lo cual deberíais decir: Si el Señor quiere, viviremos y haremos esto o aquello».

Esto es una buena lógica para quienes estamos en negocios. ¿Quién sabe lo que va a pasar de aquí a dos años? Si planifica su tiempo con excesiva anticipación, limitará la capacidad de Dios de cambiarle la dirección sin tener que apelar a medidas drásticas.

Cada persona debe decidir dónde trazar la línea. En mi caso he decidido que la planificación no exceda los dos años. Sencillamente me niego a planificar cualquier actividad más allá de ese lapso. Conozco personas que tienen una agenda de hasta cinco años de anticipación. Por lo general, esto se debe a que no son capaces de decirle no a alguien. La gran mayoría admite que esa política ha ocasionado problemas.

5. Haga acuerdos por escrito

Se calcula que en un acuerdo escrito la probabilidad de un malentendido es más o menos del veinte por ciento. Sin embargo, ¡la probabilidad de un malentendido en un acuerdo verbal es de casi ciento por ciento!

Mi consejo es siempre el mismo: «Escríbalo». ¡Cualquier ofendido porque deseas un acuerdo escrito se ofendería aún más si no interpretara bien el acuerdo verbal!

He fungido como árbitro en muchas disputas, aun entre cristianos, y ambas partes creían tener razón sólo porque la veían desde puntos de vista opuestos. Como dice Proverbios 22.3: «El avisado ve el mal y se esconde; mas los simples pasan y reciben el daño».

A cualquier cristiano le aconsejo: «Cumpla su palabra». Si no está dispuesto a llevar a cabo lo prometido, aun a costa de su ventaja material, tiene que admitir que su problema no es material sino espiritual y que el mismo se refleja en sus finanzas.

En un mundo inmerso en verdades a medias y acomodos legales, Dios busca mayordomos diligentes a los cuales bendecir: «Porque los ojos de Jehová contemplan toda la tierra, para mostrar su poder a favor de los que tienen corazón perfecto para Él» (2 Crónicas 16.9). No cabe duda que un negociante totalmente honesto sufrirá pérdidas y a veces otros lo manipularán, al menos a corto plazo. Pero creo que Dios compensa las pérdidas de muchas maneras. Una de ellas es concediendo una paz sobrenatural. Pablo lo expresa con elocuencia en Filipenses (3.8; 4.7): «Y ciertamente, aun estimo todas las cosas como pérdida por la excelencia del conocimiento de Cristo Jesús, mi Señor, por amor del cual lo he perdido todo, y lo tengo por basura, para ganar a Cristo[...] Y la paz de Dios, que sobrepasa todo entendimiento, guardará vuestros corazones y vuestros pensamientos en Cristo Jesús».

7

Consejo para el mañana

Proverbios 15.22 dice: «Los pensamientos son frustrados donde no hay consejo; mas en la multitud de consejeros se afirman». Esto es una clara admonición a buscar consejo de otros. Pero, ¿qué del problema de recibir malos consejos? (¡Por cierto que no faltan en círculos cristianos!) Proverbios 14.15 ofrece algunas ideas al respecto: «El simple todo lo cree; mas el avisado mira bien sus pasos».

En otras palabras, el sabio procura que muchos lo aconsejen y un tonto escucha demasiadas opiniones.

Les aconsejo a los cristianos que midan todo lo que se les diga a la luz de la Palabra de Dios. Si el consejo recibido no guarda armonía con lo que dice la Biblia, olvídelo.

CONSIDERACIONES A TENER EN CUENTA

Se me ha pedido en numerosas ocasiones que dé consejos, de modo que me considero al menos con un mínimo de autoridad en este tema. Aquí hay algunos puntos de ayuda para tener en cuenta cuando pida que le aconsejen:

1. ¿Procuro que alguien decida por mí?

Lamentablemente, nadie puede conocer en realidad el plan de Dios para su vida como usted mismo y su pareja. Un buen consejero rehusará a que lo coloquen en la posición de tomar las decisiones que le corresponden a otro. El papel del consejero es actuar como un observador objetivo en una situación y señalar las alternativas que tal vez hayan pasado inadvertidas a la persona que busca consejo. Un consejero ha pasado por la experiencia de tratar muchas situaciones diferentes y por eso está en mejores condiciones de extraer experiencias. Pero ningún consejero tiene el derecho ni la responsabilidad de tomar las decisiones en lugar de otro.

Carlos vino a mi oficina en busca de consejo acerca de si vender o no su compañía. No se decidía si venderla a una firma nacional muy grande o a uno de sus competidores locales. Le hicieron un ofrecimiento que podía asegurar su futuro financieramente para toda su vida, pero no tenía una clara orientación al respecto.

—Carlos, ¿cuál es tu principal razón para vender? —le pregunté.

—Me ofrecieron casi doce millones de dólares por la empresa —me contestó.

—Está bien, entiendo lo de la oferta, pero, ¿cuál es el motivo que te impulsa a vender? ¿Qué piensas hacer si vendes la compañía?

—En realidad, no sé —replicó Carlos—. Nunca pensé seriamente en venderla hasta ahora. Daba por sentado que seguiría administrando la empresa por el resto de mi vida.

—¿Qué harías con el dinero suponiendo que la vendas?

—Tampoco estoy seguro de eso. Supongo que separaría una cantidad para la obra de Dios y luego colocaría una suma en un plan de jubilación. Con el resto, quizás comenzaría algún negocio nuevo.

—¿Podrías volver a dirigir el mismo tipo de negocios?

—No —respondió—. Me harían firmar un acuerdo de no competir con ellos por un mínimo de diez años.

—¿Crees que el Señor es el que ha originado esta oferta y desea que vendas la compañía?

—La verdad es que no lo sé. Mi esposa no quiere que vendamos, pero dice que se ajustará a cualquiera de las decisiones que tome.

—¿Crees que fue Dios el que te puso en el negocio?

—Estoy convencido de eso —respondió—. Más de una vez he visto en ello la mano de Dios. En primer lugar, porque no hubiera podido hacerlo solo, ¡la cabeza no me daba para eso! Me puse a competir con una gran firma nacional y los he sobrepasado en los últimos cinco años. De ahí que quieren comprarme la compañía.

—¿Por qué comenzaste el negocio? —quise saber—. Conozco la compañía con la que quieres renegociar y sé que han estado en esa línea durante mucho tiempo antes de que tú entraras en ella.

—Sí. Es más, trabajé para ellos —replicó con una mueca—. No me gustaba la forma en que trataban a sus empleados. Cambiaban constantemente las condiciones de las comisiones de venta para que los vendedores nunca pudiéramos ganar más que el gerente. Por eso dejé esa compañía y también por eso ascendí tan pronto. Pude contratar algunos de sus mejores empleados.

—Bien, déjame poner las cosas en orden. Primero, la razón básica para vender es los doce millones de dólares que te ofrecen. ¿No es así?

—Es cierto —respondió Carlos—. Quizás esta oferta sea el doble de lo que conseguiría por la compañía en cualquier otro lugar.

—Segundo, no tienes necesidad real del dinero ni un plan para invertirlo, ¿cierto?

—Es verdad, aunque sé que invertiría gran parte en ayudar a la obra del Señor.

—Tercero, no te quedarías en casa a contar el dinero. Es probable que comiences otro negocio.

—Sí. Pero no sé realmente qué negocio podría comenzar. Esto es todo lo que he hecho en los últimos veinte años.

—Cuarto, cambiarías a tus empleados, que se supone que te preocupan y a quienes les has dado testimonio de tu fe, a una compañía que no te gustaba y con la que te era difícil trabajar. ¿Correcto?

—En verdad, al decírmelo de esa forma, estimo que es poco sensato —admitió Carlos.

—Si alguien hubiera venido a pedirte consejo con esta lista de razones, ¿qué le hubieras dicho? —pregunté.

—Le hubiera dicho lo mismo que me dijo mi esposa cuando se lo comenté la primera vez: «¿Cómo puedes tomar lo que Dios puso bajo tu responsabilidad y cuidado para vendérselo a alguien que eliminará todo vestigio de que esta sea una empresa cristiana?»

Es probable que Carlos conociera de antemano la decisión correcta, pero se cegó con el brillo del mundo, que en este caso eran los doce millones de dólares. La decisión le resultó más clara desde la perspectiva de Colosenses 3.17: «Y todo lo que hacéis, sea de palabra o de hecho, hacedlo todo en el nombre del Señor Jesús, dando gracias a Dios Padre por medio de Él».

2. ¿Solamente busco justificaciones?

Tal parece que la naturaleza humana nos hace buscar la aprobación de otros para justificar algo que sabemos que está mal. Esto se ajusta a muchos cristianos, sobre todo cuando van a buscar consejo de alguien dedicado al pastorado. Al parecer dan por sentado que la palabra de un pastor profesional lleva sobre sí mayor peso espiritual que la de un cristiano común. (Personalmente no encuentro diferencia en cuanto a la sabiduría de un consejo dado por un pastor o por los que no lo son. El punto crítico es el grado de sujeción que esa persona tenga respecto a la dirección del Señor y no su cargo.)

Quizás una de las peores secuelas que han dejado en años recientes programas como el de Club 700 sea los malos consejos que daban como viniendo del Señor. He visto cristianos violando principios básicos de la Biblia y justificándose para hacerlo porque decían haber oído al locutor del programa (o a otro líder entrevistado) decir que podía hacerse así.

Me tocó aconsejar a un negociante cristiano que pidió un crédito por cientos de miles de dólares sin tener virtualmente cómo responder, justificándose de que oyó a un teleevangelista asegurar que quien daba mucho a la obra del Señor podía contar con la ayuda de Dios, porque Él nunca le fallaría a uno que ofrendara así. En realidad, lo que hacía era violar las normas básicas de la Biblia acerca de la prudencia, el enriquecimiento rápido, la codicia y el materialismo. No aplicaba bien la Palabra de Dios.

Recuerden que Dios no está obligado a salir como fiador cada vez que nos metemos en apuros, ¡simplemente porque le prometimos una «propina»! El consejero que dice: «Sean dadivosos y Dios va a respaldar su generosidad», casi siempre tiene la esperanza de una donación importante para su organización. Y el aconsejado muchas veces lo que quiere es continuar siendo autoindulgente o perezoso, tapándolo con una donación como para comprar a Dios. Cualquiera que en realidad crea que nuestras donaciones ponen a Dios en la obligación de prosperarnos necesita revisar Romanos 11.34-35: «Porque ¿quién entendió la mente del Señor? ¿O quién fue su consejero? ¿O quién le dio a él primero, para que le fuese recompensado?»

A Dios no lo impresiona el volumen de consejos que recibamos a favor o en contra de algo. Tan solo hay una fuente de verdad: la Palabra de Dios. Cuando el consejo recibido sea contrario a las Escrituras, aléjese. Recuerde Proverbios 13.20: «El que anda con sabios, sabio será; mas el que se junta con necios será quebrantado».

3. ¿Espero un milagro o una mano de ayuda?

Acababa de mantener una conversación con una mujer que estaba al frente de una empresa de transportes. Estaba como fuera de quicio pues necesitaba encontrar una salida a su problema económico. Mi conclusión fue, después de hablar con ella, que no podría salvar su empresa. Sumando el dinero adicional que necesitaba a las deudas existentes, la cantidad era enorme. Intenté lo mejor que pude hacer que la mujer llegara a esa conclusión, pero rehusó contemplar tan siquiera esa posibilidad. Quería que le recomendara algunos «cristianos ricos», para pedirles prestado el dinero necesario.

—No puedo hacer eso —respondí—. En primer lugar porque no creo que su empresa esté en condiciones de devolver más préstamos adicionales. Y en segundo lugar porque no es parte de mi trabajo conseguir préstamos para las personas que acuden a mí.

—Entonces, ¿para qué sirven sus consejos? —explotó—. ¿De qué vale aplicar principios cristianos si no sirven de ayuda cuando uno realmente la necesita?

Lo que quería saber era si la aplicación de esos principios en su negocio le asegurarían el éxito, incluyendo el dinero que necesitaba.

—No —le aseguré—. Es probable que esos principios no le sirvan de la manera que quiere.

—¿Por qué no? —preguntó—. Soy cristiana. Otros cristianos deberían ayudarme.

—En primer lugar, puedo pensar en una serie de razones por las que no debería haber empezado esa compañía, y varios principios que respaldarían mi consejo de cerrarla y recuperar lo que pueda antes de que sea demasiado tarde. Un cristiano no está obligado automáticamente a invertir en el negocio de otro cristiano. A veces lo que hace falta no es más capital, sino más disciplina en los negocios.

—Está bien, personalmente creo que su consejo es una basura —replicó—. Tengo alguien que está dispuesto a firmar una garantía, pero sólo si usted le aconseja que puede hacerlo. De modo que si no me ayuda y mi empresa se viene abajo, la culpa será suya.

—No voy a aceptar esa responsabilidad —objeté—. En primer lugar porque nunca haría de mediador entre usted y un garante. Y en segundo lugar, no le aconsejo a nadie que es bueno salir de garante y lo hago basándome en la Palabra de Dios.

Salió como una tromba de mi estudio gritando obscenidades acerca de lo que haría con mi consejo. A las pocas semanas su negocio cerró a petición de sus acreedores. Debía casi quinientos mil dólares en un negocio cuyos bienes no superaban los veinte mil dólares incluyendo el auto en el que andaba.

4. ¿Deseo verdaderamente escuchar otras opiniones antes de tomar una decisión mayor?

A través de los años en que he asesorado a otros he apreciado sinceramente a quienes comprendieron y usaron mi consejo como lo que estaba destinado a ser: una perspectiva diferente y una oportunidad de examinar otras alternativas posibles.

Recibo llamadas de amigos que están en el área de los negocios, a quienes conozco por su firmeza en dirigir sus empresas y porque muchas veces conocen tanto como yo (o más) de cómo operar en los negocios basándose en los principios bíblicos. Por lo general me preguntan si violan alguno de ellos en la dirección de sus negocios, porque a veces surgen circunstancias especiales. Entonces reviso con ellos las Escrituras para ver si hay algo que se puede aplicar apropiadamente.

Un ejemplo que recuerdo fue el de un amigo que quería pasar la compañía a sus empleados, a la vez que pensaba retener la gerencia. Decidió constituir una sociedad en que los empleados tuvieran la mayor parte de las acciones, mientras él quedaba como socio general al frente de la compañía. Esto era, por cierto, un arreglo muy novedoso y yo no estaba calificado para comentar acerca de los aspectos legales del acuerdo, ni tampoco de las derivaciones en materia de impuestos. Por fortuna no fue eso lo que me preguntó. Lo que quería saber era si podía aconsejarle algo acerca de cómo pasar a sus empleados parte de las acciones de la compañía. ¿Violaría algún principio bíblico?

—¿Por qué quieres hacer esto? —fue mi primera pregunta.

—Quiero mostrarles a mis empleados que realmente me preocupo por ellos y que quiero formar una compañía verdaderamente cristiana capaz de prosperar en el futuro. De ahora en adelante los empleados se darán cuenta que trabajan para ellos. Espero que pongan el ciento por ciento de sus esfuerzos en el trabajo —me contestó.

—¿Y qué pasa si no ven las cosas como tú? —le pregunté—. He tenido suficiente contacto con la gente como para darme cuenta que no siempre agradecen nuestras buenas intenciones. Ni tampoco cambian sus malos hábitos sólo porque les advertimos que le traerán malas consecuencias.

—Creo que les haré entender mi punto de vista —respondió—. Pienso, además, que esto es lo que el Señor quiere que haga. Espero no estar tratando de comprarles la lealtad a costa de la compañía.

—Continuamente me asombra ver que la respuesta de la gente no es lo que esperamos —respondía con franqueza—. Recuerdo una de las primeras parejas que aconsejé. El esposo estaba sin empleo y no tenía dinero. Le habían ofrecido un trabajo que requería un automóvil en buenas condiciones. Pero no contaba con dinero ni crédito para comprarlo precisamente porque no tenía un empleo (un clásico círculo vicioso). Después de orar juntos acerca de su situación, decidí darle uno de nuestros autos. Era un automóvil con cinco años de uso que había cuidado meticulosamente. Me sentía feliz de entregárselo a alguien necesitado.

»Cuando volví a verlos, iban en un auto flamante. Casi sin creer lo que veía, les pregunté qué había pasado con el que les había dado.

»"¡Usé ese cacharro viejo como un anticipo para el nuevo!" —me explicó el esposo muy contento.

»Tuve que contenerme para no decirle lo que pensaba. Luego me di cuenta de mi error. Hice las veces de Dios con esa pareja. Decidí por mi cuenta lo que pensé que necesitaban. Todo lo que logré fue que adeudaran aún más. Debí haber puesto ciertas condiciones por el auto o al menos ofrecérselo sólo en calidad de préstamo.

»Además, me di cuenta que esperaba determinada conducta de ellos y, al no responder a mis expectativas, me sentí ofendido. Por lo tanto, mi regalo realmente no fue tal, sino el gesto benevolente de un "amo". Después de esa experiencia, entregué en las manos de Dios mi actitud y mi automóvil y decidí ayudar a la pareja, pero sin ocuparme de "acunarlos".

Mi amigo comenzó a descubrir esta misma dura lección con su empresa. Llevó adelante su plan, pero los empleados no cambiaron gran cosa a pesar de su benevolencia. Los que antes trabajaban a conciencia, todavía lo hacen, y los que trabajaban poco y se quejaban de todo, siguen igual.

Después de todo, quizás el proyecto no les haya beneficiado, aunque es posible que Dios lo quiso así por otra razón.

USO DEL CONSEJO PROFESIONAL

¿Debe un negociante cristiano pedir ayuda a un consejero profesional, sobre todo si no es cristiano? Esta es una pregunta difícil y controvertida. Muchos cristianos están hartos del bajo nivel de consejería de abogados, contadores y planificadores que se autodenominan cristianos. Como resultado, prefieren buscar la consejería que necesitan en el mundo secular.

No cabe duda de que hay muchos expertos no cristianos en múltiples de las disciplinas técnicas. Pero a fin de contestar esta pregunta satisfactoriamente, debemos volvernos a nuestra fuente definitiva de consejo: la Palabra de Dios.

En el Salmo 1.1-3, se nos dice:

> Bienaventurado el varón que no anduvo en consejo de
> malos, Ni estuvo en camino de pecadores,
> Ni en silla de escarnecedores se ha sentado;
> Sino que en la ley de Jehová está su delicia,
> Y en su ley medita de día y de noche.
> Será como árbol plantado junto a corrientes de aguas,
> Que da su fruto en su tiempo,
> Y su hoja no cae;
> Y todo lo que hace, prosperará.

¿Significa esto que no debemos escuchar el consejo de los no cristianos? No lo creo. Pero sí considero que es una admonición para no buscar como nuestros consejeros de cabecera a los inconversos, en otras palabras, los que nos aconsejen cada día.

La dificultad no radica en el tipo de consejo que dan, sino más bien en el consejo que no pueden dar, sobre todo espiritual. ¿Cómo puede, por ejemplo, un abogado no cristiano comprender el principio de que un cristiano no debe entablarle pleito a otro cristiano? He escuchado argumentos muy persuasivos de abogados no cristianos acerca del mérito de entablar pleitos sin discriminar a quien se le hace. Si no hubiera sido por mi total confianza en la Palabra de Dios, yo mismo habría seguido aquel consejo.

O trate de convencer a un abogado no cristiano de la lógica de no defender una acción legal contraatacando con otra acción legal. Tal vez crea que usted está loco y rehusará aceptar el caso por creer que es una pérdida segura de sus ingresos.

Lo mismo se podría decir cuando uno trata de convencer al contador no cristiano de que no le quiere cobrar intereses a un hermano en Cristo. O tratar de convencer a un contador la lógica de librarse primero de deudas cuando este sabe del factor que multiplica el dinero utilizando el crédito como palanca.

La excusa que a menudo dan los cristianos es que no hay dónde conseguir buenos consejeros cristianos. Esto no es verdad. Si Dios nos pide que nos asesoremos, proveerá quien lo haga. Hay muchos profesionales altamente capacitados que también son cristianos dedicados. Se les puede encontrar en todos los campos, desde la medicina hasta la contabilidad. Es mejor emplear toda la energía necesaria en conseguir a alguien que sea un buen consejero cristiano. Puede costar encontrarlo y necesariamente no usará la palabra cristiano en su membrete. La mejor forma de conseguirlos es preguntándole a otros profesionales cristianos y pidiendo referencias. Si todavía tiene dificultades en conseguirlo, comuníquese con alguna de las asociaciones nacionales tales como la *Christian Legal Association* [Asociación Cristiana de Asesoramiento Legal] con sede en Washington D.C.[1]

---

1. Nota del traductor: Algunos países de Latinoamérica ya cuentan con asociaciones profesionales cristianas.

| 8 |

Su negocio y su esposa

A Juan le iba muy bien en su negocio de servicio para computadoras. No sólo vendía computadoras, sino que se había especializado en reparar y darle mantenimiento a computadoras para casas de negocios. Tenía doce empleados y casi un millón de dólares en ventas. Además, obtuvo contratos con las diez mejores compañías del negocio en computación y lograba una muy buena ganancia atendiendo las garantías de los equipos vendidos en su zona.

A medida que llevaba adelante su trabajo, Juan se dio cuenta que potencialmente había lugar para una nueva área de negocios. Observó que los clientes a menudo tenían problemas que involucraban detalles de programación y de equipos. Lo común era que el cliente descubriera alguna cosa que la firma de programación describiera como un problema de equipos. Pero el proveedor de este último contestaba diciendo que se trataba de una cuestión de programación. La discusión podía seguir varios días mientras el cliente debía esperar con un equipo inutilizable y negocios sin concretar.

La idea de Juan era proporcionarle a los clientes un servicio integral. Si tenían problemas, podrían llamar a su centro de servicio. Allí se analizaría de qué se trataba y determinaría el origen. Juan consultó a sus clientes y descubrió que estaban más que dispuestos a contratar sus servicios.

Para llevar a cabo su idea, Juan sabía que necesitaba fondos para contratar analistas de sistema experimentados que diagnosticaran los errores de programación, rápida y eficientemente, así como coordinar su trabajo con técnicos de los equipos. Para ello pidió un crédito por setenta y cinco mil dólares usando su casa como hipoteca y comenzó a formar su servicio integrado para computación.

Sin embargo, Juan se dio cuenta casi de inmediato de que había cometido un error con esa decisión. Las compañías a quienes brindaba su servicio técnico comenzaron a verlo como un competidor, mientras que antes lo consideraron como un subcontratista. Dos de las compañías más grandes insistieron que si continuaba con su negocio de servicio en programación, le retirarían el contrato y establecerían sus propios departamentos de servicio. De mala gana, Juan tuvo que cerrar su negocio de servicio integrado.

Cuando Juan le contó a su esposa lo que pasó, esta le recordó que había prometido consultarle cualquier decisión de pedir créditos adicionales de dinero, sobre todo hipotecando la casa.

—Juan, ¿por qué no me dijiste al menos lo que pensabas hacer? —le preguntó.

—Porque me imaginaba que te opondrías y sabía que este negocio era bueno —contestó.

—Si soy tu compañera, deberías permitirme el privilegio de expresar mis puntos de vista —le dijo—. Ya no sé mucho acerca de negocios como antes, pero fui tu única ayuda cuando comenzaste. Y sabes muy bien que nunca me opuse a lo que hacías mientras fui parte del proceso de decisión. Después de todo, si se supone que tengo que compartir las consecuencias de tus decisiones, me parece justo que pueda tener parte en ellas también.

—Tienes razón —admitió Juan—. Puedo decirte sinceramente que lo siento. Y creo que voy a recordar esta lección por bastante tiempo, mientras tenga que devolver esos setenta y cinco mil dólares que perdí.

Al final, la pérdida de su negocio los obligó a vender la casa, porque el negocio de las computadoras comenzó a decrecer.

Juan tuvo la suerte de tener una esposa comprensiva y de que antes de que ocurriera esto ya tenían una buena comunicación. He enfrentado situaciones donde una esposa podría haber arruinado su matrimonio al sentirse marginada en las decisiones comerciales de su esposo.

LA NECESIDAD DE RENDIR CUENTAS

Si le preguntara a la mayoría de los empresarios cristianos cuál es el rol que deberían jugar sus esposas en su carrera comercial, casi todos comenzarían a tartamudear y tratarían de evadir la pregunta. Puedo decir sinceramente que de los cientos de parejas que me ha tocado aconsejar, fueron los esposos en la mayoría de los casos los que excluían a las esposas de jugar un rol importante en sus vidas de negocios.

Algunas veces las esposas quedan relegadas porque no desean involucrarse en los negocios. Muchas mujeres se sienten incapaces de ayudar a sus esposos a hacer decisiones comerciales de importancia. Otras sencillamente no quieren tomarse la molestia. Ambas cosas son excusas y no razones legítimas.

La relación entre los cónyuges es algo muy especial y necesario para una buena toma de decisiones. Cuando la pareja está dispuesta a comunicarse, harán las mejores decisiones que lo que harían cada uno por separado. Es interesante observar que un equipo de esposo-esposa que funciona bien hace mejores decisiones que uno administrativo. ¿Por qué? La respuesta es que el uno ayuda a equilibrar los excesos del otro. Si el esposo y la esposa son demasiado parecidos, uno de ellos resulta innecesario. Pero, por lo que veo, parece que Dios hace las parejas entre personas opuestas para ayudar a equilibrar sus decisiones.

La mayoría de las decisiones que son realmente malas podrían haberse evitado, o al menos modificado parcialmente, de haber seguido el consejo de las esposas. El problema radica en que el empresario típico es por naturaleza muy independiente y se inclina a no escuchar el consejo de otros, incluyendo el de su esposa, a menos que la situación se ponga muy mala y no le quede otro remedio.

Por lo general, veo que el hombre que no desea rendir cuentas a su esposa, tampoco lo hará ante ninguna otra persona. Nuestra sociedad ha desarrollado esta imagen estereotipada del «hombre fuerte» que muestra las opiniones de su esposa como intrascendentes. Eso no tiene sentido, una mentira que promueve Satanás. La falta de disposición para rendir cuentas ante el cónyuge acerca de lo que se hace, conduce a que muchos hombres, y ahora mujeres también, sean más vulnerables a caer en pecado.

Observe lo que Dios dice en 1 Pedro 3.7: «Vosotros, maridos, igualmente, vivid con ellas sabiamente, dando honor a la mujer como a vaso más frágil, y como a coherederas de la gracia de la vida, para que vuestras oraciones no tengan estorbo». En otras palabras, un esposo que no trata a su esposa como coheredera (su compañera en todo), no puede esperar que sus oraciones pasen del cielorraso. ¡No sé cómo lo verá, pero para mí es una severa advertencia!

Mi esposa no tiene experiencia en negocios y nunca ha estado al frente de una compañía. Sin embargo, tiene un rol vital en relación a las decisiones que tomo. ¿Por qué? Porque tiene un discernimiento acerca de las personas que yo no tengo y que al parecer nunca lograré tener. Tiendo a creer lo que la gente me dice hasta que descubro que me han engañado. Después de eso, me inclino a creerles otra vez. Esta mentalidad de saber lo que es blanco o negro me es de mucha ayuda en algunas áreas de los negocios y también en mi ministerio. Por ejemplo, me sirve para aclarar las discrepancias entre la Palabra de Dios y la práctica común (como en el uso del dinero), donde la mayoría de la gente acepta diferencias flagrantes entre lo que hace y lo que la Palabra de Dios expresa como norma.

Sin embargo, esa misma tendencia me lleva a cometer errores cuando se trata de relacionarme con personas. Esto es particularmente grave cuando hay que contratar personas. En el pasado, contraté empleados en los que pensaba que tendría un buen potencial, para luego descubrir que poseían algunas fallas notorias de carácter. En casi todos los casos, Judy me dio algunas advertencias, basada en su intuición, que decidía obviar. Porque para alguien como yo, que trabaja con datos concretos, la intuición juega muy poco en las decisiones al menos cuando se trata de personas.

Recuerdo el caso de un individuo que llamaré Daniel. Mientras trataba de orientarlo en el trabajo, me conmoví con la historia que él y su esposa me relataron acerca de su terrible mala suerte. Daniel, que era un dibujante comercial, fue socio en una empresa publicitaria de un negociante cristiano. Trabajaron casi cuatro años juntos levantando la empresa. Luego, precisamente cuando las cosas comenzaban a andar bien, el socio se independizó diciéndole que si quería entablarle juicio que lo hiciera. Como ya no pudieron seguir pagando el alquiler de su casa, terminaron perdiéndolo todo, hasta la ropa. Incluso el dueño del apartamento les cerró la puerta por falta de pago. Después de escuchar este relato de puras desgracias, decidí ayudarlos. No obstante, hablé primero por teléfono con el ex socio de Daniel. Me dijo que era un mentiroso y que le estafó varios miles de dólares. «Tiene suerte que no lo llevé a juicio», fue la respuesta del otro lado de la línea. Dicho esto colgó el teléfono y rehusó hablar de nuevo conmigo.

«Así es él», comentaron Daniel y su esposa Michelle al unísono. «Se cree que puede intimidarnos con sus gritos. Nos aconsejaron que le lleváramos a juicio, pero sabemos que la Biblia aconseja no hacerle juicio a los hermanos en Cristo, de modo que decidimos no hacerlo».

Esto me impresionó porque si al menos una fracción de lo que me contaban acerca de él era cierto, tenían el caso ganado. No tenían lugar donde vivir, de modo que le pedí a Judy que los alojáramos durante un par de días. Daniel me aseguró que podía pedir un crédito de dinero a su padre que era un abogado importante de Miami. Como habíamos hecho cosas parecidas anteriormente (por ejemplo, alojar a una chica embarazada que antes de irse le prendió fuego al colchón de nuestro diván para huéspedes), Judy se mostró un tanto desconfiada; pero finalmente aceptó.

Los dos días se estiraron hasta llegar a dos meses. El dinero que debía venir desde Miami no llegaba a pesar de que todas las noches hablaban por teléfono y los escuchábamos reclamar con pasión su envío. Por último le ofrecí a Daniel un trabajo temporal en la preparación de folletos de propaganda para nuestra compañía. En realidad, era un proyecto que requería mucha creatividad. Pero antes de comenzarlo, alguien le ofreció otro trabajo como jefe de la sección de revelado en una casa de fotografía y lo aceptó. Michelle se ofreció a mecanografiar trabajos hasta que les llegara el primer cheque. Resultó ser una excelente dactilógrafa, aunque hablaba hasta por los codos y se pasaba el tiempo dando órdenes a los demás.

Durante todo este tiempo Judy me venía diciendo que le parecía que había algo raro en ellos. Le preguntaba, pero no podía precisarme nada. De modo que descarté su consejo y lo tomé como una reacción injusta de su parte. Después de todo habían tenido una terrible racha de mala suerte.

Durante otro mes más Daniel y Michelle vivieron con nosotros, mientras él dedicaba largas horas a su trabajo de revelado de fotos, utilizando de paso uno de nuestros autos del que ya no podíamos disponer. Cuando al fin le mencioné que necesitaba mi auto, me preguntó si no conocía a alguien que pudiera financiarle uno. Como tenía un conocido en el negocio de compra y venta de autos que tenía precisamente uno muy bueno para vender, hice un arreglo para que lo visitara. Sobre la base de mi recomendación, Daniel consiguió el auto sin tener que poner ni un dólar de entrada.

En eso, Daniel comenzó a llegar con historias extrañas: que le robaron el sueldo camino a la casa; que lo invitaron a jugar en un campeonato de golf en Atlanta. (Esto después de descubrir que mi padrastro era un fanático del golf.) Finalmente, hasta yo comencé a sospechar y decidí hacer unas cuantas llamadas para confirmar detalles. Le pedí a Daniel el número de teléfono de su padre en Miami.

—¿Para qué necesita el número de teléfono de mi padre? —me preguntó con un tono herido en la voz.

—Porque quiero averiguar por qué no ayuda a su hijo si es obvio que está pasando por una serie de infortunios.

—Lo que pasa es que no le conté que soy su hijo ilegítimo —respondió Daniel con lágrimas en los ojos—. Mi padre no quiere que su esposa lo sepa y si usted lo llama, podría descubrirlo.

En ese momento sentí como que flameaba una bandera roja en mi mente y recordé el consejo de Judy acerca de la pareja. Le dije:

—David, creo que hay algo que no anda bien aquí. Necesito el nombre de tu empleador y el lugar donde trabajas. Quiero verificar algunas cosas.

Daniel me proporcionó una serie de teléfonos y se fue al dormitorio. Al día siguiente, cuando nos despertamos, descubrí que se habían ido. No supimos nada de ellos durante varios días, pero en ese lapso descubrí que todos los teléfonos eran falsos. Nunca estuvo en alguna empresa; nunca trabajó en un laboratorio de fotografía; nunca vivió en Miami. Y para coronarlo todo, se escaparon con el auto de mi amigo.

A partir de ese día, prometí escuchar el consejo de mi esposa al menos en relación con las personas. Eso no significa que siempre tenga razón, pero sí que en su registro de aciertos me saca ventaja de ciento a uno.

Veo que ese principio se ajusta también a otros aspectos de nuestra vida. Ninguna persona está equipada para evaluar bien todas las situaciones que se le presentan. Cuando llegamos al área de la moral o la ética es necesario que ambos esposos aporten su parte.

Déjenme advertirles que la actitud de querer responder ante nuestra esposa por lo que hacemos no es algo que se da de la noche a la mañana. Requiere de una entrega total del uno para con el otro, y de un descenso en el nivel básico del ego, del hombre de negocios cristiano promedio.

También hace falta mirar desde una perspectiva totalmente diferente la necesidad de comunicarse entre sí y de tomar decisiones. La esposa sobrevive, en más del ochenta por ciento de los matrimonios, al esposo. (La edad promedio de las viudas en Estados Unidos ha bajado a los cincuenta y ocho años de edad.) Por lo tanto, la mayoría de las esposas tendrán que enfrentar solas todas las decisiones después de la muerte del esposo. Cuanto más sea el grado de comunicación del esposo mientras están juntos, tanto mejor serán sus decisiones después. Vale la pena el esfuerzo.

DEDIQUEN TIEMPO PARA CONVERSAR

La mejor forma de comunicación se logra cuando se fija un tiempo regular para conversar acerca de decisiones en negocios de cierta importancia. Esto es esencial, sea o no dueño de negocios. Puesto que por lo general los cónyuges tienen temperamentos opuestos, uno de los dos procurará conversar tarde en la noche cuando el otro está totalmente agotado y listo para dormir. Una buena costumbre es tratar de fijar un tiempo intermedio para leer la Biblia y orar juntos, y emplear luego un poco de tiempo en conversar las cuestiones de negocios del día.

Si extendemos este plan un poco más allá, necesitará separar regularmente un tiempo para analizar metas a largo plazo tales como el crecimiento de la empresa, la jubilación futura o la venta de la compañía. Esto se puede hacer mucho mejor si se emplea todo un fin de semana. Si es necesario, busque con quién dejar a los niños para sentirse totalmente libre. Encontrará que bien vale la pena el esfuerzo de hacerlo al menos una vez cada seis meses, sobre todo a medida que pasan los años.

Una buena manera de comenzar, si no lo ha hecho nunca, es conversando sobre el presupuesto familiar. Esto es útil para romper el hielo cuando se desea comenzar un proceso de comunicación tan necesario para lograr un matrimonio en el que ambos se sientan mutuamente responsables. Puedo comprender a los que nunca llegaron a establecer la comunicación, pues hasta yo mismo he sido culpable de haber descuidado el consejo de mi esposa durante muchos años. Pero ahora puedo decir con sinceridad que el tiempo que permanezco con ella es aquel del que obtengo mayor beneficio, excepto del que paso con Dios.

No quiero decir con esto que mi comunicación con Judy sea perfecta. Está muy lejos de serlo y quizás siempre sea difícil. Soy de los que se sienten bien con tomar las decisiones solo, aunque sean malas. Además, me resultaría fácil rodearme de empleados que hagan lo que les pido. También me siento a gusto cuando les paso gran parte del trabajo rutinario a otros. Pero recibir la contribución de los empleados, o aun el de los miembros de la directiva, no es lo mismo que la de una esposa. Nadie nos conoce como nuestra esposa y, por lo tanto, nadie puede ocupar su lugar.

Muchas mujeres se preguntan por qué sus esposos terminan abandonándolas cuando llegan al éxito y sus empresas florecen. A veces se debe a que el hombre de mediana edad se involucra en relaciones sexuales con mujeres jóvenes. Sin embargo, creo que hay una razón más profunda. Muy a menudo las esposas fallan en no convertirse en compañeras y socias de sus esposos, y estos a su vez sienten que sus esposas no se preocupan realmente por lo que hacen en su negocio. Él puso toda su alma en el trabajo, pero para ella no es más que una fuente de dinero. Muchas esposas me dicen al final de sus años de matrimonio, que se arrepienten de no haberle brindado a su esposo la dedicación y el tiempo que le brindaron a sus hijos. Es obvio que los niños requieren mucha atención, pero la relación matrimonial va a durar más (o debería ser así) que la relación de padres e hijos. Si la relación de pareja es tan importante, ambos miembros deben invertir tiempo en ella.

El Señor nos mostró un principio interesante en Mateo 6.21: «Porque donde esté vuestro tesoro allí estará también vuestro corazón». Este principio va aún más allá de la cuestión del dinero y abarca muchas otras áreas. Significa, en efecto, que uno invierte tiempo y energía en todo lo que le resulta importante. Por lo tanto, haga de su cónyuge una prioridad.

TRABAJEN JUNTOS EN EL NEGOCIO

Cuando usted y su esposa trabajan juntos en el negocio, es importante que comiencen hablando con total franqueza de la relación jerárquica. Sólo debe haber uno para llevar el liderazgo. Cualquier otro arreglo suele frustrar a los empleados y a menudo lleva a serios enfrentamientos en la pareja.

A través de los años he descubierto que cuando los esposos trabajan juntos, no es fácil delimitar los roles a corto plazo. Pero a medida que pasa el tiempo resulta esencial que lo hagan. Si considera difícil trabajar en la misma oficina, o en la misma empresa, es mejor que lo aclare cuanto antes con toda sinceridad.

Resulta esencial establecer los roles, definidos claramente, para mantener una buena comunicación. Si no pueden conversar sobre este punto sin llegar a discusiones, tal vez un buen consejero los pueda ayudar a resolver las diferencias.

Carlos era un agente de seguros que acababa de abrir su propia agencia. Paula, su esposa, fungía como secretaria, contadora y recepcionista. Poco después de comenzar descubrieron que debido a que poseían personalidades diferentes y a una mala comunicación entre ellos, estaban causando estragos en el negocio y en su relación como pareja.

Paula era una mujer que le gustaba la perfección por lo que exigía una obediencia total a las reglas. Mientras que Carlos era uno de esos vendedores típicos que generalizan al hablar, que sólo toman las reglas para guiarse y no como algo absoluto. Paula creía que cuando Carlos exageraba los beneficios de la póliza equivalía a incurrir en mentiras. A veces iba a los extremos en sus intentos de corregirlo, incluso en presencia de sus clientes. Como resultado, algunos clientes creían que había fricciones entre Carlos y Paula, pero que sólo ella era la que defendía sus intereses.

Por ejemplo, cuando Carlos realizaba el estimado de una póliza, el cliente solía llamar a Paula para que lo revisara y viera si no había «exageraciones». A Paula le halagaba que los clientes quisieran su opinión, pero sin darse cuenta minaba la autoridad de su esposo. Carlos no sabía cómo manejar la evidente falta de consideración de Paula con relación a su autoridad y experiencia en el campo.

Un cliente, a quien Carlos le vendió una póliza comercial, tuvo un incendio en su fábrica y descubrió que la compañía de seguros no podía pagar porque había materiales inflamables en alguna de las dependencias. Dicho cliente protestó diciendo que Carlos le debía haber advertido de esta cláusula excluyente. Carlos respondió que la póliza era absolutamente clara en ese punto. Le señaló además que no podía haber conocido de la existencia de materiales inflamables, ya que esos productos no existían en el momento de hacer la póliza.

El dueño le hizo una demanda por negligencia. Durante los procedimientos de la corte llevó a otros clientes más que también afirmaron que existían evidencias de negligencia en su comportamiento como agente de seguros. Citaron el hecho, como parte de los argumentos presentados, de que Paula a menudo objetaba las afirmaciones que hacía su esposo.

Cuando Paula estaba sentada en la corte se sintió conmovida al darse cuenta que los hombres, a quienes ella creía estar brindando simplemente un consejo, ahora testificaban de la incompetencia total de su esposo en esa profesión. Sabía que Carlos era un agente muy capaz y él mismo le había enseñado todo lo que sabía acerca de seguros. Lo único que le molestaba de Carlos había sido lo que ella llamaba «exageraciones», pero no su capacidad.

Carlos perdió el juicio y tuvo que pagar los daños del incendio. Como resultado, quedó oficialmente fuera de los negocios debido a que la aseguradora prescindió de sus servicios. Paula tuvo que reconocer que al minar la autoridad de su esposo terminó por arruinarlo profesionalmente. En su temperamento, la perfección podría haber sido un excelente contrapeso a la personalidad de vendedor de Carlos. Sin embargo, se convirtió en un arma de guerra.

Paula también aprendió mucho acerca de la verdadera integridad de su esposo cuando en ningún momento la acusó de deslealtad, aun sabiendo la responsabilidad que le cabía en lo sucedido. Muy pronto, un antiguo competidor que conocía la capacidad de Carlos, lo contrató como agente de seguros. Paula maduró como esposa y se empleó como secretaria de la compañía telefónica local, donde por su temperamento, se sintió verdaderamente cómoda.

SEGUNDA PARTE

LOS PRINCIPIOS
PARA DECISIONES CRÍTICAS

9

Decisiones de contratación

—¿Sabes? Jamás hago buenas decisiones correctas cuando contrato a las personas —dijo Sebastián mientras comía una tostada. Hablaba con Bill Barnes, uno de nuestros consejeros, a la hora del desayuno—. Las personas se muestran insatisfechas muy pronto y terminan por irse al cabo de uno o dos años. ¿Cuál es mi problema?

—Déjame preguntarte en primer lugar una cosa —le respondió Bill—. ¿Cuáles son tus criterios al contratar personas?

—No estoy seguro de lo que quieres decir —respondió Sebastián—. Por lo general pongo un anuncio en el periódico local y hago las entrevistas a quienes se presentan.

—No. No te pregunté cómo los buscas —le dijo Bill—. Te quise decir que cuáles son los criterios que utilizas cuando decides a quiénes vas a contratar de entre los que se presentan.

Sebastián comenzó a describir la típica forma en que se suele contratar personal:

—Conozco el tipo de experiencia que hace falta para llevar adelante nuestras tareas, que por lo general consiste en el ensamblaje y reparación de equipos de pruebas. Casi siempre tratamos de contratar gente que tenga al menos dos años de experiencia en una industria vinculada a la nuestra y que acepte el pago que le ofrecemos.

—¿Qué otros criterios empleas? —preguntó Bill.

—No entiendo lo que me quieres decir —expresó.

—¿No le preguntas nada acerca de su historia laboral, ni pides referencias personales, ni haces una evaluación técnica, ni un examen de personalidad? —continuó Bill.

—Sí, nos ocupamos de confirmar datos con su empleador anterior —comentó Sebastián—, si el candidato no pone objeciones. Ya sabes que la ley prohíbe hacer mucho más de eso.

—Realmente, esto no es cierto —respondió Bill, que por ser un consejero comercial había oído eso muchas veces—. La ley prohíbe a un empleador discriminar en cuanto a raza, religión, sexo o país de origen. Pero no le impide discernir si una persona ha demostrado ser un empleado capaz y confiable.

—Bueno... la mayoría de esas investigaciones cuestan demasiado dinero —comentó Sebastián poniéndose a la defensiva—. Sólo las grandes compañías pueden darse el lujo de hacerlo.

—No es así —respondió de nuevo Bill—. Las grandes compañías lo hacen porque han descubierto que es considerablemente más económico contratar buenos empleados, que reemplazar los malos empleados. Demora un poco más comenzar, pero los dividendos también duran más. Permíteme contarte algunas de las cosas que enseñamos en nuestros seminarios...

De inmediato continuó desarrollándole un bosquejo de los pasos esenciales que un empleador debe seguir para una política de empleo razonable.

PASOS PARA CONTRATAR EMPLEADOS

1. Defina el trabajo claramente

Cada trabajo es una combinación de varias tareas que deben hacerse cada día o al menos de forma regular. Para contratar un buen empleado, este debe definirse claramente. A veces con sólo conocer la descripción del trabajo, uno que aspire a trabajar se da cuenta que no está calificado y se autoelimina. Una descripción verbal durante la entrevista no es tan eficaz como ver la descripción en blanco y negro.

Una vez entrevisté a un joven para que fuera vendedor telefónico de nuestra organización. Era inteligente, tenía excelentes modales y era muy expresivo para hablar, cualidades fantásticas para cualquiera de las posiciones de nuestra firma. A él también le entusiasmaba la perspectiva de trabajar para nuestra compañía y mencionó la palabra «oportunidad» varias veces durante la entrevista.

Cuando le mostré la descripción escrita del trabajo, que consistía en responder telefónicamente a posibles compradores, me di cuenta que la desilusión era evidente en el rostro.

—¿Cree que está en condiciones de hacer este trabajo durante todo el día? —le pregunté.

—Bueno... supongo que sí —respondió—. Pero, ¿cuánto tiempo tengo que hacer este trabajo para tener oportunidad de hacer algo más interesante?

—¿Cómo qué, en particular? —le pregunté.

—Lo que en realidad me gusta hacer es enseñar y aconsejar —respondió entusiasmado—. Me gustaría hacer ese tipo de cosas si me prepararan en esas áreas.

Le di las gracias y lo despedí agradeciéndole al Señor en silencio por haberme enseñado a tomar el tiempo necesario a fin de definir los cargos con claridad. Lo que necesitábamos era un vendedor telefónico y no invertir varios miles de dólares en preparar a alguien que quizás nos dejaría (a lo mejor disgustado) después de unas semanas o unos meses. Era un joven de esos típicos egresados de una universidad que lo que buscaba era poner un pie para tener la entrada y no un trabajo en realidad.

2. Contrate la mejor persona para ese trabajo

Esto quizás le parezca demasiado simple, pero la mayoría de los negociantes no contratan las mejores personas. En lugar de eso contratan al que encuentran disponible. Yo mismo lo hice muchas veces en el pasado, aunque siempre me recriminaba por ello. Recuerdo cuando comencé a desarrollar este ministerio relacionado con los conceptos financieros cristianos que me encontraba en la urgente necesidad de ayuda, pero sin suficientes fondos como para pagar un empleado. Un creyente, que estaba sin trabajo y que acudió a mí en busca de consejo, se ofreció voluntariamente sabiendo que necesitaba ayuda. Durante los meses siguientes la situación financiera mejoró y me vi en condiciones de contratar a alguien para hacer lo que él había realizado. La conclusión obvia (de su parte) era que lo contrataría a él y eso fue lo que hice.

Ahora que miro la situación me doy cuenta que no estuve realmente satisfecho con el trabajo de este hombre, pero como era voluntario, no me había quejado. Me di cuenta de que pasé por alto las prácticas normales para contratar personas, porque estaba allí. De otro modo hubiera verificado sus antecedentes, inventariado sus cualidades personales y evaluado su capacidad.

En pocas palabras, tuve que lamentar mi falta de meticulosidad. Me di cuenta que el hombre no hacía el trabajo que le correspondía y que no se sentía feliz. Esta actitud se reflejaba en casi todas las cosas que emprendía y al final provocó una confrontación. Mi error fue aceptar a alguien que era el menos adecuado para ese cargo. Él se sentía mal, yo me sentía mal y al final ambos enfrentamos la verdad. Ahora trato de seguir el precepto que dice en Proverbios 22.29: «¿Has visto hombre solícito en su trabajo? Delante de los reyes estará; no estará delante de los de baja condición».

3. La persona idónea en el trabajo

Nunca he sido un entusiasta de los exámenes de la personalidad ni cosas similares. Sin embargo, después de varias tentativas de ubicar a la debida persona en el trabajo adecuado (y de fallar muchas veces), decidí buscar cualquier cosa que me ayudara. Tal parece que otros negociantes pueden hacer evaluaciones adecuadas de la personalidad de otros y la contratación no les causa problemas, pero a mí sí me los causa.

Un día, mientras asistía a una conferencia sobre administración de empresas, tomé un breve examen de personalidad. Este dividía el temperamento en cuatro tipos básicos.

Lo hice apuradamente dando por descontado que sería una pérdida de tiempo como en otros casos. Pero sufrí un shock cuando el instructor evaluó el examen y describió mi personalidad. ¡La descripción me vino como anillo al dedo!

Pasé el resto de la semana estudiando el material que la empresa encargada de los exámenes de la personalidad ofrecía en venta a quienes quisieran utilizarlo en sus compañías. Procedí a usarlo con todos los que conocía bastante bien como para apreciar su personalidad básica y sus habilidades. Para mi sorpresa, la evaluación era correcta en cada caso.

Después de esta prueba supe que tenía una herramienta para ayudarme a ubicar a los empleados donde debía. Este examen, que sólo dura diez minutos, ha revolucionado virtualmente a nuestro personal y a varios cientos de empresas a las que se lo he dado a conocer. Hay otros métodos de evaluación más largos y complejos, pero compruebo que ninguno es comparable a este con tan poca inversión de tiempo y dinero. Lo usamos con todos los posibles empleados de la empresa. También descubrimos que es absolutamente necesario para una buena consejería. Resulta de mucha ayuda comprender las personalidades de quienes aconsejamos, tanto para nosotros como para ellos, pues es indispensable saber por qué reaccionan como lo hacen.

El método divide las personalidades en cuatro tipos básicos que son más precisos y concretos, que los usados comúnmente para describir a las personas. Por conveniencia describiré estos cuatro temperamentos básicos empleando analogías simples:

1. *Dominante.* Esta personalidad es la del típico empresario que hace decisiones rápidas, se aburre con facilidad de las tareas rutinarias, odia tener que seguir instrucciones detalladas, etc. De este tipo de personalidad la mejor descripción es: «A menudo equivocado, nunca en duda». La personalidad que llamaremos «D» es fácil reconocer. Si compran un juego de piezas para fabricar una hamaca pasarán tres horas tratando de armarla en lugar de leer diez minutos el manual y seguir las instrucciones.

2. *Influyente.* Esta personalidad es extrovertida, amigable, conversadora y le encanta asociarse a personas de éxito. La personalidad «I» se reconoce fácilmente, porque descubrirá al entrar en su dormitorio o cocina u oficina, que todo en lo que participaron se mostrará sobre las paredes. Los «influyentes»

se sienten motivados a agradar a otros y ser aceptados. A menudo se convierten en vendedores, y lo hacen muy bien porque desarrollan relaciones estrechas con las personas. A un influyente lo atraen fuertemente las organizaciones sociales y se caracteriza por ser afable y amistoso.

3. *Sostenedor.* Los sostenedores son los que mantienen la rueda de la organización engrasada. Son leales, trabajadores, cooperativos y totalmente confiables. Su única falta es que a veces carecen de imaginación y del empuje necesario para emprender cosas nuevas. Se reconocen con facilidad porque toman descansos más breves que el resto de los empleados, casi nunca discuten con otros, siempre están dispuestos a hacer los trabajos que a los demás no les gusta y pocas veces reciben el reconocimiento por lo que hacen. Las personalidades tipo «S» son las únicas que pueden casarse con otros como ellos y lograr que el matrimonio dé resultado. Todos los matrimonios con personalidades idénticas terminan en guerra.

Usted puede reconocer a quienes tienen esta personalidad porque detestan tomar decisiones. Si un esposo le pregunta a su esposa: «¿Qué quieres comer?», ella le contestará: «No te inquietes, decide tú». Entonces, si su esposo es del tipo «S» responderá: «No, a mi me da lo mismo, decide tú». Esto quizás continúe a menos que tengan un hijo «D» que les domine sus vidas.

4. *Perfeccionista.* En la mayoría de los casos una persona con este tipo de personalidad se conoce por ser perfeccionista. Los de tipo «P» se advierten con facilidad porque obedecen disciplinadamente las reglas y se frustran cuando estas no existen para cumplirlas. Cuando un «P» compra una hamaca para armar acomodan cada pieza de mayor a menor mientras leen el manual y de paso corrige los errores de ortografía que aparezcan.

Es obvio que nadie tiene una personalidad con una sola característica identificable. Todos somos combinaciones de estos tipos. No obstante, por lo general hay una característica dominante que ayuda a determinar cómo se desarrollará esa persona en un ambiente de trabajo determinado. Cuando identificamos esas características, podemos mejorar mucho la práctica de contratar personas. Saber la manera en que interactúan los diferentes temperamentos es esencial para organizar una compañía eficiente.

Me gustaría demostrar cómo usamos esta información al contratar empleados. Si buscamos a alguien para un puesto en particular, digamos recepcionista, lo primero que debemos hacer es detallar los requerimientos para ese trabajo. Por ejemplo, los deberes de una recepcionista implican tomar mensajes, responder a las llamadas telefónicas y pasarlas a los departamentos apropiados. Entre los deberes adicionales podrían figurar mantener al día las fichas de los miembros, agregar datos estadísticos a los archivos de las computadoras y escribir eventualmente algunas cartas. Por esa razón el nivel de capacidad con la máquina de escribir es tan importante como su capacidad verbal.

Para descubrir la mejor combinación de rasgos de la personalidad para una recepcionista, buscamos una de otra compañía y le pedimos que hiciera el examen. Luego utilizamos el perfil de la personalidad como guía para contratar a la recepcionista que buscamos. Investigando un poco es posible tener el perfil para casi todas las posiciones más comunes. Intercambiando perfiles de trabajo con organizaciones similares, en poco tiempo cualquier compañía puede crear un archivo completo de todos los cargos.

Es obvio que hay otros factores que también deben considerarse en el proceso de contratar personal: humor, confiabilidad, vocabulario, educación, etc. Pero estoy convencido que los mejores empleados son aquellos cuya personalidad armoniza bien con lo que tienen que hacer en el cargo.

También aprendí esta lección de una manera dura. Un negocio que dirigía necesitaba un contador como asistente del contador principal. La muchacha que trabajaba de recepcionista en ese momento era inteligente y aprendía con facilidad, de modo que me pareció que se podía preparar para pasarla al departamento de contabilidad. La situación fue un desastre casi desde el primer día. Aunque aprendió pronto los procedimientos que requería el trabajo y lo hacía muy bien, rara vez trabajaba más de diez minutos seguidos. Luego necesitaba levantarse a tomar agua o para ir al baño o buscaba cualquier excusa para salir del pequeño y aislado cubículo donde trabajaba. En el camino se detenía a conversar con cualquiera que encontrara al paso, para luego regresar a su «cueva», como lo llamaba.

Era evidente que nunca se iba a sentir feliz en su trabajo de contabilidad, viviendo aislada de las personas. Volví a colocarla en la recepción para contestar el teléfono y recibir a los visitantes, donde se sentía a gusto. Luego supe que era una personalidad del tipo «I» (influyente), con un fuerte elemento de personalidad adicional tipo «P» (perfeccionista). En otras palabras, una extrovertida con cierto grado de perfeccionismo. Resultaba una excelente recepcionista, pero una pésima contadora.

4. Realice sus decisiones en su programa de contratación

El nudo de la cuestión acerca de cómo encontrar y contratar empleados calificados, se hace más fácil si analiza sus propias actitudes respecto a ciertas cuestiones y toma las decisiones básicas con suficiente anticipación. Algunas de las decisiones se harán bajo la presión de las normas federales y las de la compañía si se encuentra como gerente en una empresa. Pero si reflexiona acerca de las cuestiones en las que hay mayor controversia, le será más fácil enfrentar las decisiones complicadas. Dos de las decisiones más difíciles para los cristianos están en si se deben o no contratar a inconversos y a mujeres casadas.

¿DEBEMOS CONTRATAR SOLAMENTE A CRISTIANOS?

Daba por sentado que si contrataba sólo a empleados cristianos evitaría muchos de los problemas que afectan el mundo de los negocios. Luego de quince años trabajando en un ministerio que emplea sólo cristianos puedo decir, con absoluta convicción, que fui muy ingenuo en pensar así. No se trata de que no tengamos empleados excelentes; ¡los tenemos! Pero los problemas con los empleados cristianos no difieren a los de los inconversos.

Muchos empleadores cristianos han llegado a creer que sólo deben emplear cristianos. Personalmente creo que haciendo esto se obstaculiza uno de los grandes ministerios disponibles para los empleadores cristianos: evangelizar a sus empleados.

A veces el principio bíblico de no estar «en yugo desigual» (2 Corintios 6.14) ha servido como una justificación para no contratar empleados no cristianos. Para empezar es obvio que no hay una relación de «yugo» entre empleado y empleador. Una simple explicación ayudará a definir la relación de una persona «en yugo» con otra.

El apóstol Pablo compara esa relación con la de dos bueyes que tienen un único arnés; no pueden hacer nada que no afecte también al otro. Si uno se mueve hacia la izquierda, el otro va por allí. Si uno se cae, el otro también. El peso debe distribuirse equitativamente y ambos lo comparten. Resulta claro que aquí no hay un cuadro de una relación comparable a la existente entre empleado y empleador. Sólo hay una manera legítima de no emplear a inconversos en un negocio cristiano y esta es logrando que se conviertan. Cuando se contrata a alguien el único criterio que debe privar es si esa persona puede o no responder en el trabajo y seguir las reglas establecidas para todos los empleados.

El principio que Pablo aplicó a la iglesia de los corintios es el mismo que deberíamos usar en el mundo de los negocios. Él les reprochó a esos creyentes acerca de algunas personas que deshonraban al Señor con su conducta y los instruyó a que expulsaran a los rebeldes de en medio de ellos. En su confusión separaban a todos los inconversos que asistían a su congregación. En 1 Corintios 5.9-10 encontramos lo que Pablo les escribe para corregir este error: «Os he escrito por carta, que no os juntéis con los fornicarios; no absolutamente con los fornicarios de este mundo, o con los avaros, o con los ladrones, o con los idólatras; pues en tal caso os sería necesario salir del mundo». Si no existieran personas inconversas en una empresa (o en la iglesia), no habría dónde obtener frutos para nuestro testimonio evangelizador.

¿DEBO CONTRATAR MUJERES CASADAS?

En círculos cristianos siempre ha habido una fuerte controversia acerca de si la mujer debe o no trabajar fuera de la casa. Esta controversia se ha vuelto más amarga desde que comenzó el movimiento feminista. Muchos dan por sentado que cuando una mujer trabaja fuera de la casa es porque tiene un espíritu voluntarioso e independiente. Me gustaría expresar algunas observaciones de la Palabra de Dios sobre este punto.

UNA DESCRIPCIÓN DE LA MUJER PERFECTA

Primero, miremos la descripción de la mujer perfecta que aparece en Proverbios 31. Se dice que plantaba viña y recogía los frutos, tejía prendas y fabricaba telas para vender, actuaba como colaboradora de su esposo y organizaba el hogar de una forma que le hacía honor a su persona. ¡Me parece que la mujer que aquí se describe está enfrascada en actividades que van más allá de las tareas domésticas comunes!

Las Escrituras no indican que todas las mujeres deben hacer esto, pero tampoco que no lo deban hacer. Creo que Dios deja que la decisión quede entre los cónyuges. Para una mujer, la decisión de dejar el hogar y salir a trabajar podría ser errónea. Para otra no.

Pablo nos dice en Tito 2.4-5: «Que enseñen a las mujeres jóvenes a amar a sus maridos y a sus hijos, a ser prudentes, castas, cuidadosas de su casa, buenas, sujetas a sus maridos, para que la Palabra de Dios no sea blasfemada». Este mensaje del apóstol se usa a menudo como una instrucción de Dios para que la mujer sólo trabaje en la casa. No creo que esta fue la intención de Pablo. Lo que hacía era advertir a las mujeres que no *descuidaran* su trabajo en el hogar, como acostumbraban algunas mujeres que actuaban con rebeldía hacia sus esposos. En realidad, Pablo no planteaba la cuestión de trabajar fuera de la casa porque muy pocas lo hacían en esa época. En este tiempo lo que convenía realmente era trabajar en el campo donde se cultivaban los alimentos necesarios para el sostén familiar.

No es el propósito de este libro analizar si la mujer debe o no trabajar fuera del hogar (tenga o no hijos). Sólo agregaré que entiendo perfectamente los problemas que surgen en los hogares donde ambos padres trabajan fuera y los niños quedan virtualmente abandonados. Esa negligencia está causando una crisis en Estados Unidos y la motivación primaria es el deseo de llevar un estilo de vida sin prescindir de comodidades. A pesar de haber dicho esto, mi opinión es que no va en contra de las Escrituras que la mujer trabaje si ella y su esposo están de acuerdo.

Este punto es de gran importancia para mí como empleador. Si creyera que la Palabra de Dios indica que la mujer casada no debe trabajar fuera de su casa, no contrataría mujeres casadas porque contribuiría a que otro desobedezca su Palabra. Sin embargo, creo que esa decisión le corresponde a la pareja y no a mí.

5. Establezca un período de prueba

Mi recomendación es que se debe dar un período de tres meses de prueba para todo empleado nuevo. Durante este tiempo será posible evaluar su capacidad y cómo realiza el trabajo. Es obvio que nadie quiere dejar un trabajo y tomar otro si existe la posibilidad de que este finalice con el período de prueba. Con todo, un buen sistema de contratación puede eliminar prácticamente los errores. Es mejor, para la compañía y para el empleado, que estas correcciones se hagan a tiempo si son necesarias.

Recuerdo una situación de este tipo. Contraté un individuo para administrar nuestra propiedad de cuarenta hectáreas donde radicaba nuestro centro de capacitación en Georgia. Entrevistamos a casi cuarenta candidatos y así entre ellos seleccionamos cinco que tenían mejor calificación para la posición. Más tarde se realizaron las entrevistas personales. En los entrevistados había un ingeniero de unos treinta y cinco años que parecía muy capacitado para esa posición. Era cristiano, le gustaba la vida al aire libre, hablaban de él con mucho respeto, tanto su empleador de ese momento como los que tuvo anteriormente, y poseía la personalidad adecuada para el cargo. Por último, después de analizar a muchos otros candidatos, le hicimos una oferta de un sueldo similar al que tenía y aceptó el trabajo.

Durante el primer mes su trabajo fue excelente y parecía entusiasmado con sus deberes y con la administración del centro.

Luego comencé a notar un cambio en su semblante. Se veía que estaba malhumorado y hablaba poco. A veces hasta mostraba cierta rebeldía. Al parecer se recuperó, cuando lo interrogué acerca de su actitud, cambiando durante una o dos semanas. Pasado este tiempo reapareció su mal humor. Le pregunté varias veces cuál era su problema, pero rehusaba admitir que lo hubiera.

Entonces, un día vino a mi oficina una persona que estaba vinculada a él y me comentó lo que pasaba. Al parecer era la esposa la que odiaba el aislamiento del lugar y la falta de comunicación con otros. En otras palabras, se sentía nostálgica y se pasaba todo el tiempo regañando a su esposo por haberla llevado a vivir allí. Atrapado entre una esposa descontenta y un compromiso laboral, este administrador se convenció en su subconsciente de que el problema no radicaba en ellos sino en nosotros. Resolví el conflicto dándole la oportunidad de renunciar, cosa que hizo de buen grado.

Hay otros factores, además de la personalidad y del nivel de capacidad, cuando uno piensa contratar a alguien. En este caso deberíamos haber averiguado si su esposa estaba dispuesta a compartir el ambiente de trabajo. (Como dice Proverbios 25.24: «Mejor es estar en un rincón del tejado, que con mujer rencillosa en casa espaciosa».)

‖ 10 ‖

Decisiones de despidos

A través de los años he descubierto que la mayoría de los cristianos se confunden en cuanto a sus responsabilidades como jefes cuando se trata de sus relaciones con los empleados. Por ejemplo, he conocido a muchos empleadores cristianos que pensaban que nunca debían despedir a alguien porque eso sería dar un mal testimonio de su fe. También he visto a muchos empleados cristianos que pensaban que al trabajar para un jefe cristiano tenían garantizado un empleo permanente, sin importar su trabajo ni conducta.

Un amigo me contó su experiencia con un empleado cuya responsabilidad hacia su jefe fue de este tipo:

«Contratamos a un joven recién egresado de una universidad cristiana para que trabajara en nuestro departamento de exportación. Como muchos recién graduados, creía que su título en administración de empresas le garantizaría al menos un cargo inicial de nivel medio y aunque le dijimos que este empleo era solamente dentro de la sección de embalaje, dio por sentado que lo ascenderían a las pocas semanas.

»La verdad era que estábamos considerando crear un nuevo departamento de ventas y con el tiempo nos iba a hacer falta un administrador. Sin embargo, hace mucho tiempo aprendí que un título universitario en administración de empresas significa solamente que la persona tuvo la capacidad de perseverar en sus estudios durante cuatro años. De ningún modo un título asegura que los alumnos sabrán tomar buenas decisiones comerciales ni dirigir a otras personas.

»Al cabo de unas pocas semanas este joven —al que llamaré Patricio— había adoptado maneras agresivas y caminaba de un lado a otro con el ceño fruncido. Realizaba su trabajo y lo hacía muy bien, pero su actitud eliminaba virtualmente cualquier idea de colocarlo en una posición de mayor responsabilidad. Su forma de actuar continuó empeorando y al final tuvimos que despedirlo.

»Durante el tiempo que trabajó con nosotros encontré en varias oportunidades notas sobre mi escritorio en las que me acusaba de no vivir de acuerdo a las normas cristianas y muchas otras faltas «terribles» contra Dios como la de usar una versión «moderna» de la Biblia en lugar de la antigua versión. Nunca estuve totalmente seguro si fue él quien ponía esas notas, pero cesaron cuando se marchó.

»Personalmente sentí que le habíamos fallado. Tenía un buen potencial y se podría haber convertido en un elemento valioso de nuestro ministerio, excepto en que su ego y sus prejuicios lo echaban a perder».

El otro lado del problema está en que existen empleadores que descuidan a sus empleados y decididamente los tratan de una manera poco cristiana. Echan a personas porque no les caen bien, cambian empleados más antiguos y de mayor jerarquía cuyos sueldos son más altos, por jóvenes peor pagados. Despiden gente con la misma indiferencia con que alguien cambia de automóvil. En este proceso causan un daño indecible a su testimonio y a la causa de Cristo.

Carlos era una de estas personas que poseía una empresa de construcción que empleaba a más de cuatrocientas personas. La mayoría de los trabajadores vivían con temor de perder sus puestos.

Carlos profesaba ser creyente y donaba dinero a diferentes causas cristianas. Se creía un hombre bueno, pero en realidad se había acostumbrado a ser el típico «patrón» que no acepta críticas de nadie.

Carlos era una persona muy temperamental. Fluctuaba entre ser extremadamente amigable al que todos podían acercarse y

un tirano que atemorizaba a los que le rodeaban. Sus empleados nunca podían saber cuándo se iba a operar el cambio. En
una reunión puede que pidiera la opinión de su equipo de
capataces y al parecer apreciaba sus opiniones. Pero quienes
habían durado un poco más en el cargo sabían que después de
esas reuniones, Carlos despedía abruptamente a cualquiera que
hubiese dado una opinión que estimara como una crítica.

Los cambios de humor de Carlos estaban casi siempre vinculados con el avance que la empresa mostraba con relación a
los meses anteriores. Sin embargo, muy pocos empleados per-
cibían esta relación. La compañía podía estar produciendo dinero, pero la actitud de Carlos cambiaba si no era tanto como
antes. El sufrimiento de este hombre era un agudo temor al
futuro, sumado a una grave desconfianza hacia los demás. Cuando los negocios andaban bien, Carlos estaba de un humor es-
pléndido. Pero cuando las ventas bajaban, aunque fuera un
poco, se sumía en la depresión y descargaba su frustración en
los que le rodeaban.

En las etapas de optimismo trataba de demostrar que era
cristiano. Intentaba que se hicieran devocionales laborales, en-
viaba empleados a conferencias o retiros, regalaba Biblias y
hasta invitaba a un capellán a la empresa. Pero nada daba resultado. A veces sus etapas de optimismo duraban varios meses. No obstante, cuando algunos de sus empleados más leales
comenzaban a creer que realmente había cambiado, despedía
a algún secretario o a algún obrero por cualquier error que
significara alguna pérdida de dinero a la compañía. Y todo su
programa «espiritual» se venía abajo.

La empresa de Carlos había hecho un contrato con la Marina para confeccionar soportes para un nuevo tipo de avión
de combate. El contrato iba a duplicar con facilidad el presupuesto del año anterior, pero también le impondrían unas multas
muy severas si no se entregaba en el tiempo establecido o si
había fallas en el trabajo. A medida que la empresa trabajaba
en el proyecto, Carlos estaba la mayor parte del tiempo albo-
rozado y al mismo tiempo furioso. Veía el potencial del proyecto, pero también se daba cuenta de los posibles riesgos del negocio. Para asegurar el éxito edificó una planta separada para

tener mejores facilidades en la fabricación de las partes y colocó allí a sus empleados más experimentados.

Durante varios meses, las cosas anduvieron bien y las ganancias que iba dando el contrato ya duplicaban lo que la empresa logró en su mejor período del año anterior. De pronto el mundo de Carlos se vino abajo. Le llegó una nota de la oficina contratadora expresando que un envío de partes no tenía la calidad requerida por las normas de la Marina y que otras habían llegado defectuosas. Además, le decían que tendría que rehacer las partes y que los gastos serían a cuenta suya. Le advirtieron que de surgir más problemas similares tendrían que multarlo y anular el contrato.

Carlos se puso furioso. Salió como una tromba de la oficina, gritando:

«¡Quiero en mi oficina a ese _____ que administra el contrato para la Marina en diez minutos!» La voz tronó tan fuerte que no hubo nadie en la planta que no lo escuchara. ¡Vayan y díganle a Guillermo (el director de la planta) que si no está aquí en diez minutos con el informe de la producción del mes pasado se puede ir despidiendo del cargo!

Todos sabían que la amenaza de Carlos no era una explosión pasajera, aunque meses atrás alababa a Guillermo manifestando delante de la compañía que tenía una confianza total en la dirección que brindaba al proyecto de la Marina. El hecho de que Guillermo hubiera estado en la empresa casi desde el comienzo, no lo hacía diferente a los demás. Carlos había despedido empleados de muchos años y se había negado a tomarlos nuevamente, aun después de haberse demostrado que había estado equivocado en sus acusaciones.

A los diez minutos apareció Guillermo con los informes de producción. A medida que repasaban la lista de las partes defectuosas, los dos advirtieron que venían del mismo turno.

—¿Quién es el supervisor de la línea en ese turno? —dijo Carlos con una voz que retumbó en aquel lugar.

—Es Juan —dijo Guillermo apurándose a agregar que era uno de sus mejores supervisores—. Lleva cuatro años en la compañía y fue el supervisor general de la planta en todos nuestros proyectos en Georgia.

—¡No me importa si es el mejor supervisor desde el comienzo de todos los tiempos! —gritó Carlos—. Quiero que lo despidan hoy mismo, ¿me oyes? Te puedes encargar de ese turno tú mismo, pero a él lo quiero fuera inmediatamente.

—Pero... —respondió Guillermo—, ¿no sería mejor averiguar primero qué paso? Es uno de mis mejores hombres. Estoy seguro que debe haber alguna equivocación.

—Sí, sé muy bien cuál es. Pensó que puede ser el compinche de los trabajadores para dejarlos hacer lo que quieran —gritó Carlos mientras golpeaba el escritorio con el reporte de la Marina—. Lo despides o lo hago yo mismo.

—Me encargaré de hacerlo —respondió Guillermo mientras se retiraba con el ánimo por el suelo.

No quería imaginarse a Carlos entrando en la planta y despidiendo a Juan delante de todos los empleados. Guillermo fue a la planta y llamó a Juan a su oficina.

—Mira Juan, nos llegó una carta de la Marina avisando que varios soportes del último envío estaban defectuosos y debían reemplazarse. Los registros muestras que vienen todos de tu turno. ¿Qué explicación tienes?

—Ninguna, Guillermo —respondió Juan mostrando abatimiento—. He tenido algunos problemas personales últimamente y quizás no he controlado la calidad con suficiente esmero.

—Juan —dijo Guillermo—, cuando vienes aquí debes aprender a dejar tus problemas afuera. El trabajo que hacemos es tan exigente que requiere toda nuestra concentración.

—Lo sé, Guillermo. Trataré de evitarlo en el futuro. He pasado por momentos muy difíciles en estos últimos dos meses.

—Lo siento, Juan, pero tengo instrucciones de despedirte. Este problema le saldrá muy caro a la empresa.

—Pero siempre he hecho un buen trabajo —comenzó a explicar Juan con la voz entrecortada—. No puedo darme el lujo de perder mi trabajo precisamente en este momento. Estamos en realidad muy escasos de dinero.

—De veras lo siento, Juan —confesó Guillermo—. Pero no tengo que ver en este asunto.

—Lo comprendo —murmuró Juan mientras se levantaba para irse—. Me imagino que el señor santurrón necesita otra vez a alguien para crucificar.

—¿Qué quieres decir? —preguntó Guillermo sorprendido al notar que esas palabras eran como un eco de lo que él había pensado un momento antes.

—Todos saben que el jefe descarga sus tensiones echando personal. Si no era ahora, en algún momento me hubiera tocado. Lástima que viene en tan mal momento.

—Juan esta es la segunda vez que mencionas eso —dijo Guillermo—. Cuéntame cuál es el problema.

En los minutos que siguieron, Juan le contó al administrador de la planta los detalles de lo que había estado pasando. Guillermo esperó que terminara y luego llamó por teléfono a Carlos.

—¿Ya despediste al supervisor? —preguntó sin darle tiempo a abrir la boca.

—Sí, señor. Pero creo que usted debería escuchar todo lo que ha estado pasando en estos últimos meses.

—¡No me importa! —gritó Carlos por teléfono tan fuerte, que varios levantaron la cabeza—. ¡O lo echas o te echo a ti!

—¿Es esa su última palabra? —preguntó Guillermo con cortesía.

—¡Sí! —volvió a gritar Carlos, mientras agregaba una sarta de malas palabras, como solía hacer cuando alguien amenazaba su autoridad.

—Muy bien —respondió Guillermo sin titubear—. Acepto.

Colgó el teléfono y se puso a redactar su renuncia. En ese momento entraron otros dos supervisores de línea que trabajaban para Juan.

—¿Es verdad que han echado a Juan?

—Sí, y yo acabo de escribir mi renuncia también —respondió Guillermo—. Comprendo y sé lo que Juan ha estado pasando, pero no puedo hacer nada para ayudarlo.

—Pero está pagando por lo que hizo algún otro en la línea —comentó uno de los supervisores enojado—. Debería ser uno de nosotros el que reciba el castigo y no Juan.

—Pero él es el supervisor general y todo recae sobre sus hombros. Quisiera ayudarlo pero no hay forma —respondió Guillermo mientras ponía la carta en el sobre y lo cerraba.

—Nos imaginábamos que así iba a ocurrir —comentaron los otros supervisores mientras le entregaban una hoja de papel. Allí estaban los nombres de todos los obreros del turno que trabajaba para Juan. Al final de la hoja había unas palabras no muy bien escritas que decían: «Nos vamos todos. No queremos trabajar más para un hipócrita sin alma como el patrón».

—¿Están seguros? —les preguntó Guillermo mientras trataba de pensar qué debía hacer.

—Por supuesto. El dinero no es el todo en la vida. ¡Preferimos vivir con el sueldo de desempleados y mantener nuestra integridad que trabajar para un hipócrita que habla de Cristo y luego echa a un hombre decente como Juan que está pasando por momentos difíciles! ¡El pobre hombre no ha dejado de trabajar ni un día porque se sentía muy responsable de lo que estaba haciendo!

Cuando Guillermo le pidió a la secretaria una entrevista con Carlos, lo encontró todavía despotricando en su oficina.

—¿Qué pasa ahora? —preguntó irritado.

—Aquí tiene algo para leer —le respondió Guillermo mientras se sentaba.

Al leer la nota de los trabajadores, el rostro de Carlos se puso rojo.

—Esos ingratos de _____ Los voy a despe...

—¿Qué dice... que los va a despedir? —respondió rápidamente Guillermo—. No puede hacerlo. Ya han dejado el trabajo.

—¡No pueden dejar el trabajo! —tartamudeó Carlos—. Los necesitamos para poder terminar este compromiso. Me van a arruinar. Guillermo, tienes que hablar con ellos.

—No seré quien lo haga —respondió Guillermo—. Abra el otro sobre. Yo también dejé de trabajar.

—¡Qué! No puedes dejar el trabajo. Eres mi mejor administrador. ¿Por qué dejas el trabajo? No te he hecho responsable de esta falla.

—Mire jefe, usted echa indiscriminadamente personal cada vez que las cosas no salen como le gustan. Usted será el patrón, pero no es Dios. Se sorprende porque muy pocos de sus empleados asisten a los devocionales y a las otras actividades cristianas que les ofrece. ¡Es porque ven la clase de fe que tiene a través de sus acciones y no quieren saber nada de ella! Sé que usted es básicamente un hombre decente y se preocupa por el bienestar de las personas, pero sólo cuando le conviene. Su cristianismo se basa en «usar», no en «servir» a otros. Y el Señor se enfrentó a este defecto cuando le dijo a los fariseos: «Mas ¡ay de vosotros, fariseos! que diezmáis la menta, y la ruda, y toda hortaliza, y pasáis por alto la justicia y el amor de Dios» (Lucas 11.42).

—Está bien Guillermo, lo comprendo. Estoy de acuerdo en que a veces me pongo furioso. Trataré de controlar mi carácter en el futuro. Pero arreglemos este asunto. ¿Ayudaría si sólo castigo al supervisor por unos días?

—Carlos, ¿no entiende todavía? —le recriminó Guillermo—. La compañía es lo primero que tiene en su lista de interés. La manera en que trata a las personas demuestra externamente lo que sucede en su fuero interno. El supervisor tiene un nombre: se llama Juan Ansill. Tiene una familia, Telma y una hija Missy. Ambas tienen cáncer terminal. Y además tiene mellizos pequeños, que se llaman Juanito y Matías.

»Este hombre ha estado viajando ciento cincuenta kilómetros todas las noches para visitar a su esposa e hija en el centro médico para enfermos de cáncer terminal, mientras lleva a los mellizos de una familia a otra para que se los cuiden, para así no tener que dejar de trabajar. Las cuentas de la clínica ya suman doscientos mil dólares y sólo tiene un seguro de cuarenta mil. No ha querido pedir licencia por enfermedad porque sabe que le será más necesario dentro de un tiempo, cuando su esposa entre en su etapa final. Ha trabajado fines de semana sin cobrar nada para mantener los papeles al día y evitar problemas con el contrato. En medio de todo eso, ¡me pidió que lo despida!

—¿Me quieres decir que todo esto estaba ocurriendo en la planta y que nadie nos lo dijo ni a ti ni a mí? —dijo Carlos mientras se dejaba caer en la silla—. De saber sus problemas lo hubiera ayudado.

—Sí, creo que lo hubiera ayudado. Pero la gente que trabaja para usted cree que de todas formas lo habría despedido, a pesar de sus problemas —contestó Guillermo.

—¡Dios mío! ¿Es que piensan que soy un ogro o algo así? —murmuró Carlos más para sí mismo que para Guillermo.

—Todo lo que saben es que despidió a Juan, tal como suponían que hiciera —respondió Guillermo cuando se levantaba para retirarse.

—Un momento Guillermo. Necesito tu ayuda si es que alguna vez logro resolver este problema. No me refiero al contrato sino a mi modo de ser.

Esa tarde Carlos fue a la planta y pidió disculpas a todos los hombres. Después fue a la casa de Juan y también se disculpó con él y le pidió que volviera al trabajo después que pasara la crisis que tenía con su familia. Le concedió una licencia médica sin fecha límite con sueldo completo y después se ocupó de pagar personalmente todas las cuentas que no cubría el seguro de la compañía. Aprendió una lección que la gente activa pocas veces aprende en su carrera: Las personas son más importantes que las ganancias.

PRINCIPIOS BÍBLICOS PARA LOS DESPIDOS

Ser justos y humanitarios con los empleados es una de las responsabilidades más importantes de un empleador. Pero la responsabilidad del empleado hacia su empleador se basa en un principio igualmente importante. Es necesario el despido cuando un empleado no quiere adecuarse a las reglas de la compañía.

¿Qué dice la Biblia acerca de los despidos? Es evidente que en esa época cuando los autores de la Biblia nos transmitían la Palabra de Dios, no había corporaciones como las que conocemos ahora. Pero la aplicación de los principios que encontramos en la Palabra de Dios puede aclarar la mayoría de las interrogantes vinculadas al despido de empleados.

Permítanme comenzar por definir los prerrequisitos que cualquier dueño o empresario debe reunir antes de considerar siquiera el despido.

1. Tener bien definida la descripción del trabajo.
2. Tener normas específicas con respecto a tiempo, ropa, rendimiento.
3. Comunicar con tiempo sus aspiraciones.
4. Notificar su insatisfacción con rapidez y claridad.
5. Proporcionar un período de prueba como corrección.

Antes de entrar en los detalles de cómo actuar bíblicamente con los despidos, me gustaría analizar dos de los puntos que veo que los negociantes cristianos violan más a menudo: Comunicar las aspiraciones y las insatisfacciones.

LA NECESIDAD DE COMUNICACIÓN

A menudo, el dueño o empresario que lucha por mantener el equilibrio entre su liderazgo empresarial y su cristianismo deja crecer interiormente su molestia hasta que se vuelve intolerable, luego la descarga sobre algún empleado descuidado que debió haber disciplinado mucho antes. Por tanto, es de vital importancia que tenga una clara comprensión de lo que las Escrituras dicen acerca de nuestro trato con las personas y evite la dilación que vienen con las dudas.

Un amigo, al que llamaré Pablo, necesitaba un supervisor de planta para su negocio de plomería. Probó a varios de sus mejores plomeros, pero ninguno mostraba aptitudes en la tarea administrativa de los trabajos. Luego, durante un desayuno que solíamos hacer y en el cual estudiábamos la Biblia, un amigo mutuo comentó que su hijo pensaba dejar el equipo de un importante ministerio cristiano al que pertenecía y estaba buscando trabajo. Este muchacho ya había trabajado para mi amigo durante un verano mientras hacía sus estudios universitarios y la impresión que se había llevado era de que se trataba de una persona con habilidad para aprender rápidamente y actitud diligente para cumplir con los trabajos. De modo que le pidió a nuestro amigo que le avisara a su hijo lo antes posible.

Pablo me contó más tarde que había contratado al muchacho (Pedro) para ser su supervisor. Pablo estaba particularmente contento porque Pedro le había sugerido que organizaran un estudio bíblico en la fábrica, pues quizás lograrían ver a algunos de los obreros aceptar al Señor.

Le pregunté a Pablo si le había descrito claramente el trabajo que quería que hiciera.

«Sí, por supuesto», contestó. «Las cosas van a andar muy bien. Sé que pensamos de la misma manera sobre muchas cosas».

Lamentablemente, esa armonía ocurre muy pocas veces. Por lo general, cualquier cosa que se presta a un malentendido, se comprende como tal. Y así fue en este caso.

Al principio las cosas parecían marchar bien. Cada semana Pablo me informaba acerca del progreso de Pedro y durante los primeros meses se sentía entusiasmado con él. Pedro había causado una buena impresión general sobre todo el personal y pasaba gran parte del tiempo en los lugares de trabajo conversando con ellos y tratando de conocerlos mejor.

Pero un día durante uno de nuestros desayunos, Pablo me confió que estaba teniendo problemas con el muchacho.

—¿Qué es lo que pasa? —le pregunté después que se fueron los otros.

—Me parece que dedica demasiada atención a algunos de los obreros que tienen dificultades y los estudios bíblicos le llevan demasiado tiempo.

—Dile exactamente lo que piensas —le sugerí—. No perderás nada si eres sincero con él. Es posible que ahora hieras en algo sus sentimientos, pero mucho más los herirás si dejas pasar el tiempo.

Sin embargo, en lugar de enfrentar el problema, Pablo trató de usar métodos sicológicos con Pedro. Le «sugirió» que quizás podría limitar los estudios a quince minutos. Simplemente, Pedro lo interpretó como que debía considerar esa posibilidad. Pero en los estudios pasaban grandes cosas y algunas personas experimentaron cambios dramáticos en sus vidas. De modo que decidió no cortar el tiempo de los estudios.

Pablo faltó a dos de los desayunos de forma consecutiva y al tercero volvimos a hablar.

—No puedo tener más a Pedro en mi lista de empleados —anunció.

—¿Por qué? —le pregunté—. ¿No están saliendo las cosas como esperabas?

—Es un desastre. Se pasa todo el tiempo aconsejando a matrimonios con problemas familiares. Es más, se ha convertido en el consejero permanente de la planta y hasta vienen personas de otras compañías para hacerle preguntas. Casi no le queda tiempo para hacer los informes que necesito.

—¿Le dijiste algo acerca del problema?

—Traté de hacerlo —respondió—. Pero me resulta difícil porque comienza a contarme acerca de todos los cambios que se están operando en los obreros y sé que es verdad. No me parece mal lo que hace; sólo que no realiza aquello para lo cual lo contraté.

—Tendrás que sentarte y hablar directamente sobre este asunto, Pablo. No eres sincero con Pedro. O bien enfrentas el problema o aprendes a vivir con él. Pero no te quejes de lo que sucede.

Finalmente, Pablo optó por la retirada de los cobardes, pues no pudo enfrentar la cuestión del tiempo que el muchacho pasaba evangelizando en la planta, de modo que decidió llamar a Pedro y decirle que se veía obligado a despedirlo porque no tenía lo suficiente para pagar su sueldo.

Al día siguiente, cuando Pedro acudió a trabajar, Pablo le llevó a su oficina. Comenzó la conversación diciéndole:

—Pedro, necesito hablarte acerca de algo muy importante —le dijo. Luego, como dando tiempo, comentó—: ¿Qué tal te sientes hasta ahora con tu trabajo?

Naturalmente, como Pablo estaba tan desanimado con la situación, daba por sentado de que Pedro se sentiría igual. De modo que casi se cae para atrás cuando escuchó la respuesta de Pedro:

—Me parece que vamos muy bien, señor. Estamos dando en el blanco.

Pablo casi vuelca el café que tomaba. Comenzó a tartamudear y dijo:

—¿Qué? —Luego agregó—: Dime, ¿cuál es tu trabajo Pedro? Exactamente, ¿qué es lo que haces?

—Pues bien —dijo Pedro un tanto confundido y respondió—: Siempre pensé que me había contratado para hablarles de Cristo a los hombres de la planta constructora. Les he contado a mis amigos en la iglesia acerca de esta maravillosa idea que tuvo. Es casi seguro que esos hombres nunca hubieran escuchado el mensaje si no hubiera sido de esta forma.

Pablo estaba realmente asombrado. Se daba cuenta que Pedro hablaba en serio.

—Pero Pedro, ¿no te diste cuenta que te había contratado para supervisar los trabajos y que tu trabajo de evangelizar y de dar estudios bíblicos han estado interfiriendo con tu tarea?

Ahora le tocó el turno a Pedro de mostrar su asombro.

—No señor, realmente no sabía que eso era lo que esperaba de mí. ¡Vaya! Usted debe haber estado pensando que malgastaba el tiempo y el dinero de su compañía, ¿no es así?

—Creo que debo ser sincero y decirte que en efecto lo pensé. Pero todavía me gustaría ver si puedes cumplir como supervisor de la planta.

—Aprecio su ofrecimiento, pero creo que Dios me llama a la misión evangelística. Acepté este trabajo porque pensé que quería que hiciera evangelización en la planta. Quizás Dios usó esta experiencia para mostrarme lo que es posible hacer. Si me lo permite, me gustaría seguir haciendo este trabajo mientras dure mi salario y trataré de preparar a alguno de los hombres para que continúe después que me vaya.

Pedro presentó su renuncia y una semana después Pablo me llamó por teléfono para contarme de su conversación.

—Mira, no me puedo sacar de la cabeza lo que me dijo. Me doy cuenta que ha tenido un gran impacto sobre algunos de los hombres, pero a mí lo que realmente me hace falta es un supervisor eficiente de planta.

—¿No se te ha ocurrido lo bueno que sería reunirte con otros empresarios cristianos y considerar la posibilidad de patrocinar a Pedro como una especie de maestro-evangelista itinerante? —le pregunté.

—No, pero me parece que es una excelente idea —respondió.

Al cabo de una semana, Pablo ya había hecho los arreglos para que otros tres negociantes cristianos lo ayudaran a costear el sueldo de Pedro y lo contrataron como evangelista a tiempo completo. Pedro se ha convertido en un conocido (y muy buscado) evangelista para obreros de empresas.

El error de Pablo fue el de muchos otros hombres de negocios, si es que no de todos. Dar por sentado que la otra persona y él estaban en la misma frecuencia de onda y por lo tanto se entendían. Casi nunca sucede así. Uno debe aprender a comunicar con absoluta claridad las aspiraciones de lo que uno aprueba, valora y desaprueba. Por sobre todas las cosas, no permitir que el sol se ponga sobre un problema sin prometer enfrentarlo y hacer algo.

A veces es preciso dejar que pase un tiempo si el problema es muy emocional. A través de los años he aprendido que si reacciono cuando estoy enojado, casi siempre digo algo de lo cual luego me arrepiento, de modo que prefiero esperar. Pero si espero demasiado tiempo, en lugar de arreglar el problema permito que se empeore. Hay dos proverbios que me han ayudado a alcanzar el equilibrio adecuado: «Como ciudad derribada y sin muro es el hombre cuyo espíritu no tiene rienda (25.28); y: «La soberbia del hombre le abate; pero al humilde de espíritu sustenta la honra» (29.23).

JUSTIFICACIÓN PARA EL DESPIDO

Los problemas con el personal deben enfrentarse y nunca permitir que pase el tiempo. Las dificultades en las relaciones rara vez se mejoran con dejarlas solas. Lo que sucede es que al pasar el tiempo se complican. El Señor nos ha dicho que «un poco de levadura leuda toda la masa». Si uno permite que exista un incumplidor o un deshonesto o a un vago, sin tomar medidas para corregirlo, logrará que otros sigan su ejemplo.

A continuación he puesto la lista de los motivos, bíblicamente justificados, para despedir a un empleado. No pretendo que sea una lista completa, sino de que sea útil para señalar algunas de las causas más comunes donde hay razones justificadas para despidos.

1. Deshonestidad

El Señor nos dice en Mateo 9.13 que debemos estar más inclinados a perdonar que a buscar que se nos restituya por el daño que nos hayan hecho. Creo que esto significa, en un contexto comercial, que debemos perdonar a alguien que muestra arrepentimiento por su conducta y que realmente trata de cambiar. Pero cuando se tolera o se pasa por alto la deshonestidad, los malos son los que prosperan y los honestos sufren. Proverbios 14.2 dice: «El que camina en su rectitud teme a Jehová; mas el de caminos pervertidos lo menosprecia».

Durante mi primer año en la universidad trabajé en una casa muy grande de artículos deportivos. El gerente era un individuo simpático y muy capaz en los aspectos de compra y venta del negocio, pero no muy bueno para disciplinar a su gente. La empresa hacía muchas ventas al por mayor a las escuelas y también a otras tiendas de artículos deportivos. Para este trabajo debía contratar a varios vendedores. Con frecuencia estos vendedores entraban al almacén a cargar sus autos con muestras de todo tipo de artículos deportivos. El dueño les pedía que firmaran por cada cosa que llevaban, pero el gerente era muy flexible para hacer cumplir la norma. Como resultado, la mayoría de las veces nadie revisaba lo que salía.

Esta flexibilidad en el control de los vendedores hizo que algunos de los empleados más jóvenes adquirieran malas costumbres respecto a la mercadería. El problema fue creciendo y llegó a proporciones alarmantes cuando en la auditoría anual se comprobó en el inventario una pérdida de casi cincuenta mil dólares. El dueño de la empresa empleó un detective secreto para descubrir los empleados que hurtaban mercadería. A uno de los empleados lo sorprendieron vendiendo mercadería de camino a su casa. Su excusa fue: «No me parecía muy malo porque a nadie parecía que le importaba si alguien se llevaba mercadería».

Después de esa experiencia se inventarió cada artículo al entrar y salir del almacén. A los empleados que descubrieron llevándose la mercadería les dieron la oportunidad de pagarla o renunciar. Una buena cantidad de artículos volvieron a aparecer en los estantes.

Es responsabilidad de los administradores establecer y mantener reglas con el objeto de reducir las tentaciones de este tipo. Una de esas reglas es despedir al que las quebranta. El procedimiento correcto para despedir a un empleado deshonesto es en primer lugar asegurarse de que la norma de conducta aceptable o inaceptable, se encuentra bien clara para todos. Luego, si se descubren robos, es necesario confrontar a la persona inmediatamente con su acción.

En muchos casos, la deshonestidad de los empleados consiste en hurtos que no se pueden medir, como el uso del teléfono para llamadas personales de larga distancia o de la fotocopiadora o de artículos como papel y lápices. En tales casos quizás baste con señalarles la deshonestidad de dicha práctica. Si la confrontación se hace en buen espíritu y la meta es restaurar y mejorar al individuo, la intervención puede ser un buen testimonio para el Señor.

Pero si la ofensa consiste en el robo flagrante de dinero y materiales, es importante que el castigo sea equivalente a la ofensa. Nuestra sociedad a menudo tolera el crimen. El efecto negativo que esto tiene sobre la sociedad debe hacer que los cristianos sean los primeros en seguir el principios de Dios. Como dice Proverbios 29.18: «Sin profecía el pueblo se desenfrena; mas el que guarda la ley es bienaventurado».

2. Desobediencia

Existen muchos grados de desobediencia cuando se trata de empleados. La desobediencia abierta es más fácil de descubrir y relativamente sencilla de solucionar. El empleado debe abandonar su mala actitud o se le pide que abandone la empresa. Pero la desobediencia encubierta es más difícil de descubrir e infinitamente más de controlar.

No hace mucho experimenté este problema y debí enfrentar el desafío de saber cómo resolverlo sin minar el ánimo de los otros empleados. La situación involucraba a una secretaria, que a pesar de desarrollar bien su trabajo, acostumbraba a desvirtuar la autoridad de su supervisora. Su actitud no era de rebelión abierta, sino de una serie de comentarios sutiles que hacía a los demás empleados, tales como: «¿Te has fijado como el Sr. Pérez y Raisa pasan mucho tiempo juntos?» o «He oído decir que a Julia no han podido despedirla, ¿será porque hay alguna razón muy especial?»

Por lo general esta persona le tendía una trampa a las otras secretarias más jóvenes, en el sentido de que lograba que afirmaran sus comentarios. Después, cuando se buscaba el origen del rumor, siempre podía atribuirlo a otros.

Pasado un tiempo comencé a notar que aunque esta secretaria nunca aparecía como agitadora, siempre estaba involucrada cuando pasaba algo que perturbara el ambiente. Al tomar medidas disciplinarias con algunos empleados, ya sea porque trabajaban sin deseos o por ausentismo, esta secretaria iba de inmediato a consolarlo y comentarle todo lo que pensaba que eran violaciones de acuerdo al «acta de defensa laboral» de los empleados por hora. Durante las reuniones de personal, me vi defendiendo mis decisiones por ofensas inexistentes. (En verdad, las veces que disciplinamos a alguien no pasaba de dos al año.)

No tenía idea de cómo solucionar el problema, ya que esta secretaria negaba siempre que hubiera tenido algo que ver con los problemas de protesta surgidos. Por último, pensé que la mejor forma de resolver la situación era siendo totalmente sincero con el resto del personal. Cada vez que surgía algo, les decía dónde se originaba el rumor, quién tenía la culpa y quién se negaba a tener algo que ver en el asunto. Una vez que los demás se dieron cuenta de la forma en que esta secretaria manipulaba las cosas, comenzaron a enfrentarse con ella cuando venía con sus comentarios de terceras personas. Llegó a tal punto, que llamaban a la persona de quien la secretaria comentaba cosas para que repitiera lo que acababa de decir, lo que por supuesto, rehusaba a hacer. Debido a esto, pasado uno o dos meses terminó renunciando a su cargo. Se cumplió el viejo refrán: Frente a la verdad, la mentira (o el mentiroso) huye.

3. Pereza

Los Proverbios hablan de este problema que cada vez es más frecuente en la industria estadounidense. El empleado estadounidense promedio rinde un treinta por ciento menos que su homólogo de Asia. Afortunadamente hemos mejorado la eficiencia en base a una tecnología superior. En efecto, se ha dicho que si el empleado estadounidense moderno contara solamente con las herramientas de trabajo de su padre (por la década del cincuenta) tendría que trabajar el doble de horas semanales (por el mismo salario actual) para que su empleador logre hacer la ganancia que requiere mantener ese sueldo.

Al parecer, a medida que aliviamos la carga laboral mediante la tecnología avanzada, no hemos sido capaces de infundir una saludable ética laboral en las generaciones jóvenes. Quizás el problema radique en que muchos jóvenes aceptan trabajar en cosas que les disgustan y procuran constantemente escapar de sus tareas.

Es lamentable que muchos empleadores hereden la prole de padres que no supieron inculcar en sus hijos una ética cristiana que involucra tres principios básicos de respeto por la autoridad (Romanos 13.1), el deseo de lograr excelencia en lo que se hace (Proverbios 22.29) y la norma de la diligencia (1 Pedro 4.11). Como resultado, los negociantes a menudo tienen que luchar para hacer andar el negocio con empleados que muestran muy poco respeto y ninguna lealtad además de trabajar lo menos posible.

La tendencia a la pereza en nuestra sociedad, cualquiera que sea el origen, demanda con urgencia la necesidad de colocar los empleados en el puesto correcto y establecer las reglas que promuevan la eficiencia, a la vez que se discipline a los perezosos.

EL general G. Patton tuvo un problema con los empleados que armaban los paracaídas durante la Segunda Guerra Mundial. Varios pilotos murieron debido a fallas en el mecanismo del paracaídas porque no se habían armado correctamente. Una inspección de la tarea demostró que no menos del treinta por ciento de los paracaídas estaban mal armados. El general Patton, en su estilo inimitable, resolvió este problema. Fue a la planta central donde armaban los paracaídas y les pidió a todos los obreros que tomaran el último paracaídas que habían hecho y lo siguieran. Luego los subió a un avión C-46 y los hizo saltar con los paracaídas que acababan de armar. Continuó con esa práctica durante el resto del período de guerra y nunca más tuvo problemas con armadores descuidados.

Se debería hacer cualquier tipo de esfuerzo para motivar y reorientar a los empleados perezosos. Si después de un período razonable no ocurre ningún cambio, la única solución puede ser despedirlo.

Benjamín era dueño de una cadena de restaurantes especializados en hamburguesas. Empleaba junto a media docena de adolescentes a otros encargados de turnos. A él le parecía que la mayoría de los adolescentes que trabajaban en el negocio eran descuidados y perezosos. El problema no consistía en que no pudieran hacer bien el trabajo, pues cuando él andaba cerca trabajaban bien y la calidad era de primera. Pero cuando se iba, el trabajo decaía y los clientes se quejaban. Como resultado tenía que sufrir las inconveniencias de un cambio constante de personal. Los muchachos sabían que cuando los echaban de alguna parte conseguían emplearse de inmediato en la misma cuadra, porque había necesidad permanente de personal.

Benjamín nos llamó un día porque un amigo que asistió a uno de nuestros seminarios le sugirió que consultara con nosotros. Estaba tan frustrado que había pensado seriamente en vender la cadena de restaurantes y poner otro tipo de negocio. Para él se trataba de un problema con esa generación corrupta de adolescentes modernos, tanto cristianos como no cristianos.

—No puedo ver alguna diferencia entre la ética de trabajo del creyente y la del no creyente —me dijo.

—¿Cree que se trata de un problema con todos los jovencitos de la actualidad? —le pregunté.

—Es obvio que no —respondió—. Pero los muchachos que tienen buenos hábitos de trabajo encuentran los mejor remunerados, de modo que no logramos retenerlos en nuestro negocio.

—¿Por qué cree que prefieren los otros empleos? —le pregunté.

—Me imagino que sea porque les pagan más y tienen cierto prestigio por ocupar trabajos de más categoría.

—Entonces no tiene otra salida que elevar la imagen de su negocio —comenté.

—Vamos, no vendo más que hamburguesas —respondió con cierta irritación en la voz—. No somos fabricantes de misiles sofisticados.

—Bueno, supongo que su restaurante tampoco atraerá a ningún estudiante universitario que piense fabricar misiles —le dije en broma—. ¿Por qué no comienza ofreciéndoles un pago mejor que resulte competitivo con relación a los llamados trabajos con prestigio?

—Pero eso significa que pagaría más que cualquier restaurante de este tipo dentro de la zona. No estoy seguro de que pueda permitirme ese gasto.

—¿Está perdiendo dinero su negocio en este momento?

—No, al contrario. Nos va muy bien a pesar del constante cambio de personal.

—Entonces, ¿por qué no prueba? —le aconsejé—. Es posible que descubra que el dinero extra que emplee en los sueldos compensa con creces las desventajas de tener que despedir gente.

Benjamín siguió nuestro consejo y elevó el sueldo de tres dólares la hora a cinco y con el tiempo aumentó el de los mejores empleados a siete dólares la hora. También organizó un sistema de becas de estudio que otorgaba mil dólares a cada estudiante que trabajara un año seguido en su restaurante, si aceptaba trabajar un año más.

Los cambios trajeron como resultado que los estudiantes comenzaron a llegar a su cadena de restaurantes en busca de trabajo y los problemas de personal desaparecieron prácticamente. Además, instituyó un programa de bonificaciones para cada uno de los restaurantes que mejoraba la clientela y no recibía quejas. ¡Ahora sólo escucha las quejas de los otros negocios que pierden sus empleados porque se van a trabajar con él!

Durante un breve lapso sus ganancias disminuyeron, pero al cabo de un año no sólo estaban más altas que nunca, sino que superaron el promedio de ganancias de ese tipo de negocios a nivel nacional. El proceso de despedir personal se vuelve mucho más innecesario cuando se comienza por atraer al mejor tipo de empleados.

4. Falta de capacidad

Desde la perspectiva de los empleadores cristianos, una de las situaciones más difíciles de controlar es la del empleado trabajador pero incapaz. Cualquiera que haya estado en el mundo de los negocios unos cuantos años ha tenido que enfrentar esta situación alguna vez. (Cuando trabajaba en la planta espacial en Florida solíamos bromear acerca de que el gobierno se creó para proporcionar empleos a la gente incapaz e *in*servible.)

Esto quizás no era totalmente justo, pero tal parece que el sistema de gobierno para empleados públicos anula todos los esfuerzos de los administradores competentes para despedir a los incompetentes.

Permitir que permanezcan en el cargo las personas que obviamente no pueden cumplir una tarea asignada es una falta de consideración con la persona y la empresa. Sin embargo, antes de despedir al incompetente se debería intentar determinar si esa persona estaba empleada en un lugar que no le correspondía. Algunas veces un cambio de las responsabilidades puede solucionar el problema.

Un doctor, a quien llamaré Jaime, contrató una enfermera titulada para trabajar en su oficina. Su trabajo consistía en entrevistar a las personas y prepararlas para la entrevista con el médico. Además se esperaba que pusiera inyecciones y tomara muestras de sangre y de orina. Cualquiera de estas tareas la podría haber realizado una persona preparada aunque no fuera profesional. Pero ella demostró ser totalmente incapaz para hacer cualquiera de las tareas asignadas.

Durante su primera semana de trabajo le puso una inyección a un paciente que no le tocaba (por fortuna, sin mayores consecuencias). Luego le puso etiquetas equivocadas a dos muestras de sangre, cuando en una de ellas había dado positivo el análisis de hepatitis. A partir de ese momento las cosas fueron de mal en peor. La enfermera era tan desorganizada que el doctor aprendió que no podía encargarle ninguna tarea importante ni de responsabilidad. Durante las semanas siguientes se percató que trabajaba a la par de ella y tenía que darle tareas que a esta le correspondían a otros de su equipo.

Cada vez que el médico hablaba con la enfermera acerca de sus errores, mostraba de buen grado su voluntad de cambiar. Prácticamente no había paciente que no la alabara por su carácter solícito y su buena disposición. Ninguno de los demás empleados confiaba en las anotaciones que ella hacía, pero todos estaban de acuerdo en que era la persona más agradable que habían conocido.

Jaime se vio frente al dilema de decidir qué hacer con esta enfermera encantadora, pero totalmente ineficiente. Sugerí que la trasladara a la parte de recepción donde tendría que recibir a los pacientes y darles los turnos. La puso durante un par de días y enseguida aparecieron turnos repetidos y entrevistas equivocadas.

Finalmente Jaime la llamó a su oficina y le planteó la situación.

—¿Por qué estudiaste enfermería, Sarita? —le preguntó una vez que esta terminó de llorar.

—Porque de veras quiero ayudar a las personas —respondió—. Me encanta trabajar con las personas.

—¿Y cómo te fue en tus estudios de enfermería? —siguió preguntándole Jaime, quien sabía que una enfermera trabajaba de interna en un hospital antes de recibir el título.

—Bueno, en realidad tenía que estudiar tres veces más que el resto de mis compañeras —siguió diciendo entre sollozos—, tuve que repetir varias veces muchas materias antes de aprobarlas, pero es que quería ser una enfermera. Si usted me despide, quizás no consiga un puesto otra vez.

—Pero Sarita, no me puedo arriesgar a que le pase algo a mis pacientes —dijo Jaime, que comenzaba a sentirse mal pero manteniendo su decisión de despedirla.

En ese momento tuvo una inspiración.

—Sarita, si tú pudieras hacer realidad el deseo de tu corazón, ¿cuál sería este deseo?

—Me encantaría trabajar en un hogar de ancianos —contestó mientras su rostro se le iluminaba—. Disfruté mucho cuando cuidé de mi abuela mientras esta vivía.

—Está bien, Sarita. Vuelve a tu trabajo y después hablaremos.

Sarita se retiró perpleja y tanto ella como Jaime se encontraban expectantes. Ambos pensaron que esta conversación se trataba de un despido. Jaime se quedó sentado y se puso a pensar. De pronto recordó que conoció a un médico en una conferencia que dirigía un hogar para ancianos. Este le comentó la dificultad que se le presentaba cada vez que necesitaba una buena enfermera para cuidar ancianos, ya que debían trabajar muchas horas por un sueldo que no era muy alto.

Inmediatamente, Jaime llamó al médico y le habló acerca de Sarita. La propuesta era que le dieran un período de prueba en el hogar, mientras Jaime absorbía parte de su salario durante el primer mes. El otro médico estuvo de acuerdo y Sarita quedó encantada.

Dos semanas más tarde, el médico llamó a Jaime para decirle que ya no necesitarían el suplemento de sueldo. Aceptaron a Sarita como enfermera permanente y estaba muy satisfecho con ella.

—¿Cómo lograste que se organizara? —le preguntó Jaime.

—Tenemos una persona que hace toda su papelería y control de horarios —respondió y en seguida preguntó—: ¿Sabías que era disléxica?

—No, pero eso explica muchas de las cosas.

—Sí —corroboró el médico—, pero no nos molesta. El costo de ponerle una ayudante es insignificante en comparación con el efecto positivo que Sarita logra en los pacientes. Si encuentras a alguien más como ella, mándamela.

No resultan inusuales los casos como el de Sarita. La diferencia en su caso fue que se buscó rápidamente una solución y el empleador estuvo dispuesto a buscar una salida positiva.

Mantener a personas en un empleo para el que no están calificadas ni tampoco motivadas es hacer un gran daño a la empresa y a los empleados. Sin embargo, hay muchos cristianos que lo hacen por un sentido equivocado de la ética.

Deseo concluir este análisis con la siguiente advertencia: Cuando uno está en dudas sobre qué hacer, es mejor inclinarse decididamente hacia el lado misericordioso. En situaciones donde es necesario despedir a alguien hágalo con una actitud de amor y preocupación por su persona.

Además, la misericordia significa sentir preocupación con relación a las necesidades financieras de cualquiera que está bajo nuestro cuidado y responsabilidad, aun tratándose de un ex empleado. Sea sensible a lo que Dios le pide que haga en cuanto a ayudar a quien despida, aunque se trate de una razón justificada. Varias veces he sentido que Dios me pedía que ayudara económicamente a ex empleados, a pesar de que no consideraba la posibilidad de volverlos a emplear.

Así lo han hecho otros cristianos. Este fue el caso de Tomás que se enfrentó con la situación de tener que ayudar a un empleado que había despedido.

Tomás empleó a un hombre mayor de edad llamado Oscar, para que entregara paquetes a diversos clientes en la ciudad. Al principio, como el volumen de mercadería no era muy grande, el viejito lo hacía bastante bien. Pero a medida que el negocio prosperaba los clientes comenzaron a quejarse de que se demoraban sus pedidos. Luego le llegaron quejas de que el buen hombre se quedaba a descansar o dormir frente a la puerta de sus oficinas y también de que aparecieran vehículos misteriosamente dañados en la zona de distribución de la empresa. Al inspeccionar la camioneta de envíos, se vio que habían diversas marcas de pintura y raspones en los parachoques delantero y trasero.

Finalmente, Tomás llamó a Oscar a su oficina y le dijo que tendría que buscar otra persona para hacer el trabajo.

—Creo que usted no está en condiciones de hacer el trabajo —le dijo.

—Sí señor, me temo que tenga razón. Últimamente pierdo la memoria y a veces tengo que descansar antes de entregar otro pedido.

Con esto, Oscar finalizó su trabajo en el lugar, por lo que Tomás contrató un servicio de reparto para entregar sus pedidos. El negocio creció y los pedidos se entregaban puntualmente.

Unos meses más tarde, Tomás se despertó una noche pensando en este buen hombre que tuvo que despedir. Se dio cuenta de que Dios le pedía que investigara cómo le iba a Oscar. Al día siguiente fue al domicilio según la dirección que aparecía en su lista de empleados y golpeó a la puerta del apartamento.

—Bienvenido señor, ¿qué lo trae por acá? —le dijo amablemente la esposa.

Cuando Tomás entró en el apartamento se estremeció. Hacía más frío adentro que afuera. También observó que había varias velas a medio usar, sobre la mesa desnuda.

—¿No tiene calefacción de ningún tipo, Sra. Ramos? —preguntó.

—No, señor. La compañía de electricidad nos cortó la luz porque no podíamos pagarla.

—¿Está Oscar en casa?

—No, señor. Anda por ahí buscando algún trabajo. No podemos vivir con su pensión. Pero es sumamente difícil para un hombre de su edad conseguir trabajo en estos días —contestó.

—Por favor, ¿podría decirle que me llame cuando venga?

—Sí, señor. Pero ya no tenemos teléfono. Tampoco tenemos auto. Le quitaron la licencia, porque no pasó la prueba.

Tomás salió apresuradamente del apartamento para evitar que la mujer advirtiera su emoción. Sabía que Dios lo había mandado hasta esa casa para aprender que las personas son más importantes que las ganancias. Más tarde, Tomás le comunicó a Oscar que iba a recibir una pensión (aunque trabajó menos de dos meses). A partir de ese día le comenzó a mandar una ayuda económica de trescientos cincuenta dólares mensuales.

Tres años más tarde, cuando Oscar murió, Tomás le anunció a la viuda que podía contar con esa ayuda de por vida, cosa que todavía está haciendo. Tomás tomó en serio lo que el Señor dice en Mateo 25.40: «Y respondiendo el Rey, les dirá: De cierto os digo que en cuanto lo hicisteis a uno de estos mis hermanos más pequeños, a mí lo hicisteis».

PASOS PARA LOS DESPIDOS

Ahora que ya consideramos las razones para hacer despidos, me gustaría sugerir los pasos esenciales que deberían darse antes de despedir a un empleado.

1. Instituya un período disciplinario de tres meses

Cuando advierta que sea necesario tomar medidas disciplinarias y que tal vez haga falta despedir a un empleado, en primer lugar ofrezca una oportunidad para que este se enmiende. Se debe establecer un período de prueba. No sólo decirle al empleado el propósito exacto de esta prueba, sino de que es la advertencia de una acción punitiva mayor. Debe escribir en detalles los requerimientos mínimos que le plantea y dejar constancia de la entrevista en su archivo personal. Si esa entrevista establece un período de prueba mayor de treinta días, debe establecer al menos otras dos entrevistas adicionales durante ese período.

2. La entrevista y la conducta en un despido

Si ese período de prueba no surte el efecto deseado, el jefe inmediato superior debe comunicar que el despido es necesario. Siempre recomiendo que una vez confirmada la decisión de despedir al empleado, deberá ejecutarse rápidamente y hacer que este se retire de las instalaciones. La compensación adecuada debe consistir en una indemnización o un período de sueldo por estar desempleado.

3. Proporcionar referencias de trabajo

La entrevista de despido debe incluir, dado el caso de que este no se produzca debido a un problema que impidiera dar referencias de trabajo, una carta de recomendación y quizás la promesa de ayudarlo ante la posibilidad de obtener otro empleo.

RAZONES PARA SUSPENDER UN DESPIDO

Es posible que alguna vez tenga que retirar su decisión de despedir a un empleado. Un rasgo de todo empresario cristiano es ser compasivo además de saber disciplinar.

Hay varias razones por las que podría tener que suspenderse un despido. Recuerde que toda acción de un empleador cristiano debe siempre ir acompañada de un espíritu de amor y consideración hacia las personas involucradas. Por supuesto, si medita acerca de su decisión con cuidado y trata de no actuar con rabia hacia un empleado, no tendrá muy a menudo que arrepentirse ni pedir disculpas. El daño que puede llegar a hacer un empleador enojado y vengativo puede ser irreparable. Como dice Proverbios 12.10: «El justo cuida de la vida de su bestia; mas el corazón de los impíos es cruel».

1. Condiciones adecuadas del período de prueba

Quizás parezca ridículo mencionarlo, pero si establece un período de prueba y el empleado cumple con lo exigido, no lo despida. Es lamentable, pero sé de empleadores que hacen precisamente eso. ¿Por qué? Porque estaban muy molestos por la acción del subordinado. Donde el período de prueba no era más que una formalidad para cumplir con las exigencias laborales.

Sólo una persona sabia sabe admitir su equivocación, especialmente si se trata de un jefe. He visto muchos empleadores tan rígidos y altaneros, que eran incapaces de admitir un error de juicio. Esto se debe a que creen que así conservan su imagen de infalibilidad. No existe uno que lo sea y los empleados no tienen a menos al considerar la autoridad de quienes admiten su equivocación.

2. El empleado muestra una actitud de arrepentimiento

En un diálogo con Jesús, Pedro le preguntó: «¿Cuántas veces perdonaré a mi hermano que peque contra mí? ¿Hasta siete? Jesús le dijo: No te digo hasta siete, sino aun hasta setenta veces siete» (Mateo 18.21-22). Detrás de la respuesta del Señor está el principio que manifiesta que un cristiano debe ir mucho más allá de lo que acepta la sociedad.

El mismo principio se aplica a los negocios. Si alguien viola una ordenanza que merece el despido pero muestra un verdadero espíritu de arrepentimiento, se debe desechar la decisión de despedirlo.

Recuerdo de una cristiana, a quien estaba aconsejando, que sospechaba que su contadora le robaba. Inició una auditoría mediante una firma y lo que descubrieron confirmó su sospecha. Al principio, lo negó todo, pero más tarde confesó haber estado sustrayendo dinero de la caja chica durante un período de varios meses. El monto total ascendía a unos doce mil dólares. Su despido fue inmediato. El problema estaba en que si debía entablarle o no un juicio. Una lectura rápida de 1 Corintios 6.1-6 ayudó en la decisión de no llevarle a juicio: «¿Osa alguno de vosotros, cuando tiene algo contra otro, ir a juicio delante de los injustos, y no delante de los santos?» (v. 1).

Unos días después del despido, la contadora volvió a su antiguo empleador para pedirle perdón y se ofreció a devolverle el dinero como pudiera mensualmente. También le ofreció una nota de garantía sobre su auto, como complemento de la deuda.

En el curso de su conversación, el jefe le preguntó qué la llevó a cometer esas sustracciones. Le contestó que su esposo la había dejado para irse con otra mujer, obligándola a mantenerse sola con sus cinco hijos. Cada vez que se rompía algo en la casa no tenía fondos para repararlo, de modo que iba sacando pequeños montos de la caja chica. Al principio sólo sacaba el dinero en préstamo, con la intención de devolverlo con el próximo sueldo, pero no le había sido posible reponerlo. Con el tiempo, la suma se le hizo demasiado grande. Dejó de sustraer dinero una o dos semanas atrás y también tomó varias veces la decisión de confesar lo que había hecho. Pero el temor a perder el empleo y arruinar su carrera se lo había impedido.

La contadora siempre fue una persona escrupulosamente honesta y no podía vivir con ese pecado sobre su conciencia. Sabía que había actuado mal y volvió a pedir perdón por su falta. El empleador la perdonó y la restituyó al cargo con el compromiso de devolver el dinero de su salario. A la vez buscó una manera de ayudarla a enfrentar los gastos sin que ella se enterara, a través de la iglesia. Continúa siendo una empleada valiosa hasta esta fecha y nunca volvió a tener problemas similares. El perdón fue en su caso el mejor correctivo.

3. El empleado es «papel de lija»

Otra razón para dejar sin efecto un despido es que Dios quizás use una persona como «papel de lija del cielo» para pulir el carácter del empleador. El ejemplo clásico de este tipo lo encontramos en 2 Samuel 16, cuando Simei le tiraba piedras a David y a sus hombres al verlos huyendo de Jerusalén. Cuando Abisai quiere atacarlo, David le dice: «Dejadle que maldiga, pues Jehová se lo ha dicho» (v. 11). David aceptó a Simei como el instrumento que Dios usaba para humillarlo.

No sé si Dios ha usado alguna vez una «lija» en su vida, pero en mí sí lo ha hecho. Si reconoce que Dios usa al empleado de esa forma, no lo despida. Si lo hace, Dios sencillamente traerá a alguien como él nuevamente para limarle las asperezas.

4. Factores externos

Es posible que existan factores externos, tal como sucedió con el supervisor de la empresa de Carlos, presionando a alguien y haciéndolo reaccionar de manera inusual. Es obvio que también se puede usar una cosa así como excusa. Todo el mundo está sometido a presiones ajenas al trabajo y no se puede permitir que las mismas afecten su trabajo. No obstante, bajo condiciones de una tensión extrema, las personas reaccionan de manera diferente a lo normal. En tal caso debe dudar de que actúe a propósito, sobre todo si la conducta es decididamente inusual en ellos.

Una de las fuentes de problemas menos entendidas por muchos empresarios o dueños de negocios es la crisis de la mediana edad. Esto es realmente un acontecimiento en la vida de la mayoría de los hombres entre cuarenta y cincuenta años de edad.

Quizás una de las mejores descripciones de esta condición la encuentre en el libro de Jim Conway, *Men in Mid-Life Crisis* [El hombre en la crisis de la mediana edad]. Explica sus propios sentimientos de incapacidad y fracaso a medida que se daba cuenta que iba dejando atrás más de su vida de lo que le quedaba por vivir y que no había llevado a cabo lo que había pensado hacer. Descubrió que pasaba mucho tiempo con el ánimo por el suelo y deprimido sobre nada en particular. A veces no se sentía capaz de realizar hasta las tareas más pequeñas. En general, esta transición ocurre tanto en hombres como en mujeres cuando se dan cuenta que ya no son jóvenes. No son todavía viejos, pero tampoco jóvenes.

Muy a menudo los hombres que cuentan con los medios económicos para hacerlo terminan abandonando a sus familias por una pareja más joven. Lo hacen en un esfuerzo por capturar algún elemento de su juventud. Cuando uno ve un empresario de cincuenta años que hasta ese momento se había comportado con un estilo adecuado, andando en una moto y usando pantalones de cuero es seguro que está pasando la crisis de la mediana edad.

Nadie puede echar al jefe. ¿Pero qué le pasa al empleado cuyo rendimiento baja de pronto sin razón aparente? ¿O el supervisor de mediana edad que pide todas sus licencias y días de vacaciones y aun así trabaja con desgano cuando antes no perdía un día en el trabajo?

La reacción más común es despedir a esa persona y en algunos casos es posible que esto sea necesario. Sin embargo, en primer lugar se necesita hacer un esfuerzo por comprender las circunstancias externas por las que está pasando dicha persona.

Creo que son pocos en el mundo de los negocios que aceptan el principio que enseña Proverbios 17.17: «En todo tiempo ama el amigo, y es como un hermano en tiempo de angustia». Mi amigo, si su cristianismo no anda así, necesita preguntarse si realmente lo es.

|| 11 ||

Decisiones en cuanto a personal jerárquico

Alberto dirigía una imprenta grande. El negocio crecía con lentitud y comenzaba a sentirse más tranquilo con respecto a la enorme deuda contraída en la compra de la empresa a su antiguo dueño. Alberto se autocomprometió a llevar adelante sus negocios siguiendo los principios bíblicos. Le dijo a sus empleados que si mantenían la calidad en la producción, cobrarían el salario justo. El negocio iba a prosperar pues trataba a los clientes y a los empleados con consideración y respeto. Es lamentable, pero el dueño anterior estableció una política en la que cualquier decisión se hacía exclusivamente en términos de ganancias. Su actitud era que cuando un trabajo no da ganancias, la culpa es del jefe que tiene a su cargo el personal y de acuerdo con ello su sueldo iba a variar.

Patricio, uno de los jefes, tenía el trabajo urgente de entregar carteles para una campaña política. El contrato incluía una cláusula legal; si no entregaban el trabajo en el tiempo estipulado, la compañía perdería parte del dinero establecido. Quiso la mala suerte que una de las planchas se rompiera en medio del proceso de impresión. Por esa razón y apremiado por la fecha de entrega, Patricio le pidió a otro supervisor de planta que le permitiera usar una máquina similar a la suya. Desafortunadamente el otro supervisor también la estaba utilizando.

—Guillermo, necesito usar tu plancha por un día —pidió Patricio—. Si espero hasta que la fábrica reponga la pieza que necesito para la máquina N° 3, no haré la entrega a tiempo.

—Lo siento, pero no puedo —contestó Guillermo—. También tengo un trabajo importante y para limpiar la plancha les llevaría a mis operarios al menos cuarenta horas para recomenzar el trabajo una vez que termines.

—Pero le costará a la empresa diez mil dólares si el trabajo no se entrega el viernes —protestó Patricio—. Eso es diez veces más de lo que perderías con la limpieza.

—Supongo que sí, pero ese problema es tuyo, ¿no es así? —le respondió Guillermo—. Tengo que cuidar mi trabajo y mi comisión. Y después de todo, ¿qué le pasa a la plancha?

—Al parecer se ha roto la barra de seguridad —le respondió—. Aun cuando el operario la mantiene sujeta, la máquina no arranca.

—Eso no es problema y se arregla fácil —respondió Guillermo—. Sólo tienes que ir al control de los circuitos y desviar el que corresponde a la barra de seguridad. Así la plancha seguirá trabajando sin ella.

—Pero la administración de Protección e Higiene del Trabajo ha dicho que si se altera en algo en el sistema de seguridad, nos quitarán el certificado —protestó Patricio.

—Bueno, pues tendrás que elegir. Después de todo, nuestros salarios no vienen de dicha administración, ¿no? Además, las imprentas de antes no tenían todos esos hierros que les ponen ahora. Es cuestión de usarla con cuidado —le dijo—. De todos modos, ¿quién se va a enterar si no es más que un trabajo?

Si un creyente quiere tener éxito en la aplicación de principios bíblicos para su empresa, no hay decisión más importante que la de seleccionar el personal jerárquico que pondrá en práctica dichos principios. Los buenos jefes apoyan y respetan los principios de dirección, mientras que los malos sólo los evaden y confunden.

Lo ideal sería tener jefes con principios compatibles a los de la cabeza directiva, tanto desde el punto de vista espiritual como de orientación de la empresa. Pero eso es sólo un ideal, porque en la vida real casi nunca sucede así, ni siquiera cuando el dueño se propone seleccionar únicamente personal que concuerde con sus principios. En primer lugar, porque es muy difícil conocer a las personas juzgándolas desde afuera. Segundo, porque discriminar por razones tan subjetivas es ilegal en la mayoría de los ambientes comerciales. Sin embargo, existen algunos criterios básicos que podrán al menos ayudarlos a contratar personal jerárquico o ascender empleados a puestos de jerarquía.

¿DEBE TODO EL PERSONAL JERÁRQUICO SER CRISTIANO?

Sin duda, si se encuentra al frente de un ministerio cristiano como es mi caso, debe tener personal cristiano y este además debe tener mucha madurez cristiana. Nuestra función es exclusivamente aconsejar a otros en el nombre del Señor. Nuestro derecho a contratar únicamente a creyentes lo protege la ley. Esto hace que el proceso sea muchos más simple para mí. Pero aun en mi caso tuve situaciones en que algún jefe no era espiritualmente compatible, a pesar de ser cristiano. Hizo tanto por evadir la finalidad de la organización, como lo hubiera hecho un incrédulo. De modo que la norma de contratar cristianos no elimina los conflictos con el personal jerárquico. Para la mayoría de las normas que se siguen en los ambientes de empresas es ilegal la discriminación que se basa en lo que una persona cree religiosamente, ya sea para contratarlo o para ascenderlo. Pero eso no significa que se deba aceptar personal inadecuado para los principios de una empresa. Hay criterios legales que le asegurarán, por lo menos, el derecho a seleccionar jefes con la fibra moral necesaria para que usted oriente su empresa bíblicamente. Siempre tenga en cuenta este principio: La ley no prohíbe a un cristiano que favorezca o haga más por su personal de lo que se exige. Una vez establecida un medio que propicie los principios bíblicos sanos dentro de una empresa, tenga por seguro que los opositores a un estándar ético elevado se irán solos.

CRITERIOS SOBRE EL ESTILO DE VIDA DE UN JEFE

¿Cuáles son algunos de los criterios que se permiten emplear legalmente en la selección de personal jerárquico? La mayoría involucra aspectos visibles del estilo de vida de esa persona.

Busque personal jerárquico que reúna al menos los criterios mínimos que el apóstol Pablo pide de los líderes de una iglesia, en 1 Timoteo 3.1-4:

> Si alguno anhela obispado, buena obra desea. Pero es necesario que el obispo sea irreprensible, marido de una sola mujer, sobrio, prudente, decoroso, hospedador, apto para enseñar; no dado al vino, no pendenciero, no codicioso de ganancias deshonestas, sino amable, apacible, no avaro; que gobierne bien su casa, que tenga a sus hijos en sujeción, con toda honestidad.

Estas son las condiciones que se espera de un líder. Pero, ¿se puede equiparar un jefe administrativo a un líder de la iglesia? Quitándole el requisito sobre el divorcio, todo lo demás podría aplicarse a un jefe que está en el nivel de tomar decisiones empresariales.

Sin duda, usted desea que sus jefes sean irreprochables. Esto incluye su conducta moral, honestidad, ética, reputación. (¡Cualquiera que haya contratado alguna vez un jefe con debilidad por las mujeres, sin dudas que confirmará la necesidad de estas condiciones!) A continuación hay una lista de las cualidades más importantes que deben buscarse en el estilo de vida de un futuro jefe.

1. Moderado

Una persona moderada no tiene cambios en su humor que lo lleven de un extremo al otro. No hay nada tan desestabilizante para la marcha de una compañía que un jefe que un día está con buena cara y al día siguiente con la mala. Los mejores empleados son por lo general los de personalidad tipo «S» (sostenedor) y cuando tienen un jefe imprevisible, logra que estos empleados vivan nerviosos y pierdan productividad.

2. Prudencia

Una persona prudente, de acuerdo al diccionario, es la que practica juicios correctos. No hay ley que prohíba seleccionar a personas así para ocupar cargos jerárquicos. (Ojalá se exigiera para todos los políticos.) La dificultad radica en idear un método para comprobar la prudencia de un candidato. Es lamentable, pero Alberto el dueño de la imprenta, nunca tuvo la oportunidad de hacerlo porque heredó su equipo del dueño anterior. Patricio volvió a su oficina pensando en qué debía hacer. Sabía que el nuevo dueño no era muy propenso a aceptar el trabajo para la campaña electoral y sólo accedió cuando Patricio le aseguró que no habría problemas en cumplir con la fecha de entrega. Patricio decidió que no podía correr el riego de perder dinero en un trabajo que había recomendado hacer. Pasó media hora estudiando el control de los circuitos y quedó satisfecho cuando vio que era posible operar la máquina con un par de cambios. Esperó hasta tener un rato libre para hacerlos.

—Escucha —le dijo entonces al operario de la plancha cuando la máquina estuvo lista para rodar—, preocúpate de tu trabajo. Si usas la cabeza, no tendrás problemas; la máquina anda muy bien sin la barra de seguridad. Simplemente no tienes que pasar de la línea roja mientras está andando. ¿Estamos?

—Tú eres el jefe, pero no me siento feliz trabajando con una máquina que carece de barra de protección. Hombre, si te llega a agarrar el rodillo, te convierte en papilla antes que alguien la pueda parar...

—Sólo tienes que usar la llave al costado de la plancha para pararla si necesitas cargar más papel —lo instruyó Patricio—. No hay razón alguna para que alguien necesite acercarse más de eso. Bueno, si quieres conservar tu trabajo aquí, ¡manos a la obra!

Unas tres horas después Alberto escuchó la sirena de alarma señalando que había una emergencia. Al salir corriendo de su oficina escuchó que alguien gritaba: «Alguien quedó atrapado por la plancha. ¡Parece que le aplastó el brazo!»

Todos corrieron a la planta donde estaba la impresora Nº 3. Lo que vieron los dejó impresionados. La máquina había parado, pero el brazo del operario estaba atrapado hasta el codo. Alberto escuchó que alguien comentaba: «Parece que un idiota anuló el circuito de seguridad. Cuando trataron de cargar papel con la máquina andando, la punta de la camisa del operario se enredó y en lugar de detenerse la máquina siguió funcionando. Cuando lograron apagarla ya le había tragado el brazo. Es una tragedia».

A pesar de que el operario finalmente recuperó el uso de su brazo, llevó a la corte el caso y junto con los cien mil dólares de multa de la administración de Protección obligaron a Alberto a cerrar la empresa. La ética de Alberto fue excelente. Pero al no contar con personal de igual valores morales, su orientación no se acató de manera uniforme. Ni la corte ni las autoridades de la agencia de seguridad se compadecieron al saber que un jefe había actuado por su propia iniciativa. En lo que a ellos tocaba, el responsable del accidente era Alberto.

3. Respetabilidad

La respetabilidad implica mostrar una conducta y un aspecto apropiados a las circunstancias. Un jefe que se conozca por andar alcoholizado o molestar a las mujeres o por decir mentiras, no suscita respeto de los que lo rodean. Los subordinados no buscarán su consejo porque se percatan de su falta de autoridad. Esto no significa que desobedecerán a un jefe que no respetan. Lo harán porque no tienen otra alternativa. Pero no buscarán su opinión, ni le darán la suya cuando sea necesaria. Quizás hablarán a sus espaldas y menoscabarán su autoridad poniéndolo en ridículo.

A Janet la contrató una compañía muy grande de venta de computadoras para dirigir un departamento con cincuenta vendedores. Quien la recomendó para el cargo era un amigo que conoció en la iglesia cuando colaboraba en el grupo de adultos solteros y era su primer cargo de importancia. De modo que estaba entusiasmadísima ante la perspectiva de pertenecer a una empresa tan prestigiosa. Janet se presentó ante el Sr. Barnet, dirigente general del distrito, que debía supervisar a otros veinte supervisores a su cargo. Cuando vino a trabajar el primer día, se encontró con otro de los supervisores de su distrito.

—Así que eres la nueva supervisora... ¿no? —comenzó diciendo.

—Sí, soy Janet Roble.

—¿Cuánto tiempo hace que sales con Barnet? —le preguntó con sarcasmo.

—No sé lo que quieres decir —le contestó Janet un poco molesta.

—Bueno, todos sabemos que él no pone a una mujer como supervisora a menos que le otorguen ciertos favores —le dijo el otro en forma condescendiente.

Súbitamente indignada, Janet salió en dirección a la oficina del Sr. Barnet. Al recordar la entrevista se dio cuenta de que había interpretado como modales afectuosos lo que en realidad eran sus primeros avances sexuales. También se percató de que sería el objeto de muchas bromas e insinuaciones debido a la reputación de su jefe.

—Sr. Barnet quiero decirle simplemente que, sin tener en cuenta de lo que piensen los demás, estoy calificada para ejercer el puesto que me han dado. Si usted u otra persona piensa que voy a cumplir una obligación diferente, están lamentablemente equivocados.

—¿Qué está pasando, Janet? —le dijo Barnet intrigado—. Me parece que llegamos a un acuerdo sobre este trabajo.

—No sé a qué acuerdo se refiere, pero puedo asegurarle que no tengo ningún interés en mantener una aventura amorosa con usted, si eso es lo que está intentando. Pensé que era cristiano y que me mostraba afecto. No sabía que esta empresa le servía para reclutar mujeres fáciles.

—Janet, si quieres progresar en esta compañía, tendrás que cooperar un poquito más con tu jefe —le respondió Barnet con una risita.

—Créame, Sr. Barnet, si espera eso de mí, no lo obtendrá —le contestó Janet con firmeza—. Mi integridad y respeto por mi testimonio cristiano y por mí misma son mucho más valiosos que cualquier puesto, aun este, que tuvo la amabilidad de darme. Sospecho que las personas no lo toman en serio y que usted lo sabe. El respeto es algo difícil de ganar y fácil de perder. Me parece que usted lo ha perdido con demasiada facilidad.

Janet salió de la oficina mientras el supervisor general mascullaba lo que haría para que no pudiera recibir un sólo aumento. Tres años después la compañía puso un nuevo vicepresidente por encima del departamento de Barnet, quien de inmediato notó la falta de productividad de su área. El nuevo gerente terminó colocando a Janet en sustitución de Barnet, por ser una supervisora más eficiente y una persona que se había ganado el respeto y la confianza del personal.

Podríamos continuar enumerando los atributos que debe reunir un buen personal jerárquico, pero es suficiente decir lo siguiente: Usted puede aplicar criterios bíblicos sin tener que citar las Escrituras ni entrevistar a la gente con la Biblia en la mano. Sólo déjese guiar por ella y establezca luego los principios básicos mínimos, identificándolos por escrito con claridad.

QUÉ HACER CUANDO UN JEFE SE REBELA

A menudo se dice: «Un empleado rebelde se convierte en un jefe rebelde». En otras palabras, ascender a una persona casi nunca convierte a un empleado problemático en uno bueno.

¿Qué hacer cuando uno de sus jefes pasa por alto las reglas? En realidad, la desobediencia por parte del personal jerárquico no difiere a la del empleado común y es necesario tratarla de la misma manera. Primero, es necesario comunicar las normas con claridad y por escrito para que se entiendan sin ambigüedad. Segundo, es necesario evaluar la conducta del personal en referencia a estas normas escritas. Quienes no cumplen con las normas establecidas se les debe comunicar con claridad en qué radica el problema estableciendo un período de prueba para brindar la posibilidad de enmienda. Por último, necesitará aplicar algún tipo de reprimenda a su rebeldía y despedirlo si es necesario, o bajarlo de categoría.

Andrés era un ingeniero que inició una empresa para moldes plásticos con un método especializado. Como sucede con las empresas pequeñas que recién comienzan, las normas eran flexibles e informales. Luego, a medida que la compañía crecía, no fue posible comunicar las normas verbalmente, por lo que se fue desarrollando un reglamento escrito con los principios de la empresa.

Roberto, uno de los supervisores, era un ingeniero que comenzó con Andrés. Egresado en la década del 60, siempre mostró una actitud displicente en la ropa e informalidad hacia las autoridades. Debido a su conocimiento y habilidad, Andrés decidió pasar por alto estas peculiaridades. Pero a medida que la empresa crecía y más clientes mandaban compradores a su planta para inspeccionar las facilidades, la actitud de Roberto se volvió más problemática. Aparecía usando vaqueros deshilachados y camisetas transparentes y viejas. En las reuniones con clientes solía poner sus pies descalzos sobre la mesa de conversaciones.

Finalmente, sin saber ya qué hacer, Andrés lo llamó a su oficina.

—Roberto, ¿no has leído el manual de normas? —le preguntó mientras Roberto ponía sus pies sobre el cesto que estaba al lado del escritorio de Andrés.

—Sí, lo estuve hojeando. ¿No te estás volviendo un poco fastidioso ahora que has entrado en la edad madura? Mira, si para dar inicio a esta empresa no te hizo falta que uno se vistiera mejor, ¿a qué viene ahora eso de pedir que usemos corbata?

—Porque hay clientes que esperan ver jefes vestidos como empresarios. Eso es todo —respondió Andrés un poco molesto. Dándose cuenta de que estaba irritado, Roberto lo siguió provocando.

—Mira «jefe», hago mi trabajo y tú sabes que lo hago bien. Sé más de moldes plásticos que tú. Opino que podrías olvidarte de tu código de etiqueta, ¿no te parece?

—No, no quiero eliminarlo —contestó Roberto—. Es más, quiero dirigir la empresa de modo que honre al Señor...

—¡Uff...! ¿Volvemos con la cuestión religiosa otra vez? Ya sabía que si te convertías en cristiano, tratarías de hacerme tragar tus ideas.

—No Roberto, no es así. Mi fe no tiene nada que ver con esto. La mayoría de las empresas tienen un reglamento sobre la ropa del personal. Es por eso que te comunico que esta petición pasará a tu hoja de servicios. Te servirá de advertencia para que cambies.

—Vamos hombre, no me hagas reír. La próxima vez será una nota para llevar a casa y que la firme mi esposa.

—No, la próxima será tu despido —le dijo Andrés con seriedad—. Si el lunes no te presentas de otra forma, te despediré.

—Mira, si crees que puedes despedirme cuando se te antoje, déjame decirte que llevaré mi caso al gobierno y les diré que me echaste por discriminación religiosa.

—Espero que no lo hagas Roberto, pues no sería cierto. Pero correré el riesgo. De modo que si no te presentas correctamente vestido la próxima vez, cumpliré mi palabra.

Roberto salió como una tromba de la oficina de Andrés y pasó el resto del día gritándole al primero que se le cruzaba.

El lunes siguiente, cuando Andrés llegó a su empresa, lo recibió el primero de los turnos del personal. Al final de la fila estaba Roberto usando vaqueros con tirantes y una camiseta sobre la que aparecía impresa una corbata simulando esta prenda. La mueca en su rostro hacía evidente su intención: estaba decidido a desafiar la autoridad de Roberto, o al menos llevarla a sus límites.

Andrés pasó frente a ellos y entró en su oficina. Después de orar por unos minutos, le pidió a su secretaria que llamara a Roberto a su oficina.

Roberto estaba dando vueltas por la planta, seguro de que había hecho retroceder al jefe en sus pretensiones, cuando escuchó el llamado de la secretaria. Mientras iba a la oficina, los compañeros lo escucharon bromear: «Bien, vamos a la lección número 21 sobre etiqueta en el vestir». Pero cuando se sentó frente a Andrés, lo que recibió fue su despido y la indemnización especificada en el manual de la compañía.

—Me duele mucho tener que hacerlo, Roberto —le dijo Andrés con sinceridad—. Pero considerando tu actitud, me parece que es lo mejor para ti y para la compañía.

—¡Te llevaré a la corte por esto! ¿Cómo te atreves? —le gritó Roberto—. Ya me ocuparé de que pierdas todo lo que tienes, hipócrita religioso.

—Tienes derecho a hacerlo —le dijo Andrés con calma—, pero el despido no tiene nada que ver con mi fe. También despediría a un cristiano con igual rapidez si mostrara la misma rebeldía. No, incluso más rápido, puesto que debe saber cómo comportarse.

Roberto presentó una demanda por discriminación religiosa contra Andrés. El caso le llevó como tres años y durante ese tiempo iban y venían equipos de investigación del gobierno haciendo preguntas al personal. Por último, el juez falló a favor de la empresa y asignó los costos a Roberto. Andrés tenía la posibilidad de embargarle los bienes, pero en lugar de hacerlo, prefirió cerrar el asunto y olvidarlo. Era un precio muy alto el que pagó por mantener su integridad, pero decidió que valía la pena.

PERSONAL JERÁRQUICO FEMENINO

Una pregunta que a menudo me hacen en las charlas para negociantes es acerca de poner mujeres en cargos de autoridad por encima de los hombres. ¿No dicen acaso las Escrituras que la mujer no debe ejercer autoridad sobre el hombre? ¿Significa eso que un cristiano no debe contratar mujeres para que sean gerentes y ejerzan su autoridad sobre ellos? Para colmo, el tema se complica con las leyes federales en contra de la discriminación sexual.

En realidad, quizás exista mucha discriminación hacia la mujer en el ámbito empresarial. Esto ocurre automáticamente cuando un grupo o clase de personas dejan de contratarse ni logran ascender porque se prefieren a otras. A menudo estas personas ni siquiera se dan cuenta de la verdadera razón por la que fueron eliminados. Muchas veces he pensado que esto es lo que pasa con muchas mujeres que aspiran a puestos jerárquicos.

Permítanme comenzar diciendo que creo en que hay casos legítimos donde es conveniente discriminar por razones de sexo.

Por ejemplo, el dueño de una compañía nacional de ventas me consultó acerca de colocar a su mejor vendedora en el cargo de promotora regional de ventas. Mientras conversábamos, se aclararon algunas de las condiciones que ese cargo requería: viajar con los vendedores nuevos para ayudarlos a establecer el área, lo cual implicaba viajar juntos en auto, parar en los mismos hoteles, etc. Los viajes podían consumir varias semanas. La vendedora que estaba considerando como candidata tenía poco más de treinta años, estaba casada y tenía dos hijos.

Comenté con este hombre de negocios lo aprendido en Proverbios. «En el libro de los Proverbios 27.12 dice: "El avisado ve el mal y se esconde; mas los simples pasan y llevan el daño". Te conviene tomar en cuenta lo sabio de este consejo. Considerar tan siquiera la posibilidad de poner a una madre joven a recorrer las rutas con vendedores a su lado durante varias semanas, es una locura. Simplemente es buscar problemas. Es más, si la empresa fuera mía, dividiría a los viajantes por sexo y los haría viajar por separado. Sé muy bien que ahora está de moda que los vendedores de ambos sexos viajen juntos. Pero para mí sigue siendo una locura».

Finalmente el empresario decidió no darle el cargo a la mujer. En lugar de eso preparó equipos de aprendizaje donde viajaban al menos cuatro personas juntas. Y ella se convirtió en la coordinadora nacional de capacitación de ventas, con la responsabilidad de que no se produjeran problemas a raíz de situaciones ambiguas entre miembros del sexo opuesto.

En cuanto a la cuestión básica de si conviene poner a la mujer en cargos de autoridad, creo personalmente que las instrucciones de Pablo a la iglesia en 1 Corintios 14.34-35 tratan precisamente de eso: las mujeres y su papel en la iglesia, pero no creo que esto pueda aplicarse directamente al ámbito comercial. Sé que hay muchas ocasiones en que llevar normas de iglesia a situaciones en el hogar y el trabajo es bien compatible. Pero en mi opinión hacer una transferencia de este precepto en particular y tratar de aplicarlo a mujeres de empresa es utilizar la Biblia como un arma o leer más en ella de lo que la Palabra de Dios dice en realidad.

Debo creer que si a Dios le pareció bien colocar a Débora como juez de Israel, es porque no había ningún conflicto con la mujer que ejerce autoridad sobre el varón. Se ha dicho que Dios puso a Débora en el poder porque en ese tiempo no había en Israel hombres con el coraje suficiente como para ejercer ese cargo. Quizás sea cierto, como quizás no lo sea. Sólo podemos especular acerca de las razones. Pero lo que sí sabemos es que Débora era casada (el nombre de su esposo era Lapidot) y que ejerció considerable poder sobre la nación.

En Proverbios 31 se describe a la mujer virtuosa como la que hace bien a su marido y no mal; tres veces se describe como vendedora y empresaria. A menos que existan consideraciones específicas por las que no sea aconsejable colocar a una mujer en un puesto de autoridad, no encuentro ningún principio bíblico que lo prohíba.

‖ 12 ‖

Decisiones de pago a empleados

Ronald era dueño de una planta manufacturadora bastante grande que empleaba doscientos obreros (trabajo por hora), donde la mayoría estaba en líneas de montaje. Estos puestos casi siempre se cubrían con mujeres por dos razones. Primera, las mujeres por lo general son más cuidadosas en los detalles que los hombres y en la línea de montaje se requería de un trabajo meticuloso. Segunda, las mujeres aceptaban trabajar por menos sueldo que los hombres porque ese ingreso se solía considerar como suplementario.

El problema se presentaba cuando no todas las mujeres de la planta respondían al perfil de «trabajadoras por un sueldo adicional». Algunas madres solteras que, debido al divorcio o a la muerte del esposo, eran el único sostén de sus familias.

Juana era una persona de estas, con treinta y cuatro años y madre de tres niños, cuyo ex esposo pasó varios años en la cárcel por tenencia de drogas y que rehusaba sostener a su familia. Juana era muy trabajadora y valiosa como empleada, pero su salario de $5.50 la hora no le alcanzaba para cubrir sus necesidades. Nunca se quejaba, pero ya en dos oportunidades los abogados habían incautado su sueldo. Una vez porque se retrasó varios meses en el pago de su tarjeta de crédito y otra por una cuenta sin pagar a raíz de un pequeño accidente automovilístico.

Ronald llamó a la empleada a su oficina para averiguar acerca de esta última reclamación.

—Juana, he recibido una notificación por la que me veo obligado a deducir parte de su sueldo para pagar una cuenta de un taller de mecánica. ¿No tiene seguro para el auto?

—Solía tenerlo, pero no me alcanza el dinero para renovar la póliza. Lamento mucho lo del aviso, señor. Espero que no me cueste el empleo.

—No, Juana —le dijo Ronald de inmediato—. No te despediría por una cosa así. Eres una buena empleada y quiero ayudarte, si me es posible. ¿Estarías de acuerdo en tener una entrevista con un consejero en finanzas personales? Tal vez te puede ayudar a hacer un presupuesto más cuidadoso. Si sigues manejando sin seguro, perderás tu licencia.

—Me encantaría hablar con alguien sobre esto. Si pierdo mi licencia, tampoco podré seguir trabajando.

Ronald sabía que la compañía se beneficiaría en pagarle el seguro del auto a una empleada tan valiosa como Juana. Pero el sindicato no iba a permitir que se le diera un beneficio sin pedirlo para todos los demás. De modo que estaba atrapado. Quería aumentarle el sueldo porque advertía su necesidad, pero no veía cómo hacerlo.

La semana siguiente el consejero en finanzas se encontró con Juana, tal como lo concertaron. Sin revelar detalles, el consejero informó a Ronald que Juana parecía ser una buena administradora de su dinero, pero que no tenía el suficiente para cubrir sus gastos. «Es más», dijo, «le haría falta un ingreso adicional de ciento veinticinco dólares mensuales para solventar solamente las necesidades básicas familiares».

Como Juana no asistía regularmente a la iglesia, Ronald sabía que no podía contar con esta vía para ayudarla. De modo que se dio a la tarea de buscar la forma de pagarle él mismo, si encontraba cómo hacerlo sin violar las normas del sindicato. Después de conversar con su pastor y con el consejero financiero, Ronald tuvo una idea. Se lo donaría él mismo en forma anónima. Cuando le dijeron que por esa vía no podría reclamar la deducción de impuestos, aclaró que eso nunca había sido su intención.

«Será una decisión que Dios bendice, no el gobierno».

Durante tres años Ronald aumentó los ingresos de Juana sin que ella supiera quién era su donante. Con el tiempo llegó a ser supervisora con un sueldo que ya le permitía cubrir sus gastos y los de su familia. Finalmente, Ronald logró establecer un acuerdo entre el sindicato y la compañía que permitiera un plan de ayuda para contribuir a las necesidades de otros empleados.

PRINCIPIOS BÍBLICOS SOBRE PAGOS A EMPLEADOS

«He aquí, clama el jornal de los obreros que han cosechado vuestras tierras, el cual por engaño no les ha sido pagado por vosotros; y los clamores de los que habían segado han entrado en los oídos del Señor de los ejércitos» (Santiago 5.4).

Muchos empresarios cristianos están familiarizados con este versículo pero, ¿comprenden lo que significa y practican este principio en sus negocios? Sospecho que muy pocos.

Si usted leyera todos los pasajes de las Escrituras que se refieren al pago de los empleados, encontraría que existe una abundante referencia sobre el tema. Cuando terminé de estudiar en detalles estas referencias, llegué a varias conclusiones:

1. Dios no exige que todo el mundo tenga el mismo ingreso.

2. Quienes hacen mejor trabajo deberían ser mejor pagados.

3. Lo que Dios quiere es un pago justo, porque la justicia debe caracterizar todo lo que un cristiano hace.

4. Un empleador cristiano tiene la responsabilidad de cubrir las necesidades mínimas de quienes toma como empleados.

Cada una de estas conclusiones da lugar a una serie de preguntas. ¿Cuál es realmente la necesidad mínima de alguien? ¿Cómo se puede recompensar el esfuerzo personal cuando los sindicatos son tan fuertes? ¿Qué es «lo justo» cuando se trata de sueldos? ¿Se debe recompensar la lealtad?

No pretendo tener todas las respuestas a estas interrogantes, pero pienso que puedo ayudar a dilucidar algunos puntos básicos. Es necesario recordar que nuestra relación con el Señor no consiste en seguir una lista de reglas preestablecidas. Los judíos pretendieron hacerlo y el resultado fue «el manual de reglas de los fariseos». Tenían una regla tras otra para todo, pero el Señor les dijo: «¡Guías ciegos, que coláis el mosquito, y tragáis el camello!» (Mateo 23.24). Siempre es necesario acudir al Señor para pedirle sabiduría con el fin de aplicar el plan de Dios con equidad y lógica.

¿CUÁLES SON LAS NECESIDADES MÍNIMAS?

No es fácil determinar el nivel de necesidad de otros. Una persona quizás crea que tener un horno de microonda es una necesidad, mientras otra se satisface con vivir con quinientas calorías diarias. Lo que para alguien que vive en la India le resulta un lujo, en Estados Unidos puede parecer una necesidad mínima. Dejaré que otros autores en diferentes países determinen lo que es la pobreza para ellos. Basta decir que como cristianos que vivimos en Estados Unidos tenemos un estándar de vida que es la envidia de muchas otras naciones alrededor del mundo. Creo que hemos perdido la distinción entre nuestras necesidades, antojos y deseos.

Una de las maneras en que puedo determinar las necesidades mínimas de otros es simplemente ponerme en su situación e imaginar si podría vivir con lo que estos ganan. Si los empleadores hicieran esto con sus empleados (con sinceridad), la mayoría tendría que admitir que no les pagan un sueldo justo.

No hay nada en la Biblia que indique que todos debemos ganar igual, ni que el dueño no pueda obtener más ganancias que sus obreros. Pero sí habla acerca de estafar a los obreros y no darles lo que les pertenece: «¡Ay del que edifica su casa sin justicia, y sus salas sin equidad, sirviéndose de su prójimo de balde, y no dándole el salario de su trabajo!» (Jeremías 22.13).

Este principio cobró vida para mí mientras estaba sentado ante mi escritorio preparando el material para impartir este seminario bíblico. Revisaba una serie de preguntas que me hicieron los asistentes de un seminario anterior y una de las preguntas era acerca de lo que significaba un salario justo para los empleados. Obviamente, esa persona trataba de entender el principio de la justicia: ¿Debería como empresario obtener tanto o más dinero que las personas que empleaba? Yo también me he hecho esa pregunta muchas veces y no he llegado a una conclusión definitiva.

Ese día me vino a la mente la figura de Joel, un obrero que contraté unas semanas antes. Le pagábamos más de lo que había estado ganando. Por cierto, era el sueldo más alto que jamás había ganado hasta ese momento. Pensé en su familia numerosa. Con su salario jamás iba a poder mandar a sus hijos a la universidad, ni siquiera comprar una casa adecuada. No tenía mucha educación y sin duda no lograría ganar más de lo que le pagábamos en ningún otro lado. Era un obrero de mucha voluntad y cooperador, pero particularmente en la tarea de la imprenta no era eficiente. Para colmo ya había estado pensando en la posibilidad de cerrar la planta de impresión que teníamos.

Mientras pensaba en Joel sentí que el Señor me pedía que hiciera una cosa totalmente ilógica, desde el punto de vista económico: darle un aumento. Luché por un rato con lo ilógico de la idea diciéndome que era sólo una ocurrencia mía y que Dios no podía pedirme semejante cosa tan absurda. Pero años antes, cuando acepté a Jesucristo como Señor y Salvador, le había hecho la promesa que ya mencioné: «Si me dices con claridad cuál es tu voluntad para mi vida, la haré aunque me cueste».

De modo que terminé dándole a Joel un aumento de quinientos dólares mensuales sabiendo que una buena parte del monto, sólo debía esperar obtenerla por un acto de fe, ya que no contaba con ese dinero. Creo que Dios estaba probando mi disposición a obedecerlo y a mostrar consideración para aquellos bajo mi cuidado. Fue una experiencia muy hermosa ver la manera en que Dios me proporcionaba cada mes el dinero que hacía falta para cumplir con Él. Meses más tarde, Joel aceptó otro trabajo menos remunerado porque ya no deseaba estar en el oficio de impresor. Como ya había hecho la decisión de que si se iba (¡había muy poca oportunidad!) cerraría mi imprenta, su determinación me benefició.

Después de esa experiencia pude aconsejar a gran número de personas mal pagadas, a menudo por patrones cristianos. Como consejero sé que cuando el dinero existe, me es posible hacerlo alcanzar y distribuirlo entre todos los gastos. Pero no siempre existe.

Sin lugar a dudas, muchas personas crean sus problemas porque gastan demasiado; como resultado del despilfarro entran en deudas, lo cual es un síntoma y no el problema en sí. Pero si al colocarme en la situación de la otra persona no logro encontrar una manera de hacer que el dinero disponible cubra las necesidades mínimas de una persona y su familia, es porque esa persona está mal pagada.

Trate de aplicar este método con algunos de sus empleados. Creo que aclarará las cosas.

ECONOMÍA SITUACIONAL

¿Es justo reemplazar a antiguos empleados por otros más jóvenes y peor pagados? Hay pocas cosas que reflejen tanto la ética y los principios de quienes están en autoridad que la práctica de lo que llamo «economía situacional».

Una compañía puede contar con muchos empleados leales y de confianza que han estado trabajando por muchos años. El hecho de que sean empleados en el mismo lugar durante mucho tiempo trae casi siempre los siguientes efectos: 1) Ganan mejores salarios que cualquier empleado nuevo. 2) Por ser mayores tal vez sean menos dinámicos en sus tareas. La economía pura dictaría la necesidad de reemplazar al empleado viejo por el nuevo (con un sueldo menor). Es la misma lógica financiera que dicta reemplazar equipo técnico pasado de moda. De ahí que surjan reemplazos masivos cada vez que una compañía compra a otra o realizan una nueva sociedad conjunta.

Pero tengo mis serias objeciones a este tipo de mentalidad. En primer lugar porque creo que no es bíblico ni ético. Proverbios 3.2-4 lo deja bien en claro:

> Porque largura de días y años de vida
> y paz te aumentarán.

> Nunca se aparten de ti la misericordia y la verdad;
> átalas a tu cuello,
> escríbelas en las tablas de tu corazón;
> y hallarás gracia y buena opinión
> ante los ojos de Dios y de los hombres.

En la ética del cristiano hay un papel muy importante para la bondad y la justicia, y la práctica de despedir antiguos empleados no es ni bondadosa ni justa.

Pero hay otros problemas de índole práctico también. Desarrollar una lealtad a la compañía de largo alcance es prácticamente imposible en una atmósfera donde impera la idea de «usar y descartar». En las dos últimas décadas se ha hablado mucho acerca del ocaso de los sindicatos, pero creo que veremos su resurgimiento si esta mentalidad empresarial no cambia en Estados Unidos. (Si en los medios de comunicación no se ha visto, ni se verá mucho acerca de esto, es porque entre los culpables más notorios con esta mentalidad están las grandes compañías de difusión masiva.)

Un clásico ejemplo de los problemas que dicha mentalidad le trae a una compañía se vio en la industria aeronáutica durante la década del ochenta. Cuando tantas compañías de vuelo comenzaron a tener problemas financieros, era lógico y necesario que algunas de las más chicas las absorbieran las más fuertes. Muy pocos estaban preparados para lo ocurrido cuando Frank Lorenzo compró la *Eastern Airlines*. Se difundió rápidamente la voz de que su filosofía era reemplazar los antiguos empleados por otros más jóvenes. Muchos de los cambios que efectuó Lorenzo, incluyendo algunos cortes en los salarios, eran necesarios. La compañía no había obtenido ganancias en los últimos quince años y era conocida por su falta de eficiencia. Pero cuando la actitud del dueño comenzó a trasmitirse desde arriba hasta llegar a los empleados menores, lo que quedó fue este mensaje: «No nos interesa lo que le pase al empleado». Más tarde, cuando la administración de la empresa necesitó de la colaboración de sus empleados, no la halló. Los empleados decidieron que preferían ver que la compañía se hundiera y ellos perdieran los puestos, antes que ayudar al enemigo. Los empleados no eran tontos, como dijeron algunos. Lo que pasó es que veían la administración de la empresa (que actuaba de vocero de su dueño) como un adversario. Cuando existe ese tipo de situación, la lógica ya no puede actuar.

Vi el principio (en términos de empleados) de que cada persona cosecha lo que sembró. Dos empresas de alfombras lo demostraron gráficamente durante la década del setenta. Cada vez que hay una recesión en la economía nacional, la industria de las alfombras es la que por lo general sufre más; gran parte de sus ganancias viene de que la gente compre casas y autos nuevos. En esa década hubo dos momentos de recesión que los dueños respectivos resolvieron de distinta manera.

El dueño de la primera empresa operaba según el principio de la economía situacional, en otras palabras, sacaba partido de cualquier ventaja económica que se le presentara. Durante esos años, la economía estaba en baja; los puestos eran escasos y los empleados sobraban. Ese período lo aprovechó para reemplazar a los viejos empleados por mano de obra más barata. Logró hacerlo mediante contratos cortos y con cierres temporales de la fábrica con el objeto de evitar los beneficios que exigían los sindicatos. Los obreros se quejaban, pero no podían hacer nada por evitarlo. Si decidían realizar algún paro, otros se hubieran opuesto, ya que era mejor tener un puesto malo que no tener ninguno.

El dueño de una de las plantas, que era cristiano, racionalizó sus acciones durante un tiempo. Su actitud era parecida a la de muchos cristianos que interpretan la voluntad de Dios para su beneficio. Se dijo: «Esto debe ser la voluntad de Dios. Él debe haber provocado esta situación para que entren personas jóvenes a reemplazar a las más antiguas». (Un recurso conveniente cuando las cosas marchan como uno quiere.)

En una fábrica cercana, cuyo dueño también era cristiano, sucedía exactamente lo opuesto. El dueño fue directo a los dirigentes sindicales con el dilema: «No tenemos fondos para seguir con todos los empleados», les dijo con toda sinceridad. «Yo mismo reduje mi asignación mensual a la que tenía cinco años atrás para que fuera posible tener más fondos disponibles y les he pedido a los demás gerentes que hagan lo mismo. Todos han estado de acuerdo. Ahora le pido a los miembros del sindicato que realicen lo mismo para poder mantener con sueldo a la mayoría del centro. Creo que esta recesión es temporal y no me gustaría que tengan que salir a buscar trabajo en una situación tan mala como la que pasamos y donde hay tanto desempleo».

El efecto fue inmediato y positivo. La mayoría del personal votó para que se disminuyeran los salarios. Como resultado, menos del cinco por ciento de los empleados quedaron fuera en una industria donde el promedio de despidos era de un veinte por ciento. El beneficio económico para la compañía fue igual que el de la empresa mencionada anteriormente, una reducción de gastos, pero la actitud fue de confianza mutua y sacrificios compartidos por igual en lugar del principio de «aplastemos al de más abajo».

Es interesante que ninguno de los empleados esperó ni exigió que el dueño o la gerencia cortaran sus asignaciones hasta equipararlas a la de los empleados. Entendían y aceptaban las diferencias salariales. Pero apreciaban que el grado de sacrificio fuera proporcional en todos. Veían que no existía la mentalidad de «o aceptas o pierdes tu empleo».

Como era de esperar, la economía comenzó a acelerar su ritmo al final de los años setenta, bajo el presidente Carter, a medida que se invertía más y más dinero en programas del gobierno. Pero cuando el índice de inflación posterior llegó a la cifra sin precedentes del veinte por ciento anual, los votantes reemplazaron al presidente por uno que frenó la economía con el recurso de poner intereses altos. Las industrias de la vivienda y la automotriz se vinieron abajo completamente... murieron.

Los meses siguientes significaron para la industria de alfombras una recesión tan severa como nunca antes desde la Gran Depresión. No sólo paró el mercado; los precios de petróleo subieron vertiginosamente y muchas de las fábricas de alfombras sintéticas dependían del petróleo. De modo que con la materia prima alta y la economía por el suelo, el negocio de alfombras se vino abajo. En un momento dado el índice de desempleo llegó al treinta por ciento y algunas empresas grandes entraron en quiebra. Era casi imposible para los empresarios de fábricas de alfombras pedir créditos con tasas de interés que lindaban en la usura. En una industria tal, donde el margen de ganancias no es mayor de un seis a un ocho por ciento, devolver una deuda les consumía eso y mucho más.

En el primer caso, el dueño se enfrentó a graves problemas económicos sin saber a quién acudir en busca de ayuda. Terminó pidiendo un crédito al veinticuatro por ciento de interés especulando con la posibilidad de que los intereses bajaran después de empezar a pagarlo. Pero no sucedió así y todo se perdió. Se disolvió la compañía y tuvo que venderla para arreglar con los acreedores por el resto de la deuda. El dueño tuvo que pedir la quiebra y prácticamente perdió todas las posesiones materiales que tenía.

En la segunda empresa, la crisis financiera fue asimismo severa y la necesidad de capital para sobrevivir fue tan aguda como en la otra. El dueño habló acerca de la situación a todos los empleados y volvió a pedirles una reducción (las reducciones anteriores ya se habían corregido durante el período de reactivación). Pero ahora, sin embargo, ¡el dueño se vio obligado a pedir un corte de casi un cuarenta por ciento! «Aun con estos cortes», explicó, «no estoy totalmente seguro de que sobrevivamos. Necesitamos capital adicional y ya he agotado mis reservas personales. Tampoco puedo pagar un crédito con el veinticuatro por ciento de interés y sobrevivir».

Unos días después los empleados convocaron a una reunión general para discutir la situación. Votaron una propuesta por la que los empleados le harían un préstamo conjunto al doce por ciento de interés con las cuotas de devolución diferidas hasta que mejorara la economía. ¡El plan resultó! Los empleados reunieron más de un millón de dólares entre familiares y amigos. La empresa sobrevivió y es hoy una fuerza laboral importante con ocho años de crecimiento financiero. El dueño inició hace poco un plan de venta de acciones a sus empleados con el objeto de darles el control de la compañía cuando él se retire. Como dice el Señor: «Dad, y se os dará; medida buena, apretada, remecida y rebosando darán en vuestro regazo; porque con la misma medida con que medís, os volverán a medir» (Lucas 6.38).

EL PODER DE LA RECOMPENSA

La mayoría de las personas en autoridad son rápidas para criticar, pero lentas para recompensar el trabajo de sus subordinados, ya sea con alabanzas o con dinero. Descubro que esto se debe casi siempre a que son personas con una agenda sobrecargada, más que por alguna falta intencional de los empleadores. Pero aun así, el patrón es a menudo tacaño y egoísta.

—El tipo para el cual trabajo, jamás ve ninguna cosa extra que hago para él —comentó Susana mientras comía un sándwich con otras secretarias en la cafetería—. Puedo hacer un noventa y nueve por ciento del trabajo a la perfección, pero siempre hará un comentario sobre el uno por ciento que no está perfecto. Me gustaría que fuera tan crítico de su trabajo como lo es del mío. A veces deja contratos esperando sobre el escritorio por meses.

—Eso sí que es triste —le contestó Chela pensando en su propio patrón. Puede mostrar severidad y siempre le exige lo mejor, pero también se esfuerza por alabar su trabajo antes de corregirle los errores que pudiera haber hecho. Y a diferencia del patrón de Susana, nunca la criticaba en público.

Todavía recordaba el primer día que entró al trabajo.

«Sé que marcharás bien», le dijo. «Es tu primer trabajo después de terminar la secundaria y quisiera ayudarte para que te encamines bien para el futuro. Te corregiré los errores de tanto en tanto si veo que necesitas mejorar en algo, pero siempre lo haré constructivamente, para tu bien». Tres meses después le dio un aumento sustancial y elogió sus esfuerzos.

Eso sucedió tres años atrás y durante ese tiempo su jefe la corrigió muchas veces. Las primeras veces llegó a su casa llorando, preocupada por el trabajo. Pero con el tiempo le demostró que se preocupaba por ella como persona. La corregía, pero nunca la humillaba ni subestimaba. Como resultado, se convirtió en una secretaria altamente eficiente y segura de sí misma.

Antes Chela no se sentía segura ni siquiera en su casa. Su padre también era un empresario de éxito y cristiano. Pero siempre usaba su puesto para gobernar a la gente, no para dirigirlas. Recordaba haberle oído decir en una oportunidad: «Hoy despedí a todos los empleados. Había alguien que estaba robando y les di la oportunidad de confesarlo o de echarlos a todos. Nadie confesó, así que los eché».

Chela recordaba lo injusto que le pareció la actitud de su padre y así se lo dijo. «Escucha Chela», le respondió, «cuando uno está al frente de una empresa hay que ser duro. Si les das a los empleados un dedo, te tomarán una mano. Es posible que ahora les resulte un poco difícil, pero la próxima vez lo recordarán y se cuidarán de avisar si alguien roba».

A partir de ese momento, Chela albergó secretamente el temor de que Dios fuera igual a su padre. Decidió que cuando pudiera determinar por ella misma, dejaría de ir a la iglesia y en su momento llegó a hacerlo. Sin embargo, encontró otro tipo de cristiano en la persona de su jefe. Era evidente que le interesaba más proteger al inocente que castigar al culpable. Su influencia fue para bien.

«Chela», le dijo un día, «quiero que recuerdes este simple proverbio: "¿Has visto hombre solícito en su trabajo? Delante de los reyes estará" (Proverbios 22.29). Eso te llevará lejos en la vida. Quizás tropieces con jefes aquí o allá que no reconozcan tu trabajo y honestidad, pero son la excepción. Siempre debes estar dispuesta a dar un buen testimonio del Señor, pero recuerda que el mejor testimonio que puede dar un cristiano es su amor por los otros y el de mejorar cada día su trabajo».

RECOMPENSAR HABILIDADES DIFERENTES

Cada uno está preparado para hacer bien al menos una cosa. A veces esa habilidad redundará en una recompensa económica y en otras no. Es interesante notar qué cosas consideramos importantes y valiosas en nuestra sociedad. Se le paga a un deportista cientos de miles de dólares por jugar al fútbol o al baloncesto, pero se le paga unos pocos miles, si tiene suerte, a una buena trabajadora social que está dispuesta a cuidar ancianos. Como dije en un capítulo anterior, se le paga más a un pastor que al conserje de la iglesia. No hay nada de antibíblico en pagar sueldos diferentes. Pero me pregunto si el Señor le da el mismo valor a las escalas que hacemos nosotros.

Hace algunos años salió un libro que se hizo popular, llamado *The Peter Principle* (Laurence J. Peters y R. Hull, Morrow & Co., 1969), donde se presentaba la teoría de que, con el tiempo, la mayoría de las personas ascienden más allá de su «nivel de capacidad» o de su habilidad de desempeño. Hay algo de verdad en esto. Una persona que hace las cosas particularmente bien terminará por atraer la mirada del jefe, quien a lo mejor le ofrece un puesto que esté más allá de su capacidad.

Roberto es un ejemplo clásico. Como vendedor era excelente, pero le ofrecieron el cargo de gerente regional de ventas en una compañía a la cual representaba. Es de común conocimiento que si alguien no acepta un cargo gerencial, no recibirá ninguna otra oferta de aumento salarial ni de mejor nivel jerárquico. Decirle «no» a la empresa es poco más o menos que insultarla.

De modo que Roberto aceptó el cargo y se convirtió casi en el acto en un desastre. Su personalidad (influyente), que lo capacitaba como vendedor, se convirtió en su principal debilidad como gerente administrativo. No era capaz de dirigir un equipo de vendedores, muchos de ellos con personalidades más fuertes que la suya. Las ventas en el área de Roberto descendieron a más de la mitad de lo que fueron el año anterior. Esto se debía en parte a la pérdida de su principal vendedor (Roberto) y en parte porque otros vendedores cometían errores por la falta de liderazgo de su parte. Al final, la compañía terminó despidiendo a Roberto.

Roberto quedó desanimado con una experiencia así. Se sentía derrotado por lo que era obviamente su fracaso. Decidido probarse a sí mismo, Roberto volvió a emplearse en otra empresa como gerente regional de ventas. A los tres meses se hizo patente que tampoco lograba hacer andar las cosas con esa compañía, de modo que por tercera vez comenzó a buscar otro puesto, otra vez como gerente de ventas.

Lo entrevistaron en una compañía y dio la casualidad que el dueño, Adán Yanes, pasaba por la oficina de personal en ese momento. Lo había visto en varias oportunidades en exposiciones de venta y lo impresionó su forma de comportarse.

Roberto tenía una memoria perfecta, sobre todo para nombres. Solía recordar años después los nombres de personas con las que se había relacionado. Esto impresionó a Yanes, sobre todo porque tenía dificultad en recordar los nombres de los empleados.

—Roberto, ¿qué haces aquí? —le preguntó mientras asomaba la cabeza en la oficina del gerente de personal.

—Estoy entregando mi solicitud para el cargo que ofrecen —le dijo mostrando una falta total de seguridad en la voz.

Dándose cuenta de que algo no andaba bien, Yanes le dijo al gerente que deseaba hablar primero con Roberto, porque lo conocía desde hacía varios años.

—Sí, señor —le respondió el gerente rápidamente—, aquí está su legajo personal.

—Ven conmigo, Roberto —le dijo Yanes mientras caminaba por el pasillo hojeando su legajo personal—. Veo que aquí dice que te presentas para gerente regional de ventas... ¿es así?

—Sí señor, así es —respondió mirándolo incómodamente.

—¿Por qué? —le preguntó Yanes.

—¿Cómo dice?

—¿Por qué te presentas para gerente regional? Parece que no te ha ido bien en dos oportunidades. ¿Te gusta realmente hacer ese trabajo?

Roberto se detuvo a pensar por un momento. Ni siquiera se había puesto a reflexionar en eso, ya que aspirar a gerente era el escalón natural de los ascensos. Pero de pronto supo cuál era la respuesta:

—No señor, creo que no me gusta el cargo en la gerencia.

Pensó que había echado por tierra sus posibilidades de conseguir el cargo. Pero también se dio cuenta que había contestado correctamente. En el fondo no le gustada la administración. Era un vendedor, no un hombre de escritorio.

—Me alegro de oír eso —dijo Yanes con una sonrisa—, porque puedo conseguir cien gerentes buenos, pero es muy difícil conseguir un buen vendedor. ¿Considerarías venir a trabajar con nosotros como vendedor de zona?

—Creo que sí —respondió Roberto dándose cuenta que había hecho la decisión correcta. Por primera vez en casi dos años no se sentía como si tuviera un nudo en el estómago.

—Roberto, creo que encontrarás una cosa diferente en esta empresa —le dijo Yanes—. Se te pagará de acuerdo a tu habilidad como vendedor, y un buen vendedor puede hacer tanto dinero o más que un buen gerente.

—Gracias, señor. Creo que me viene muy bien el cambio.

—Eres cristiano, ¿no es así? —Yanes lo notó porque nunca andaba por las conferencias de ventas con una copa de licor.

—Sí, lo soy. ¿Cómo lo supo?

—Siempre lo supuse al verte. Yo también lo soy.

—¡Usted es cristiano! —exclamó Roberto.

—Sí, el Señor también puede salvar a tipos como yo que dirigen empresas, ¿sabes? —le dijo sonriendo.

—No quise decir eso —contestó Roberto sorprendido aún.

—Bien, tendrás que presentarte al gerente de ventas. No es creyente todavía. Pero es un hombre bueno y hace muy buen trabajo. Creo que te vas a llevar bien con él. Es un buen padre de familia, totalmente honesto y ético.

Adán Yanes le comentó algunas de las discusiones que tuvo con su equipo cuando comenzó a poner en práctica principios cristianos. Sabía que la mayoría creía que se había vuelto un fanático. Pero otro hombre de negocios cristiano le dio un buen consejo en uno de los estudios bíblicos de los lunes por la noche al que ambos asistían: «Dedica al menos dos años para aprender a vivir la vida cristiana antes de tratar de implementar principios cristianos en tu empresa. Muchos creyentes nuevos cometen el error de tratar de dar algo que no han terminado de entender ellos mismos. Como jefe puedes herir muchos sentimientos si actúas con mucha rapidez».

Adán tomó el consejo muy a pecho. En lugar de decirles a sus empleados lo que debían hacer, se concentró en poner en práctica muchos de estos principios en su vida.

Uno de esos principios era: Pagar bien la calidad del trabajo, sin importar la jerarquía de la compañía. «Ningún sueldo tiene límites», le dijo a su equipo, «excepto el que fija la habilidad de cada persona. En otras palabras, si un vendedor es creativo puede ganar más que el gerente».

Al comienzo, el personal jerárquico tuvo problemas con ese sistema, pero pronto se dio cuenta de que podía lograrse que cada uno utilizara sus talentos de la mejor manera. Cada gerente también recibía mejoras en su salario a medida que su área vendía más. Sólo unos pocos se enojaron con los principios de Yanes y renunciaron, pero en general el sistema marchó bien. De ese modo una persona como Roberto podía hacer lo que estaba capacitado para hacer bien, sin sentirse presionado a empujar hasta lograr un cargo como gerente para ganar más.

La última pregunta vinculada al tema de los pagos es la siguiente: ¿Cómo se recompensa la lealtad?

RECOMPENSA A LA LEALTAD

La lealtad se puede definir como la entrega total a una persona, a pesar de las adversidades. Según esa definición, la lealtad es una cualidad muy rara en estos días. Si tiene un empleado leal, deberá hacer todo lo posible para recompensar esa cualidad. Recuerde que la lealtad engendra lealtad, de modo que así brotará en ambas direcciones.

La Palabra de Dios honra a quienes son leales a sus superiores y esto incluye pagos extras. Sin duda, Dios lo hizo con David en base a su lealtad hacia Él. A través de la Biblia hay decenas de ejemplos en los que se ve que Dios recompensa la lealtad y castiga la infidelidad humana.

¿En qué beneficia a un patrón tener empleados leales y que acatan con fidelidad sus decisiones en lugar de ir en su contra? Cualquiera que haya tenido que tratar con empleados desleales puede contestarlo. Es una cualidad que vale la pena todo lo que se pueda pagar.

Conozco un líder cristiano que se vio metido en medio de un gran escándalo que provocó uno de los miembros de su familia. Él no tenía nada que ver en el asunto, pero su único error fue no creer en los rumores que corrían acerca de su pariente hasta que fue demasiado tarde para corregir la situación de manera privada.

Cuando explotó el escándalo, la mayoría de los hombres de su equipo, tanto jerárquicos como empleados, se pusieron en su contra y le exigieron la renuncia. Se sintió destruido y conmovido hasta la médula por el ataque de personas que consideraba leales.

Por fortuna, un pastor que lo conocía bien se mantuvo totalmente leal creyendo en su palabra cuando afirmaba no haber hecho nada malo. Este pastor asumió temporalmente el control de la organización. Permitió que los miembros del equipo ventilaran sus preocupaciones, pero no escuchó ninguna acusación contra él que no la respaldaran testigos o datos verificados.

Después de dos días de discusión con personas del equipo que, al igual que los fariseos con Jesús, gritaban primero una cosa y luego otra sin evidencias concretas, el pastor se cansó. Los reunió a todos y les dijo: «Hasta ahora he examinado todas las acusaciones que traen contra este hombre y ninguna tiene peso». Luego trazó una línea imaginaria sobre el piso y agregó: «Los que se sientan leales a él se ponen de este lado de la línea y todos los que crean que no le pueden brindar un respaldo incondicional se quedan donde están».

El grupo se dividió en un número más o menos igual para cada lado. Al segundo grupo le dijo: «Por favor, pasen por la oficina del contador y arreglen las cuentas para su despido».

La evidencia de que esta decisión venía de Dios se confirmó cuando muchas vidas cambiaron por la influencia de las enseñanzas de este líder. Dios no puede trabajar con desleales. Estuvo dispuesto a esperar cuarenta años para ver si la generación siguiente de judíos le sería más leal que la que salió en un inicio de Egipto. El número se redujo finalmente a dos hombres, Josué y Caleb, quienes estuvieron dispuestos a permanecer fieles a la autoridad de Dios. Si está a su alcance recompensar a sus empleados leales, hágalo. Si no puede hacerlo, busque la manera de decirles lo mucho que valora su lealtad.

13

Decisiones de créditos

En los últimos años he escuchado a muchas personas inteligentes, que dicen saber acerca de estos temas, expresar que la deuda nacional (estadounidense) no es grave y que podemos seguir expandiéndonos indefinidamente. También señalan que tomada en comparación con el porcentaje del producto nacional bruto (PNB), la deuda es hoy en día menor de lo que era hace diez años.

Esto es como decir que el chorro de sangre que sale de alguien que le han disparado un tiro, va disminuyendo. Uno podría sacar la conclusión de que la herida se está achicando. Si se toma el tiempo suficiente para observar y ve que la sangre dejó de correr, hasta puede suponer que el herido se curó. Pero si la persona no se levanta a las pocas horas y comienza sus actividades normales, ¡usted probablemente sacará una conclusión diferente!

La principal razón por la que la deuda nacional actual es una proporción menor del PNB es que el gobierno ha encontrado la manera de pedir préstamos masivos de dinero, sin que eso se refleje en la categoría de «deuda nacional». ¿Cómo han podido realizar este truco bajo la mirada atenta de la ley Gramm-Rudman que lo prohíbe? La manera más obvia ha sido pedir préstamos del fondo de Seguridad Social. ¡Desde 1986 se pidieron casi mil millones de dólares de esa caja! Otro método ha sido retrasar una parte de la deuda hasta el primer día del nuevo año fiscal, al siguiente año retrasarla un poco más y así sucesivamente. Eso es a lo que se le llama «contabilidad creativa».

Nuestra generación ha practicado lo que dice Proverbios 22.7, como ninguna generación lo ha hecho desde los años treinta: «El rico se enseñorea de los pobres, y el que toma prestado es siervo del que presta». Como dije antes, el péndulo ya ha recorrido todo su arco y hemos vuelto a la posición peligrosa que caracterizó a la generación de la Gran Depresión.

Toda la nación está despertando de su apatía hacia esta deuda cada vez más complicada y se da cuenta de que una economía operada con préstamos llega a sus límites. Todavía no hemos descubierto cuáles son exactamente esos límites, pero pronto lo sabremos. Los empedernidos defensores de la deuda escribirán muchos volúmenes sobre cómo los líderes de Estados Unidos deberían ser capaces de prevenir la «calamidad» y advertir a la gente. De momento son los más grandes admiradores del incremento de la deuda, pero sólo hasta que se vuelva incontrolable.

Una cosa es tremendamente importante conocer respecto a la deuda. El incremento de los préstamos es el factor directo y principal de la inflación. Cuando aumenta el índice de inflación, aumenta el PNB general aunque no exista una producción mayor. En efecto, hasta es posible que la producción baje, pero los números globales aparecen mayores porque los precios suben. De modo que el truco consiste en pedir dinero prestado sin que se refleje en las cuentas de la deuda nacional y luego esperar a que esos números generen inflación. El resultado es una merma en la relación entre la deuda y el PNB. Es como mirar un mago haciendo trucos con pañuelos. En un momento nos los muestra y después los desaparece.

¿ES ANTIBÍBLICO PEDIR PRÉSTAMOS?

En los últimos años muchos maestros cristianos afirman que pedir dinero prestado es siempre antibíblico. Están equivocados. Sinceramente, me hubiera gustado que existiera una norma así en la Palabra de Dios. Esto haría que algunas enseñanzas relacionadas al tema resultaran más sencillas. Pero las Escrituras no prohíben los préstamos.

Me gustaría recorrer los argumentos básicos de los llamados absolutistas (quienes creen que cualquier préstamo es pecado).

Primero, apuntan y con razón los peligros inherentes a esa práctica. Las deudas han provocado:

- El fin de muchos matrimonios,
- Ruina de millones de vidas,
- Destrucción de incontables empresas,
- Destrucción de la economía estadounidense,
- Derroche de millones de dólares que podrían usarse en un fin más digno como darlo a la obra del Señor.

Segundo, como la mayoría ha sacado préstamos y sufrido pérdidas financieras debido a un vuelco de la situación económica general, señalan con razón que muchos préstamos se basan en la presunción no garantizada de que el futuro es previsible. En la epístola de Santiago se nos advierte de eso: «¡Vamos ahora! los que decís: Hoy y mañana iremos a tal ciudad, y estaremos allá un año, y traficaremos, y ganaremos; cuando no sabéis lo que será mañana. Ciertamente es neblina que se aparece por un poco de tiempo, y luego se desvanece» (Santiago 4.13-14).

El pasaje que más citan los absolutistas es Romanos 13.8: «No debáis a nadie nada, sino el amaros unos a otros; porque el que ama al prójimo, ha cumplido la ley». Es lamentable que este versículo no signifique lo que aparenta a primera vista. El apóstol Pablo era un escritor muy cuidadoso en lo que respecta a preceptos bíblicos. Cuando hablaba sobre cualquier doctrina fundamental, se apoyaba en las enseñanzas del Antiguo Testamento. Cada vez que veía la necesidad de agregar o quitar de alguna doctrina anterior dejaba bien en claro lo que hacía. A veces iba tan lejos como decir que se trataba de su «opinión» como de alguien basado firmemente en el Señor.

Si Pablo hubiera enseñado que el creyente no debía pedir dinero prestado, hubiera presentado antes la evidencia contraria al Antiguo Testamento; allí se habla de la necesidad de un año de remisión y un año de jubileo, momento en que todas las deudas se perdonaban. ¡Esto hubiera estado totalmente de más si contraer deudas hubiera estado prohibido! En este caso, la doctrina de Pablo hubiera sido algo nuevo y lo hubiera expresado claramente, como lo hizo en el pasaje de Romanos 7. Allí describe la manera en que el Antiguo Testamento se relaciona con los cristianos. (Otro ejemplo del establecimiento de una doctrina nueva se encuentra en Mateo 19.8, cuando el Señor cambió la ley del divorcio: En esa oportunidad les dijo: «Por la dureza de vuestro corazón Moisés os permitió repudiar a vuestras mujeres; mas al principio no fue así».

En Romanos 13.8 Pablo no redefine las reglas bíblicas sobre pedir dinero prestado. Les dice a los cristianos: «Paga las deudas, excepto las deudas de amor hacia otros; pues éstas nunca se terminan de pagar» (paráfrasis, *La Biblia al día*). Trataba, en concreto, el candente debate acerca de si los cristianos debían pagar impuestos a un gobierno pagano como el de Roma. (¿No le suena familiar?) Literalmente les decía a los cristianos: «No deban nada a nadie, ni siquiera los impuestos que pagamos a Roma».

PRINCIPIOS BÍBLICOS DE LOS PRÉSTAMOS

Las Escrituras no prohíben pedir préstamos, pero tampoco hay nada que nos estimule a hacerlo. Se presenta siempre el tema en un contexto negativo y con advertencias acerca de su mal uso.

Creo que hay tres principios escriturales vinculados con pedir préstamos:

1. Pedir prestamos sólo debe ser ocasional

En nuestra generación la mayoría de las personas aceptan los créditos como una necesidad. Debido a esta mentalidad, se pasan la vida pidiendo dinero prestado. La compra de casas y de autos refleja esta actitud. La familia tipo estadounidense gasta casi trescientos mil dólares en créditos por autos a través de su vida. De esa suma, ciento cincuenta mil dólares servirán para pagar intereses solamente. Este es un fenómeno sin precedentes que sorprende nuestros cálculos. ¡La mayoría de los ciudadanos estadounidenses podría cubrir su jubilación con lo que gastan en préstamos para autos!

¿Cuál sería el precio de un auto si no fuera por los créditos? Eso es difícil de estimar, pero no sería el que es en la actualidad. Los fabricantes de automóviles entienden muy bien la mentalidad de la deuda. Por eso ofrecen créditos con bajo interés como incentivo para comprar autos cuyo precio se ha sobrecargado.

El comerciante cristiano promedio está tan endeudado como el que no lo es. Ninguno de los dos siente que debe ponerse la meta de no endeudarse con créditos. De ahí que ambos son completamente vulnerables a cualquier vuelco de la economía.

Un buen ejemplo de esta situación fue Jaime, un comerciante próspero que operaba una cadena de zapaterías en Houston, Texas. A medida que su negocio crecía y se hacía más próspero eligió el camino de los préstamos para expandir las operaciones.

Jaime siempre fue un comerciante conservador. En un momento estuvo a punto de utilizar sus ganancias para saldar la deuda contraída. Una rápida conversación con su contador lo convenció de que era una mala idea.

—¿Qué quieres hacer? —le preguntó el contador sin poder creer.

—Pensaba usar parte del capital excedente para pagar las deudas de la compañía.

—El gobierno te comerá con impuestos si lo haces —le respondió el contador—. Te irá mucho mejor si utilizas el capital para expandir el negocio. Creí que habías dicho que abrirías otros anexos este año.

—Sí, quizás —respondió Jaime—. Pero lo que pasa es que a mi esposa le gustaría librarse de la deuda. Además, también quisiéramos terminar de pagar la casa.

—Es una locura, Jaime. No hay casi otra manera de frenar los impuestos a las ganancias que a través de los intereses de préstamos. Si dejas de tener deudas, no tendrás cómo frenar los intereses.

—Sí, creo que tienes razón. Lo que pasa es que María siempre escucha un predicador que habla por la radio, que aconseja no contraer deudas y está superconvencida de ello.

—Dile que hable conmigo y le explicaré los beneficios de usar los intereses adeudados para disminuir los impuestos. Sigue adelante y usa tu dinero para ampliar la empresa.

Jaime llegó a la conclusión de que el consejo de su contador era más sabio que el de su esposa, al menos en cuestión de negocios, de modo que continuó con la ampliación de su cadena de zapaterías. Después de todo, las cosas nunca habían andado tan bien, pero las perspectivas para el futuro se veían inmejorables. El embargo petrolero a finales de la década del setenta fue lo que en realidad impulsó su negocio, pues este surgió en el año de 1978 en un pequeño local dedicado a la venta de zapatos al por mayor. No obstante, su negocio se vio favorecido ante el incremento de los precios del petróleo y la economía en Houston se aceleró.

A principio de la década del ochenta Jaime contaba con dos prósperos establecimientos en Houston. Cuando se levantó el embargo y el precio del petróleo subía vertiginosamente, decidió abrir otras sucursales en varias partes de Texas. Las tiendas prosperaron muchísimo. En 1982 ya tenía veinte sucursales en el sur de Estados Unidos y el negocio seguía prosperando. La deuda contraída lo molestaba y a María le daba pánico, pero aparte de eso no tenían ningún problema en ir pagándola cada mes con sus ganancias. Con unos pocos años más de crecimiento, le aseguró el contador, la empresa se convertiría en la cadena más renombrada del país.

Pero en 1983, casi sin previo aviso, el petróleo comenzó a bajar y junto con eso entró en baja la industria de Texas, afectando a todo el sur de Estados Unidos. La prosperidad repentina más prodigiosa que existiera después del descubrimiento de oro en California, se vino abajo con tanto estrépito como comenzó. Jaime vio el descenso en las ventas, que de casi trece millones en 1982 bajaron a menos de seis en 1984. Comenzó a cerrar una sucursal tras otra en un esfuerzo desesperado por tener las finanzas al día. Pero los préstamos a largo plazo y los gastos generales de la compañía seguían drenando su capital. Un negocio que podría haber quedado libre de deuda dos años antes terminó viniéndose abajo. Jaime tuvo que presenciar el remate de sus bienes por una fracción de su precio original y lo que le quedó apenas alcanzó para pagar el resto de la deuda. (Un dato interesante en todo esto fue que su prestamista más exigente era el contador, quien luego terminó llevándole a un juicio para que le pagara lo prestado.)

A Jaime le costó muy caro aprender lo que la Palabra de Dios le hubiera enseñado gratis:

> Cuando vayas al magistrado con tu adversario, procura en el camino arreglarte con él, no sea que te arrastre al juez, y el juez te entregue al alguacil, y el alguacil te meta en la cárcel. Te digo que no saldrás de allí, hasta que hayas pagado aun la última blanca. (Lucas 12.58-59)

2. Evite firmar garantía por los préstamos

La definición del diccionario para garantía dice así: «Contrato por el que una persona se compromete con un acreedor a reemplazar al deudor en caso de que este no pueda cumplir sus obligaciones».

En tiempos bíblicos no era poco frecuente que alguien ofreciera en garantía el único bien que tenía, o a sí mismo, como respaldo para el pago de una deuda. Si no lograba pagar de acuerdo a los términos establecidos, renunciaba a su libertad. Una lectura de Proverbios revela muchas referencias a esta práctica y muchas observaciones de los «jueces» acerca de lo que les sucede a quienes son tan incautos en correr un riesgo así.

En Proverbio 6.1-3 se lee el consejo que el juez le da a un garante:

> Hijo mío, si salieres fiador por tu amigo,
>   Si has empeñado tu palabra a un extraño,
> Te has enlazado con las palabras de tu boca,
>   Y has quedado preso en los dichos de tus labios.
> Haz esto ahora, hijo mío, y líbrate,
>   Ya que has caído en las manos de tu prójimo;
> Ve, humíllate, y asegúrate de tu amigo.

Hoy en día, ya no se ponen a los deudores en la cárcel, ni se venden sus hijos como esclavos por no pagar una deuda. Pero los acreedores tienen derecho a recuperar su dinero y apropiarse de cualquier propiedad puesta en garantía colateral. Cuando uno endosa una nota con su firma, *todos* los bienes se convierten en garantía colateral. En eso consiste brindar una garantía personal.

En sentido general, las personas firman como garantes de sus deudas y ni siquiera se dan cuenta. Por ejemplo, la mayoría de las personas que compran una casa piensan que la garantía es la casa, pero eso sucede muy pocas veces. Aunque la casa siempre queda en prenda. Casi todas las hipotecas que se hacen desde 1980 exigen una garantía personal de los compradores. Por tanto, si los compradores no pueden enfrentar los pagos y si la compañía recupera la casa y la vende con pérdidas (al menos de la deuda), la compañía puede hacer un juicio por esa diferencia.

La mayoría de las personas dirán que eso no les preocupa porque el valor de las casas ha ido aumentando con los años. Sin embargo, la experiencia de miles de dueños de casas en la zona del petróleo hace unos años muestra que esta expectativa no siempre se cumple. Por ejemplo, casas en Dallas y en Houston se vendieron por menos de la mitad de sus hipotecas y en otros lugares por un tercio de su valor hipotecado.

Firmar personalmente por un préstamo delata dos cosas: (1) que el vendedor no piensa que lo que usted va a comprar tiene en realidad ese valor, y (2) que el vendedor es mucho más inteligente que usted, ya que mientras exista la deuda, todos los bienes que tiene corren el riesgo de ser incautados. Este es uno de los peores casos de abusar del futuro.

Rogelio era un comerciante dueño de una compañía que fabricaba artículos de acero para edificaciones. Tenía una línea de crédito en un banco grande que le permitía comprar materiales para los trabajos encargados hasta que el cliente reponía lo invertido.

Rogelio podía llegar a tener normalmente alrededor de cuatrocientos mil dólares en préstamos del banco. Su negocio andaba bien y por lo general su balance de cuentas arrojaba de seiscientos a setecientos mil dólares a favor, lo cual le servía de garantía para los nuevos créditos que le daba el banco. Lo que no se daba cuenta, o quizás no le preocupaba, era que cada vez que firmaba se ponía él mismo como garante personal de la deuda.

Cualquier consejero financiero diría hoy: «¿Y eso qué importa?» Después de todo tenía capital en el banco para cubrir el dinero que pedía prestado. Pero, ¿por qué pedía crédito si tenía efectivo? Les he preguntado lo mismo a muchas personas que actúan así. La respuesta normal es: «Por si acaso». No estoy seguro de qué quiere decir ese «por si acaso», ni siquiera suelen saberlo ellos.

El negocio de Rogelio marchaba bien y la economía en ese momento lo respaldaba. Pero un viernes el banco donde Rogelio operaba cerró las puertas y no las volvió a abrir más.

«No se aflijan», dijo el asegurador de los depósitos federales [*Federal Depositors Insurance Corporation* (FDIC)] a los dueños de depósitos. El banco quebró porque hubo un fraude masivo de unos empleados, pero el FDIC garantiza los depósitos hasta de cien mil dólares». Lamentablemente, eso dejó a Rogelio con un desequilibrio de quinientos mil dólares sobre su depósito.

Rogelio se sintió muy mal. Después de todo, esa suma es una cantidad muy grande para perderla de esa forma. Muchas veces durante esa semana se lamentó no haber hecho más donaciones a la obra del Señor; al menos allí el dinero hubiera estado dando beneficios. «Pero», decidió, «no vale la pena llorar ni lamentarse por lo que no tiene remedio».

Luego, dos meses después del cierre del banco, Rogelio tuvo la sorpresa más ingrata de su vida. Un agente del FDIC se presentó a exigir el pago total de cuatrocientos mil dólares que debía al banco.

«Pero no tengo ese dinero», le dijo Rogelio. «Cuando el banco cerró perdí todo mi dinero en efectivo. Además, si el banco me debe más a mí de lo que le debo, no veo cómo puede venir a exigirme esto».

«Señor», contestó el agente con un tono impersonal, «las partidas del activo del banco [uno era el vale de Rogelio] pertenecen ahora al FDIC. Las deudas del banco [la cuenta asegurada de Rogelio era de $100,000] se saldarán después mediante la liquidación de los acreedores. Si usted no paga, tendremos que iniciar un juicio de embargo sobre su negocio y sus bienes personales».

Logró evitar la liquidación de sus bienes gracias a otro crédito que le permitió satisfacer al funcionario asegurador. Desafortunadamente, este crédito se volvió un peso tan grande en sus finanzas, que al cabo de un año se vio obligado a vender la empresa con bastante pérdida.

Rogelio aprendió una dura lección acerca de las deudas. Primero, no existe el principio de compensación en los bancos. Es decir, no importa cuánto tenga alguien en depósito, eso no le sirve para saldar una deuda a menos que se especifique que eso entra en la totalidad de la garantía ofrecida por el préstamo. Segundo, el banquero amistoso y cooperador que trata con usted en tiempos de bonanza, quizás no exista en los tiempos malos.

3. No se ate a una deuda a largo plazo

«Al cabo de *cada* siete años harás remisión de deudas» (Deuteronomio 15.1, *Biblia de las Américas*).

En una época de hipotecas que van de treinta a cuarenta años, evitar préstamos a largo plazo parece imposible. Pero recuerde que ese tipo de deuda es algo relativamente nuevo. No hubiera sido posible para nuestros abuelos y hasta para nuestros padres endeudarse por períodos de dos o tres décadas. Sabían lo que esta generación iba a autodescubrir: Si uno permanece endeudado por un tiempo suficiente, terminará derrotado. Hay pocas excepciones a esta regla, así que se pueden encontrar comerciantes que se endeudaron a largo plazo y sobrevivieron. Es lamentable que sean estos los casos que se dan a la publicidad y no la multitud de otros que quedan miserablemente caídos en el camino.

Edgardo, un creyente comprometido con la causa del Señor, era un próspero agente accionista que sentía el llamado de Dios para entrar en el negocio de bienes raíces. De ahí que dejó su cargo lucrativo con una importante firma de mercados accionistas, para dedicarse al negocio de viviendas. Lamentablemente, esto ocurrió poco antes de la recesión en el campo de bienes raíces ocurrida a mediados de los años setenta. Cuando apenas comenzaba a operar, Edgardo cayó en un desastre financiero personal al punto que ni siquiera podía pagar sus cuotas para una casa. Pero con la tenacidad que tienen los hombres dinámicos y sostenido por la dirección que creía haber recibido de Dios, comenzó a buscar oportunidades dentro de ese mercado en recesión en que debía trabajar.

Durante este tiempo, Edgardo y su esposa debieron soportar comentarios insidiosos de «amigos» acerca de los posibles pecados que los llevaron a caer en ese problema financiero. (¿Recuerda cómo los amigos de Job hicieron lo mismo? Es asombrosa la facultad que algunas personas tienen de percibir la paja en el ojo ajeno.)

Conocí a Edgardo cuando él y su esposa vinieron a consultarme por recomendación de un mutuo amigo. La única violación de algún principio bíblico que podía ver en ellos era el mal uso de sus tarjetas de crédito. Utilizaron, como muchas parejas jóvenes, sus tarjetas de crédito para tapar las brechas en su economía en los meses anteriores. Lamentablemente, el cambio de profesión de Edgardo le causó una baja considerable de ingresos, de modo que terminó acumulando una deuda personal de varios miles de dólares. Cuando les señalé que no era lógico hablar de depender del Señor por la fe para luego pagar deudas con dinero extraído de la tarjeta de crédito, se comprometieron a no utilizar más ese método y a vivir realmente con lo que Dios les diera, fuera en pobreza o en abundancia, como dice San Pablo.

Una vez que tomaron esa decisión, la cosa se puso realmente difícil. Edgardo me confió que en más de una oportunidad él y sus hijos se sentaron a un almuerzo de rosetas de maíz como único plato. Pero en medio de la situación continuaron con su visión de que Dios les permitiría desarrollar una empresa de bienes raíces. Varios de sus amigos terminaron por cansarse de su tranquila indiferencia hacia lo que para ellos era obviamente un sacrificio absurdo. Una vez, un amigo que los visitaba les dijo: «Bueno, disfruten de sus rosetas de maíz. Voy para la casa a comerme algún bistec».

Luego, en 1976, Edgardo vio la oportunidad que había esperado. Encontró un edificio de apartamentos a medio construir en una de las secciones viejas de la ciudad. Su dueño recuperó el fracasado proyecto y estaba desesperado por librarse de él. Sin ninguna experiencia en estas cosas, Edgardo trató de convencer al dueño de que le vendiera el proyecto sin poner dinero de entrada, ni garantías, ni ningún tipo de pago hasta que estuviera listo y pudiera alquilarse. ¡Hasta le pidió un anticipo para poner el edificio en condiciones! Lo asombroso es que obtuvo todo lo que pidió.

El negocio de Edgardo comenzó a dar resultados. Durante los cinco años siguientes compró varias propiedades más a través de sociedades limitadas junto con otros inversionistas. A medida que la economía mejoraba, los precios de las propiedades comenzaron a subir. Edgardo comenzó a donar miles de dólares a la obra del Señor y el negocio siguió creciendo con rapidez. Lamentablemente, como ocurre a menudo cuando las cosas andan bien, Edgardo olvidó una de las reglas de la economía: Lo que nos beneficia a corto plazo puede ser nuestra peor pesadilla a largo plazo.

A medida que las propiedades se valorizaban con la reactivación de la economía, Edgardo pudo haber vendido algunas de sus propiedades para quedar libre de deudas. En lugar de eso, la tentación de pedir más crédito sobre la base de sus bienes raíces fue demasiado grande y logró préstamos poniendo prácticamente todas las propiedades en garantía. Pudo así comprar los planes de compra de casi todos los otros inversionistas, además de darles las ganancias de lo invertido. Como las ganancias se crearon sobre la base de préstamos para propiedades, gozaba de la exención de impuestos. Luego la prosperidad, que tan repentinamente comenzó con el negocio de los apartamentos, finalizó al salir la ley de reforma de impuestos de 1986. En esa ley se quitaron la mayoría de las protecciones para propiedades de alquiler y los precios bajaron raudos. Peor aún, los alquileres también bajaron estrepitosamente. Muchos dueños de apartamentos con proyectos en construcción se asustaron y comenzaron a bajar los alquileres como incentivo para atraer inquilinos.

Las propiedades de Edgardo comenzaron a darle problemas. En un intento por mantenerlas, y proteger su dinero y el del resto de los inversionistas, Edgardo pidió otro préstamo en base a sus propiedades. Pero al fin y al cabo, los prestamistas siempre ganan cuando se trata de plazos largos. Las propiedades comenzaron a atrasarse en sus gastos de mantenimiento.

Esto originó un doble problema. Los ingresos de Edgardo se redujeron considerablemente al disminuir los de administración. Al mismo tiempo las propiedades traían consigo enormes cantidades de impuestos. Los códigos de impuestos evalúan las exenciones de deudas como ingresos, de modo que cuando una de las inversiones falló, el resto de la deuda pendiente se convirtió en ingreso gravable para los impuestos de Edgardo y sus clientes.

El último de los capítulos de la historia de Edgardo aún no se ha escrito. Está luchando para superar sus problemas en el momento en que escribo este libro. La sabiduría de Proverbios 22.7 se confirmó una vez más en esta experiencia: «El rico se enseñorea de los pobres, y el que toma prestado es siervo del que presta».

Por una razón lógica, Dios instituyó el año de remisión descrito en Deuteronomio 15. Si usted permanece demasiado tiempo con deudas, lo borrarán del mapa. Si el Señor creyó prudente que los judíos limitaran sus préstamos a siete años o menos, deberíamos adoptar los mismos criterios.

LA REGLA BÁSICA: DEVUELVA LO QUE DEBE

Espero que a esta altura se haya dado cuenta que aunque Dios nunca prohibió pedir dinero prestado, dejó normas para guiarnos. He llamado a algunos de ellos «los principios del no»:

- No pedir préstamos innecesarios.
- No firmar garantías.
- No endeudarse a largo plazo.

Observe que estas afirmaciones las llamé «principios». Por lo general, la Palabra de Dios se divide en dos grandes categorías:

principios y mandamientos. Los principios son casi siempre instrucciones para ayudarnos a tomar decisiones inteligentes y no son absolutos. Por ejemplo, el libro de los Proverbios contiene más de una docena de advertencias acerca de ser codeudor de otro. No son mandamientos, sino normas. En otras palabras, cuando salir de fiador de otros no es un pecado, sino poco sabio. Como dice Proverbios 20.16: «Quítale su ropa al que salió por fiador del extraño, y toma prenda del que sale fiador por los extraños». Cualquiera que firme por las deudas de otro y luego le falla, comprende la sabiduría de estas palabras. Pero si aún así quiere salir de garante por las deudas de otros, puede hacerlo. Simplemente no cuente con la simpatía del Señor si ocurre algo.

La Palabra de Dios también cuenta no sólo con normas, sino con mandamientos bien claros. El mandamiento bíblico más importante sobre préstamos es este: «Debes pagar todas tus deudas».

No hay opción para el cristiano cuando se trata de pagar las deudas. Como que ahora la ley no pone en la cárcel a quienes no pagan sus deudas, tendemos a darle poca importancia a este pecado. No obstante, las Escrituras son muy claras cuando equiparan el quebrantamiento de una promesa con cualquier otro pecado. El Salmo 37.21 considera que la persona que no paga sus deudas es un impío: «El impío toma prestado, y no paga; mas el justo tiene misericordia, y da».

El prestamista lleva implícito la autoridad de castigar al deudor infiel. En Mateo 5.25-26 el Señor instruye a los deudores a que pidan perdón a sus acreedores. Es obvio que la lección espiritual basada en este ejemplo es más profunda, pero el Señor lo extrajo de una ilustración de la vida real. Cuando se trata de pedir prestado, lo básico para el cristiano es: pagar lo que se debe.

Jorge y su esposa Marta administraban un restaurante. Jorge no era creyente y no tenía respeto por la mayoría de las personas que lo eran. Su esposa era cristiana y él observaba que muchos de sus amigos de la iglesia iban al restaurante y se aprovechaban de ella para obtener comidas gratis. Esto decía Jorge cuando se quejaba. Además, comenzó a exigirles el pago al contado debido a la cantidad de cheques sin fondo que le llegaban. Su evaluación básica era que quienes iban a la iglesia eran un «grupo de hipócritas aprovechadores».

A medida que el negocio de Jorge y Marta prosperaba y pudieron contratar personal, Marta comenzó un negocio de servicio a comerciantes que ofrecían cenas a sus colegas. También ofreció este mismo tipo de servicios a diversas iglesias cada vez que se aproximaba la época navideña.

—Es cuestión de tiempo —Jorge se anticipó a decirle—. Ya verás cómo alguna iglesia se aprovecha de ti y no te paga.

—Si lo hacen, simplemente trataré de pensar que lo hago para el Señor y no para las personas —le contestó Marta.

Para sorpresa de Jorge, no fue una iglesia la que no pagó su cuenta. Fue una empresa de importancia que contrataba con frecuencia sus servicios en el restaurante. La compañía les debía casi seis mil dólares por servicios de almuerzo y por mercadería que entregaron por adelantado para las fiestas que se aproximaban. Una mañana, Jorge leía el periódico cuando vio una nota que decía que el presidente de la compañía, Arturo Roble, había pedido la quiebra. Cuando llamó a la compañía, Jorge escuchó la mala noticia de que su deuda no podía pagarse próximamente. El funcionario legal decretó la liquidación total de la compañía y las deudas excedían con creces el valor de los bienes.

—Otra vez nos estafaron —murmuró Jorge, no tanto para sí mismo sino para que Marta escuchara—. Pero al menos esta vez no son esos amigos tuyos que asisten a la iglesia. Conozco a Arturo y aunque sea un pillo, no se las da de religioso.

Casi un año más tarde Jorge sufrió el primero de los ataques de corazón que lo dejó incapacitado para trabajar de pie. Marta no podía atender sola la dirección del restaurante, así que decidió venderlo. Pero habían pocos candidatos en el pueblo que tuvieran la habilidad y el capital para comprarlo.

Un día Jorge estaba en el restaurante revisando la contabilidad para poder cerrar el negocio y poner en venta los muebles y el edificio cuando alguien llamó a la puerta. Haciendo girar su silla de ruedas y abriendo la puerta, se encontró con Arturo parado allí frente a él.

—¿Qué haces aquí, Arturo? —le preguntó Jorge con cierto desprecio en la voz—, pensé que te habías ido del pueblo después de que tu negocio se vino abajo.

—Así es, Jorge. Nos mudamos a Vermont, donde vive la familia de mi esposa.

—¿Y qué haces por aquí?

—Vine para pedir disculpas a ti y a las demás personas a las que les debo dinero. Sé que actué mal al no advertirles acerca de mis problemas financieros.

—Me imagino que no actuaste peor de lo que hace la mayoría de las personas —le respondió Jorge con amargura—. Todo el mundo aplasta al más chico cuando está en la mala.

—No era mi intención dejar a las personas en problemas. Creo que siempre me consideré un hombre honesto.

—Bien —contestó Jorge—. ¿Y ahora qué más quieres de mí?

—Nada, Jorge. Simplemente venir a verte. Fue cuando pregunté por ti que me enteré de tus problemas. Ahora soy cristiano... —Arturo se dio cuenta, por la cara que puso Jorge, que los cristianos no le caían bien.

—Vaya, terminaste cayendo en el grupo —murmuró Jorge mientras comenzaba a cerrarle la puerta en la cara—. No eras uno de ellos cuando nos estafaste, pero ahora te las das de religioso.

—Un momento —le dijo Arturo volviendo a entrar—. Lo que quería decirte es que quiero pagarte todo lo que te debo por la quiebra de mi negocio.

—¿Cómo? —preguntó Jorge sorprendido mientras lo dejaba entrar de nuevo—. ¿Cómo pretendes pagarme si quedaste en bancarrota?

—Es cierto. Pero eso no me exime de mi deber de pagarte. Ahora soy cristiano y los cristianos pagan sus deudas.

—Vamos hombre... es la primera vez que alguien dice eso. ¿Acaso los cristianos no son los que en más ocasiones se hacen los tontos para no pagar?

—Quizás algunas veces parezca así —contestó Arturo—. Lo que pasa es que muchas personas observan a los cristianos nada más que para ver si cumplen con lo que dicen.

—No sé hacia dónde me quieres llevar, pero déjame decirte algo: No pienso prestarte dinero para que puedas ahora pagarme lo que me debes —contestó Jorge con sarcasmo.

—No vengo a pedirte dinero, Jorge. Lo que quisiera es poder pagarte alguna parte de lo que te debo.

—La verdad es que no me vendría mal un poco de ese dinero —murmuró Jorge con cierta sorna en la voz.

—Bien, no tengo todo lo que te debo, pero aquí tienes cinco mil dólares. Cuando acabemos de vender la casa, liquidaré lo que falta.

—¿Vendiste tu casa? —le preguntó Jorge.

—Sí, la casa estaba a nombre de mi esposa, de modo que pude salvarla de la quiebra. Pero el Señor ha tocado mi corazón y me ha pedido que deje todo a sus pies. De modo que pusimos la casa en venta y estamos usando ese dinero para pagar a todos los que quedaron esperando cobrar después de la quiebra.

—¡Vaya! —dijo Jorge asombradísimo—, es la primera vez que oigo algo así.

—También escuché que estabas tratando de vender tu negocio —le comentó Arturo—, y quisiera hablarte de eso. Nos gustaría comprarlo. No nos va a quedar mucho después de pagar las deudas, pero tal vez alcance. Conozco el negocio de los restaurantes porque mi familia estuvo al frente de uno durante treinta años. Además, podrías quedarte como parte del personal para ver si nos encaminamos bien y somos capaces de dirigirlo.

El fin de la historia vino un año después cuando al orar juntos, Jorge aceptó a Cristo como su Salvador. Dos meses después murió de un ataque al corazón. En este momento Arturo sigue haciendo un impacto en la comunidad por sus esfuerzos por aplicar los principios bíblicos a los negocios y a su vida. Ese negocio que inició con aquel primer restaurante que compró en la década de los setenta, se ha expandido hasta convertirse en una cadena de restaurantes por toda la región.

LOS PELIGROS DEL CRÉDITO

Tal como lo han mostrado los casos analizados en este capítulo, el mal uso del crédito puede ser peligroso para nuestras finanzas personales y corporativas. Pero en realidad hay peligros potenciales en el uso de *cualquier* tipo de crédito y no sólo cuando se usa indebidamente. Antes de cerrar este capítulo me gustaría analizar tres de estos peligros potenciales.

1. Los préstamos quizás nos hagan pasar por alto la voluntad de Dios

El uso del crédito puede, con mucha facilidad, ocultar nuestra visión de la voluntad de Dios para nuestras vidas. Las Escrituras no describen ningún caso en el que Dios orientó a alguien que hiciera uso de créditos.

Hace pocos años Dios me permitió observar cómo una mentalidad atada al crédito puede causar que perdamos de vista la bondad de Dios. Un comerciante cristiano, a quien conocía, vino a visitarme para pedir consejería. Obtuvo una ganancia muy grande en la venta de una propiedad y quería donar una parte considerable para la obra del Señor. La iglesia a la que asistía estaba entusiasmada con la idea de edificar un centro comunitario para adolescentes, por lo que él quería donar el dinero para ese fin. Pero tenía una convicción muy fuerte en contra de sacar créditos, sobre todo en el caso de una iglesia.

«Quiero donar el dinero para ese edificio si usted convence al pastor de que no saque un crédito», me dijo, «pero debe hacerlo como si no tuviera conocimiento de que existe la donación».

¡Qué dilema! Sabía que todo el dinero que la iglesia necesitaba estaba destinado y listo para entregar, pero tenía que convencer al pastor, sin revelarle lo que sabía, de que no sacara un crédito. El pastor era amigo mío, de modo que le pedí que viniera a almorzar conmigo al día siguiente y que también lo hiciera el presidente de la comisión de diáconos.

En ese almuerzo hice todo lo que pude, dentro de los límites impuestos, por convencer al pastor que aceptara el compromiso de edificar el centro juvenil sin pedir dinero a crédito. Pensé que avanzaba en mi meta al decirle argumentos como:

«No estorbes a Dios cuando Él quiere bendecir a las personas» y «si no puedes confiar en que Dios te dará el dinero, ¿no significa que te falta confianza en Él?»

Sabía que el pastor estaba de acuerdo básicamente en que era necesario edificar sin pedir crédito y mostró voluntad de hacerlo en este caso, siempre que tuviera el apoyo de la congregación. El edificio iba más allá de las posibilidades de que la iglesia lo solventara, al menos mientras continuaran con el estilo de vida que llevaban. (¡Ni les pasaba por la mente que alguien postergara sus vacaciones ni su nuevo modelo de auto para edificar un gimnasio en la iglesia!)

Casi al final del almuerzo el pastor le preguntó al diácono, un comerciante de la localidad, acerca de lo que pensaba en cuanto a nuestra conversación. A lo que este respondió: «Si hubiera tratado de operar en mi negocio con los principios que acabo de escuchar, en este momento estaría en bancarrota. Si tratamos de edificar este centro juvenil sin pedir un crédito, los chicos crecerán y casarán antes que podamos terminarlo. Mire pastor, es una hermosa teoría pero que no da resultados en nuestra generación».

El pastor dio un paso atrás en sus convicciones y se fueron con la decisión de presentar el plan de crédito a la congregación esa misma noche.

Tenía ganas de gritar: «¡Si confiaras en Dios, verías que el dinero ya está allí!», pero no podía hacerlo.

Al día siguiente el donante en potencia entregó el dinero a otro ministerio. Por lo que la iglesia siguió adelante con su decisión de pedir un crédito que deberán pagar durante otros quince años más.

Un día estaremos delante del Señor y Él nos revelará todas las bendiciones que quiso darnos pero no pudo por nuestra incredulidad. Me pregunto cuántos nos daremos cuenta de que la dependencia de los créditos ha bloqueado nuestra visión hacia las bendiciones que Dios tiene listas para darnos.

2. Pedir crédito puede postergar decisiones necesarias

A menudo un negocio que sufre problemas financieros, debido a su mala administración o a otras causas similares, logrará sobrevivir con préstamos hasta que ya sea demasiado tarde para resolver los problemas reales. Proverbios 22.3 dice: «El avisado ve el mal y se esconde; mas los simples pasan y reciben el daño». El uso del crédito puede proporcionar una falsa sensación de seguridad que permite que una situación corregible se convierta en un problema fuera de control. Los créditos han hecho que muchas empresas sigan perdiendo dinero hasta que finalmente pierden hasta los bienes que podrían haber salvado tomando decisiones en su debido momento.

Para comprobar este principio no hace falta mirar muy lejos, sino recordar lo que le pasó a la compañía de aviación *Eastern Airlines*, en los últimos años de la década del setenta. La *Eastern* había estado perdiendo dinero porque sus gastos generales de mantenimiento eran muy altos, aun antes de las irregularidades de la economía. Pero debido a su apreciable equipamiento, la gerencia pudo obtener repetidas veces préstamos de dinero para sostener las operaciones. Si no hubieran existido los préstamos, la empresa se habría visto obligada a enfrentar la realidad de reducir sus gastos generales o cerrar. En lugar de eso, los préstamos siguieron hasta comienzos de la década de los ochenta cuando finalmente debió venderse a un especulador que la cortó en pedazos y los remató sin contemplaciones. El resultado fue la pérdida de miles de trabajos para los empleados y el quebranto de muchas familias.

El crédito sólo posterga decisiones necesarias, nunca las evita. Cuando una familia pide prestado para comprar un auto nuevo porque no le alcanza el presupuesto para seguir manteniendo el viejo, no ha hecho una modificación sustancial de su presupuesto; simplemente ha postergado el ajuste, a veces haciendo que la situación se torne más estrecha aún.

Carlos operaba una ferretería al por menor, que también vendía materiales de construcción a contratistas de la zona. El negocio comenzó a tener problemas financieros porque Carlos no era un administrador muy lúcido y porque no cuidaba bien su inventario. A menudo compraba exceso de materiales y debía terminar vendiéndolos con pérdidas para generar nuevos ingresos. Con el objetivo de cubrir los desequilibrios financieros pedía dinero prestado al banco local usando como respaldo el inventario de la empresa.

Como sucede en los pueblos chicos, el banquero no pidió una auditoría imparcial para tasar sus bienes, sino que aceptó la palabra de Carlos acerca del valor de su inventario. Durante un período de tres años fue acumulando deudas con el banco por un monto aproximado de doscientos mil dólares. Sólo podía seguir pagando los intereses si pedía nuevos créditos con el respaldo de un inventario que no existía.

Pero un día vendieron el banco local a una cadena más grande de bancos y pusieron una nueva gerencia. Una revisión de los préstamos reveló que el ferretero del pueblo había estado acumulando una deuda creciente.

—No se preocupe Sr. Sánchez —le aseguró el empleado de la sección de préstamos, con total muestra de confianza—. Carlos es una persona buenísima. Nunca se atrasó en los pagos y su negocio va prosperando.

—Pero parece que pide préstamos cada tres meses, precisamente cuando tiene que pagar los intereses del préstamo —comentó el contador que ocupaba ahora la presidencia del banco—. Es más, parece que el crédito que pide es sólo para pagar los intereses. Si es así, lo que está haciendo es ilegal.

—No, lo que pasa es que pide crédito para ampliar sus existencias. Sus negocios marchan viento en popa y necesita más mercadería para su expansión.

—¿Tienen una copia de su más reciente declaración de bienes?

—No, señor, no lo creímos necesario. Pero le pedí una copia de su inventario y muestra algo así como cuatrocientos mil dólares en su inventario.

—Vamos al negocio. Quisiera comprobarlo —respondió el nuevo banquero.

El empleado de la sección de préstamos llamó por teléfono a Carlos y anunciaron la entrevista. Una vez allí, el banquero le explicó:

—Estoy un poco preocupado por el balance actual de los préstamos. ¿Le molestaría mostrarnos la ferretería y las existencias que ofrece en garantía colateral?

Carlos sintió que lo invadía el pánico al escuchar este pedido. Durante dos años había estado mandando declaraciones falsas al banco para poder obtener más crédito, siempre esperanzado en que las cosas darían un vuelco favorable y podría pagar lo adeudado. Pero en vez de mejorar, las cosas empeoraron. En las entrevistas con el presidente anterior siempre logró que lo tomaran por el «buen muchacho» que era. Pero este nuevo banquero era puro negocio y nada de bromas.

—Este es el único edificio que poseo —contestó Carlos con voz apagada—. Y las existencias están allí, al fondo.

Mientras se dirigían al fondo del local, el presidente del banco siguió preguntando:

—¿Tiene una declaración reciente de bienes?

—No, sólo hago una al año y la última es de diciembre pasado —contestó Carlos, mientras mostraba el pánico en su voz.

—Me gustaría una copia de esa declaración —le dijo el banquero con un tono impersonal y agregó mientras echaba una mirada a los pocos materiales y mercaderías que quedaban en los estantes—: ¿Es esta la totalidad de sus existencias?»

—Sí, eso es todo. Pero tengo además algunas cuentas por cobrar, debido a materiales de construcción que llevaron varios constructores.

—A menos que usted tenga cerca de trescientos mil dólares a cobrar, me temo que estamos frente a un problema.

Esa tarde el nuevo presidente del banco ordenó una auditoría oficial del inventario y los libros. Al cabo de una semana las cosas estaban claras. El total de los bienes que Carlos poseía, incluyendo el edificio de la ferretería, apenas llegaba a los ciento cincuenta mil dólares. Finalmente la corte le quitó la propiedad y remató sus bienes. Además, el banco le llevó a juicio por estafa, y recibió tres años de prisión y la pérdida de todo lo que le quedaba. Su decisión de pedir crédito no solucionó sus problemas; los hizo infinitamente más graves.

En la mayoría de los casos el pedir préstamos es sólo un síntoma y no el problema real. En muchas ocasiones esto se convierte en un sustituto de nuestra confianza en Dios en los momentos en que debemos tomar decisiones difíciles.

3. Pedir prestado puede crear presiones innecesarias

No conozco a nadie que niegue que vivir con deudas es muchísimo más agobiante que vivir sin ellas. No poder hacer todas las cosas que nos gustaría llevar a cabo quizás sea un poco irritante, pero es terrible la amenaza de perder la empresa, el hogar y todo lo que tenemos. Como dice Proverbios 14.12: «Hay camino que al hombre parece derecho; pero su fin es camino de muerte». Creo que esto se aplica al hábito de pedir dinero prestado. A lo mejor las deudas no nos lleven a la muerte física, pero como amenazan conducir a la muerte financiera nos hacen vivir en una trampa mortal que desgasta la salud física de una persona.

Las únicas personas que afirman que las deudas no producen estrés son las que nunca han vivido libres de ellas. Las personas que viven suficiente tiempo con deudas ya no recuerdan lo que es estar verdaderamente libres en la vida. En los últimos años se han hecho numerosas investigaciones acerca de la relación entre el estrés y los problemas de salud, sobre todo en enfermedades del corazón y cáncer. Creo que en nuestra generación, el estrés de las deudas tiene una relación directa con esto.

Nunca ha existido hasta ahora una generación tan adicta a los créditos como la nuestra. En algún punto el pueblo de Dios tendrá que librarse de la trampa de las deudas para convertirse más bien en prestamista que en deudor.

|| 14 ||

Decisiones de préstamos

Si tiene un negocio, lo decida o no, presta dinero (a menos que sólo haga envíos después que le pagan la mercadería). Muchos negocios buenos fallan por tener una mala política de créditos. Debido a que la concesión de créditos se ha vuelto una necesidad para nuestra generación, la pregunta que cualquier creyente tiene que hacerse es: ¿A quién y cuánto dinero debo prestar?

¿A QUIÉNES OTORGAR CRÉDITO?

Algo que cualquier cristiano debe preguntarse es: «¿Debo otorgarle crédito a otros si no lo hago para mí mismo?» La respuesta a este interrogante ya se dio en el capítulo anterior cuando analizábamos la solicitud de préstamos. Como en la Biblia no se prohíbe pedir préstamos, tampoco se impide darlos. En otras palabras, puede hacerlo a menos que tenga convicciones muy fuertes en contra que violan su conciencia si lo hace.

El uso de tarjetas de crédito es la manera más común de otorgar crédito a los clientes, al menos en la mayoría de los negocios al por menor. Si bien esto quita la carga al comerciante de tener que cobrar la cuenta, no lo exime de la responsabilidad de decidir quiénes están en condiciones de actuar en base a créditos.

¿Cómo se puede hacer una cosa así cuando se presenta alguien que quiere llevarse mercadería con tarjeta de crédito? Realmente, lo único que se puede hacer es asegurarse de no promocionar el uso de dichas tarjetas de quienes no están en condiciones de usarlas.

Hace poco vi un ejemplo de este tipo de propaganda en una casa de comercio. Ofrecía tarjetas de créditos a personas que hubieran llegado al tope de sus otras tarjetas de crédito. Esto es un claro ejemplo de cómo es posible jugar con las debilidades de otros.

En contra de la opinión popular, no estoy personalmente opuesto al uso de tarjetas de crédito. Es más, llevo una en mi bolsillo para hacer negocios. La razón de que me he opuesto muchas veces al mal uso del dinero plástico ha hecho que algunos me citen como contrario a las tarjetas de crédito por ser una costumbre pecaminosa. Pero no es así.

Hace algunos años un programa cristiano, en el que comparecí en varias oportunidades, decidió permitir el uso de tarjetas de crédito para sus compras. La protesta de los radioescuchas fue inmediata. La audiencia creía haberme escuchado decir que el uso de tarjetas de crédito era antibíblico. Jamás he dicho eso, porque sencillamente no es cierto. Lo que es antiescritural es el *mal uso* del crédito, no su buen uso.

¿QUÉ OCURRE CUANDO LAS PERSONAS NO PAGAN?

Cuando se otorga crédito hay una regla muy importante que se debe seguir: Nunca preste más de lo que está en condiciones de perder. Descubrirá que si quiere vivir de acuerdo a los principios bíblicos, su habilidad de recuperar una deuda fraudulenta se verá muy limitada porque los medios más frecuentes para obligar a pagar son contrarios a las Escrituras. Por lo tanto, es importante que decida cuánto está dispuesto a perder cada vez que presta dinero a otros.

Me tocó aconsejar a un médico que pasaba por uno de los problemas típicos que enfrentan los médicos cristianos: lograr que paguen algunos de sus pacientes de la iglesia. También tenía algunos pacientes no cristianos que le debían, pero por ser más blando con los que se decían cristianos eran estos los que acumulaban la mayor cantidad de deudas.

—No sé qué hacer con estas cuentas —me dijo un día en mi oficina—. No quiero comenzar una acción legal para que me paguen, pero tampoco estoy en condiciones de anular todas estas cuentas.

—¿Está seguro de que es justo lo que cobra? —le pregunté, como se lo pregunto a casi todos los médicos que conozco. Esta es una pregunta sincera que todo cristiano debe hacerse, cualquiera que sea su profesión.

Si los honorarios por un servicio prestado son demasiado altos, necesitan corregirse. Médicos, abogados, dentistas y empresarios tienen el llamamiento a cumplir con los principios divinos igual que pastores o albañiles.

—Creo que sí —contestó el médico—. Pero podría bajar mis honorarios si no tuviera tantos pacientes morosos. Como usted sabe, la mayoría de ellos son los que asisten a mi iglesia.

—¿Cree que son casos de que no pueden o que no quieren pagar?

—Pienso que la mayoría son personas que no piensan en que hay que pagarle a un médico cristiano que asiste a su misma iglesia —dijo el médico—. Le aseguro que me molesta tratar a personas que no pagan sus cuentas y luego andan manejando autos que valen cuarenta mil dólares o más.

—¿Ha intentado cobrarles?

—Sí, tengo una recepcionista que al menos una vez al mes le manda la cuenta a cada paciente que debe algo. Algunos responden pagando parte de lo que deben. Pero según mis cálculos, me deben en la actualidad alrededor de ciento cincuenta mil dólares.

—Le sugiero dos cosas para salir de esta situación. Primera, dígale a su secretaria que llame por teléfono a cada uno de los pacientes morosos y le pida que paguen la cuenta o pasen a arreglar mediante alguna forma de pago. Segunda, le sugiero que sólo acepte pagos al contado a menos que haga un previo acuerdo y únicamente con algunos pacientes seleccionados.

—¿Pero no perderé muchos pacientes?

—Eso es probable. Sospecho que todos los que ahora no pagan sus cuentas se irán a buscar otro médico.

En efecto, eso fue precisamente lo que ocurrió. Algunos pacientes pagaron sus cuentas de inmediato. Otros pidieron alguna forma de pago. El resto se fue con su «música» a otra parte.

Si enfrenta una situación en la que uno o más deudores no le quieren pagar, ¿qué hace? ¿Hasta qué punto debe tratar de cobrar? ¿Debería buscar una agencia de cobros? ¿Qué principios son necesarios seguir cuando hay que entablar un juicio? ¿Cuándo no se debe hacer?

Si ha otorgado crédito tiene el derecho de cobrar el dinero que es legítimamente suyo. La decisión de las tácticas que adopte en ese proceso es lo que diferencia al cristiano del inconverso.

El principio que enfatizaría en este punto está en Mateo 12.7: «Y si supieseis qué significa: Misericordia quiero, y no sacrificio, no condenaríais a los inocentes». Cuando busca el equilibrio correcto, recuerde que siempre a Dios le interesa más la salvación de las personas que cobrarles su deuda. En cualquier cosa que haga, trate de poner siempre en primer lugar a la persona y cuando vacila en qué hacer, otórgueles el beneficio de la duda. Es mejor sufrir la pérdida de una deuda que ofender innecesariamente a alguien que no puede pagar (no el que no quiere). Dicho esto, permítame bosquejar algunas ideas que han tenido éxito para muchos negociantes que conozco.

CONSIDERACIONES DEL COBRO

1. Considere cada circunstancia individualmente

Es obvio que existen circunstancias agobiantes que limitan la capacidad de pago de una persona. Es importante ofrecerle la oportunidad de conversar acerca de sus dificultades. A menudo he escuchado a algún comerciante o gerente de ventas decir: «Si tenían un problema real, deberían haberlo dicho de entrada». Pero si usted hubiera estado del otro lado del mostrador y lo hubieran tratado con falta de cortesía, habitual en muchos gerentes, sabría el porqué muchas personas no lograron abrir la boca hasta que al final los obligó el acreedor. No se trata de que sean deshonestos ni de que no quieran pagar. Lo que temen es la confrontación y el rechazo. ¿Recuerda las cualidades de la personalidad que analizamos en un capítulo anterior? Alguien con una fuerte personalidad tipo «S» (sostenedor) odia entrar en conflicto con otros y lo evita a toda costa.

Conozco varios casos en que una esposa de ese tipo se casó con un hombre tipo «D» (dominante), que después de obviar la cuestión de las deudas hasta que se le tornó crítica, le pasó la tarea desagradable de pedir prórroga a su tímida esposa. Bajo la presión de las deudas que no podían pagar, ella comenzó a desarrollar miles de síntomas de malestares físicos que sólo agravaban su ansiedad. Esto ocurre también con los hombres, sólo que no se da tan a menudo que los comerciantes intimiden a otros hombres como lo hacen a las mujeres.

Mi consejo es que establezca un vínculo con un buen consejero financiero de su área, para que este entreviste a los morosos a pedido suyo para determinar si están en condiciones de pagar; y si no, que elaboren un plan con la alternativa para el pago. Si el deudor rehúsa aceptar alguna forma de pago e incluso se niega a tener una entrevista con el consejero, tendrá que proceder a dar el siguiente paso: buscar una agencia de cobros.

Trataba estos mismos temas con un grupo de empresarios durante un estudio bíblico cuando salió la cuestión de las deudas. Uno de los hombres comentó que tenía muchas cuentas sin cobrar en su taller de mantenimiento de autos y que su política era mandar todas las cuentas de más de treinta días a una agencia de cobros.

Conocía la agencia porque varias familias me habían venido a pedir consejo, de modo que le pregunté:

—¿Sabes si esa agencia representa cabalmente tus principios éticos?

—¿Qué quieres decir? —preguntó él.

—Conozco bien esa agencia y sus normas son estas: «Paga ahora o lo llevamos a juicio». Varias veces traté de conversar acerca de la situación de algún cliente, pero no quisieron entrar en arreglos de ninguna forma, salvo pagando al contado. Al menos tres familias a las que le entablaron juicio pasaban por dificultades económicas y no podían pagar en ese momento.

—Bueno, si mis clientes tenían problemas, debían habérmelo dicho —comentó Roberto defensivamente—. Hubiera podido hacer algún tipo de arreglo con ellos.

—Pero tú no entiendes cuán bajo es el nivel de autoestima que tienen muchas personas en esa situación, sobre todo si sabían que no estaban en condiciones de pagar tus servicios en el momento de acudir al taller. Muchas veces se sienten derrotados por completo o deshonestos y quisieran poder huir de los problemas. La mayoría de las personas son honradas y desean pagar sus cuentas.

—¿Qué me sugieres? —preguntó Roberto.

—¿Por qué no le dices a tu contador que se comunique con quienes te deben y los cite a una reunión con uno de nuestros consejeros a fin de determinar las capacidades de pago?

—Me parece bien. Hablaré a la agencia de cobros y les diré lo que pienso hacer.

—Quizás se opongan —le advertí—. Obtienen dinero con este trabajo, de modo que el método no les atraerá; no entra en su esquema de negocios.

Tal como esperaba, la agencia de cobros hizo todo lo posible para disuadir a Roberto de pasar las cuentas al consejero. Yo mismo recibí al menos media docena de llamadas telefónicas prepotentes de cada uno de ellos incluyendo la del presidente de la empresa. La verdad es que la mayoría de los clientes rehusaron aceptar un consejero financiero y la agencia procedió con su metodología normal. Pero al menos diez familias aceptaron la entrevista y estuvieron dispuestas a elaborar un plan razonable de pagos para saldar su deuda. Finalmente, estas personas no sólo pagaron sus cuentas, sino que continuaron siendo clientes de Roberto.

Una de las familias que aceptó la entrevista había pasado por una serie de circunstancias que hubieran desbaratado el presupuesto de cualquier bolsillo. Tenían tres niñitas de dos, cuatro y seis años, a quienes les diagnosticaron leucemia. Todas estaban bajo tratamiento de quimioterapia en un hospital de otro pueblo y el costo de viajes y alojamiento era superior a los seiscientos dólares mensuales. Para colmo, no tenía seguro médico y los gastos acumulados por atención médica era superior a los doscientos mil dólares, aunque los médicos del hospital donaban sus servicios.

Cuando Roberto recibió el informe, se mostró muy conmovido. Al reunirnos de nuevo nos relató las vicisitudes de esta familia y nos dijo que no sólo cancelaría su deuda, sino que arreglaría su auto sin cobrarles por todo el tiempo que fuera necesario.

Durante los últimos meses hemos seguido informándonos de las necesidades de esta familia. Un día Roberto nos anunció que su abogado había comenzado un fondo para pedir ayuda para los gastos médicos. Todos contribuimos con gusto y colaboramos para que se consiguieran donantes. En cosa de seis semanas se pudieron pagar todas las cuentas al hospital y quedó dinero para ayudar en otros gastos futuros.

Roberto aprendió la lección del cobro de deudas que va más allá de la cuestión económica: Las personas son más importantes que el dinero. También decidió cambiar de agencia de cobro, porque comprendió que mantener su buen nombre era mejor que cobrar todas sus deudas en tiempo. Como dice Proverbios 22.1: «De más estima es el buen nombre que las muchas riquezas, y la buena fama más que la plata y el oro».

2. Analice sus motivaciones

Si cree sinceramente que todo lo que tiene le pertenece a Dios y que usted es sólo su administrador, tiene que hacer todas sus decisiones con esta convicción en mente. Si las motivaciones por detrás de su sistema de cobros es la codicia, el enojo, el resentimiento, es su dinero el que trata de cobrar, no el de Dios.

Tiene derecho al dinero que le deben. Pero si para obtenerlo está dispuesto a violar los principios que Dios ha establecido, su pérdida es mucho más que una cuestión financiera.

Alberto y Susana tenían una pequeña empresa de carteles que se especializaba en hacer rótulos para puertas de oficinas de negocios. Alberto logró un contrato con un agente de planificación de edificios comerciales que le dio todas las oficinas. Uno de los edificios, en el que trabajó más de seis meses, le hubiera representado una ganancia de más de sesenta mil dólares. Pero cuando finalizaron el trabajo, el dueño del edificio lo vendió a una agencia de seguros canadiense y lo dejó plantado.

Cuando Alberto acudió al primer dueño recibió la respuesta de que debía reclamárselo a los nuevos dueños del edificio. De modo que acudió a ellos, quienes también se negaron a pagar, aduciendo que esa cuenta no figuraba en el contrato de compra y que por lo tanto no eran responsables de ella.

Alberto volvió a llamar al dueño anterior, quien dijo terminantemente que no se sentía responsable del pago. Se acababa de jubilar de los negocios y ya no necesitaba más los servicios de Alberto. Para una empresa relativamente pequeña como la de Alberto, esta suma era considerable, de modo que al instante le entabló un juicio. A los dos días de entregar los papeles recibió una llamada.

—Pensé que era cristiano —le dijo el otro con frialdad.

—Lo soy. Pero, ¿qué tiene eso que ver con el problema? —le contestó Alberto.

—Entonces no debería entablarle un juicio a otro creyente, ¿no es así?

—¿Me dice que usted es cristiano? —le preguntó Alberto.

—Por supuesto que sí. Voy a la iglesia _____ de esta ciudad.

—Pero si es cristiano, ¿cómo es que rehúsa pagarme lo que me debe? —le dijo Alberto enojado.

—No le debo nada. Si usted no tenía un seguro en el momento en que se vendió el edificio, tuvo la mala suerte de quedar fuera. Eso es todo.

—Pero nadie me notificó que el edificio se iba a vender —se quejó Alberto.

—Pegué los avisos como requiere la ley. Si usted no los vio, el problema es suyo —contestó y con eso le cortó la comunicación.

Alberto se quedó sentado en su escritorio pensando mucho en la conversación que acababa de tener. Su abogado le dijo que tenía una buena oportunidad de cobrar su dinero, además de los honorarios del abogado, ya que lo sucedido era un caso claro de estafa. Al menos los abogados podían interponer un embargo preventivo contra los nuevos dueños del edificio y obligar a la compañía aseguradora canadiense a pagar al ex dueño. La última cuota que debían pagar por la compra del edificio sería a partir de los seis meses, de modo que se asegurarían de que todo estuviera en orden con la propiedad.

Alberto llamó por teléfono a su pastor y él a su vez lo mandó a nuestras oficinas para aconsejarlo. Después de escuchar la historia de Alberto llamé al ex dueño.

—Buenos días. Soy consejero financiero y hablo de parte de Alberto Da... —Clic. La línea quedó muda al cortarse desde el otro extremo.

—Tengo la sensación de que no quiere discutir este asunto contigo, Alberto.

—Tuve la misma impresión cuando ayer traté de comunicarme con él a través de mi abogado —respondió Alberto—. ¿Qué cree que debo hacer?

—Creo que debes entablar un juicio —respondí.

—¡Ah! —exclamó sorprendido—, pensé que me diría que no se debe entablar un juicio a otro creyente.

—¿Te interesa saber lo que piensa Dios y no lo que pienso yo solamente? —le pregunté.

—Por supuesto. Por eso estoy aquí.

—Lo que Dios dice es que no lo lleves a juicio, aunque sea injusto lo que te hizo. Si es verdad que este hombre es creyente, deja las cosas en las manos de Dios.

—Me imaginaba que diría eso. Pero, ¿qué pasa si no es un cristiano verdadero?

—Eso es algo imposible de contestar. Solamente se puede seguir la dirección que el Señor nos dio mediante el apóstol Pablo en 1 Corintios 6.1: «¿Osa alguno de vosotros, cuando tiene algo contra otro, ir a juicio delante de los injustos, y no delante de los santos?»

Alberto le escribió una carta al ex dueño diciéndole que había decidido no enjuiciarlo y le dijo el porqué no lo hacía. También intentó llevar la cuestión a la iglesia que asistía el agente, pero el pastor no quiso saber nada.

Me hubiera gustado terminar diciendo que este sacrificio de un honesto comerciante cristiano tuvo como contrapartida un hecho sobrenatural que le hizo recuperar todo el dinero. (¡Sé de algunos casos en los que sucedió!) Pero Alberto nunca pudo recuperar el dinero que le debían porque el hombre murió a las pocos meses de lo ocurrido. Todavía no sabemos si era realmente creyente. Sólo Dios puede saberlo con certeza. Pero al menos estamos seguros de que no podrá presentarse ante el Señor y decirle que hubo un comerciante cristiano llamado Alberto que lo ofendió con su trato y escandalizó su fe. Después de todo, eso es lo básico en esta vida, una vez que hacemos el balance.

3. Esté dispuesto a perdonar

Cuando deba enfrentar a una persona que rehúsa pagar lo que le debe, siempre es mejor comunicarse personalmente con el deudor que hacerlo por carta o utilizar una agencia de cobros. Así se evitan la mayoría de las confusiones. Una vez que usted, o alguien de su personal, le ofrezca una alternativa para el pago y persiste en no hacerlo, entonces, si es necesario, entréguele las cosas a terceros. Sin embargo, en todo este proceso recuerde lo que el Señor enseñó en su parábola sobre los deudores: Si usted espera perdón, debe perdonar a otros (véase Mateo 18.21-35).

DEMANDAS POR COBROS

La mayoría creemos que las demandas se pueden dividir en decisiones en blanco y negro. Si el deudor es creyente, no enjuiciar; si no es creyente, demandar. Lamentablemente no es tan fácil llegar a una respuesta bíblica tan clara.

Muchos maestros de la Biblia dicen que el pasaje de 1 Corintios 6 no se aplica en lo absoluto al pago de las deudas. Si dicho pasaje no se puede aplicar, ¿a qué se refiere? Pablo no empleó ninguna calificación en sus instrucciones cuando dijo «Así que, por cierto ya es una falta en vosotros que tengáis pleitos entre vosotros mismos. ¿Por qué no sufrís más bien el ser defraudados?» (1 Corintios 6.7). Deduzco de su argumento que los creyentes no deben enjuiciarse unos a otros.

Pero, ¿podemos entablar un juicio a los que no son cristianos? No creo que la Biblia exprese en forma directa que uno no debe hacer juicios a no cristianos. Sin embargo, el hecho de que no hayan instrucciones claras no significa que uno esté automáticamente en el derecho de hacerlos. Toda decisión debe tomarse a la luz de que nuestra primera misión es testificar de Jesucristo a otros.

Si ese ministerio se obstaculiza porque entabla un juicio a otro, no lo haga. Antes de tomar la decisión de llevar a juicio a otra persona a causa de una pérdida personal, lo estimulo a leer el capítulo 6 de Lucas con mucho cuidado, sobre todo el versículo 30: «A cualquiera que te pida, dale; y al que tome lo que es tuyo, no pidas que te lo devuelva».

Con raras excepciones, nunca he visto una demanda judicial que involucre una cifra relativamente pequeña de dinero, en la que se beneficie nadie más que el abogado. Si un individuo no le paga una deuda legítima, a menos que usted haga la demanda, es probable que se le escape argumentando una quiebra o falta de bienes o algún otro subterfugio legal. Obviamente hay excepciones, como la necesidad de recuperar bienes raíces o desalojar a alguien que no quiere pagar el alquiler. Pero la mayoría de los juicios se abren desde una actitud de enojo, venganza o codicia. Los juicios que surgen de esas motivaciones, aunque se hagan contra no creyentes, nunca favorecen la causa de Dios.

La pregunta que con más frecuencia me hacen con relación a entablar juicios es esta: ¿Es posible abrir juicio a una corporación? Como no había corporaciones cuando se escribió la Biblia, lo más que podemos hacer es relacionar el caso a un principio que guarde el paralelo más cercano de aquella época: una agencia del gobierno.

Al leer el libro de Hechos es evidente que Pablo reconocía tanto la autoridad como la responsabilidad que le pertenecía al gobierno de Roma. Dos veces, cuando lo detuvieron injustamente, se basó en la aplicación de la ley romana para recuperar su libertad. Es obvio que hubo una amenaza implícita de emplear esa ley para castigar a sus detractores (véase Hechos 16.37). Cuando los líderes judíos lo acusaron falsamente en Jerusalén e hicieron que las autoridades romanas lo prendieran, apeló a la ley romana para defenderse. El gobierno romano era una entidad, no una persona, de modo que Pablo pensaba que estaba sin lugar a dudas en su derecho de apelar a la ley romana en contra de la entidad.

Una corporación (digamos una compañía de seguros) es una entidad, no una persona. Aunque a menudo es una sola persona la que la controla y es propietaria, en mi opinión, esa entidad no tiene otros derechos que los que le otorga la ley vigente. De modo que diría que entablar un juicio a una corporación con el objeto de que cumpla con sus responsabilidades legales no va en contra de los preceptos bíblicos.

Un buen ejemplo de esto sería una compañía de seguros. Cualquier compañía existe como ente legal y la ley la puede disolver. Ejecuta contratos a su nombre y opera de acuerdo a leyes de contratos que fija la ley. Se podría dar el caso de que una compañía así perteneciera y la dirigiera un creyente. Decir que abrir juicio a la compañía de seguros es igual que hacerlo al dueño es un argumento equivocado.

A través de la Biblia se nos dice que cumplamos con nuestras promesas: «Pero lo que hubiere salido de tus labios, lo guardarás y lo cumplirás, conforme lo prometiste a Jehová tu Dios» (Deuteronomio 23.23; véanse también Salmo 22.25; Eclesiastés 5.5). Cuando un individuo decide que una compañía lo represente, ha dado su palabra y debe cumplir. Dios les advirtió de lo que hacían al elegir un rey, pero reconoció el derecho que les pertenecía como personas libres. Una vez hecha la elección debieron sujetarse al gobierno del rey (excepto cuando su autoridad entraba en conflicto con las leyes fundamentales de la Palabra de Dios, tales como la prohibición de adorar ídolos).

Pero repito, el hecho de que la Palabra de Dios *permita* que un creyente abra juicio contra una corporación, no significa automáticamente que se pueda apropiar de ese derecho en todos los casos. Dios podría pedirnos que dejemos pasar ese derecho en favor de una causa mayor.

SI ES POSIBLE, RESUELVA FUERA DE LA CORTE

Por lo general, lo que impide que hagamos un arreglo sin apelar a un juicio es el orgullo. A menudo si la otra parte ha faltado, se adopta la actitud de adversario. En algunos casos se justifica, porque la parte contraria quizás se mostró vengativa o codiciosa. Pero con frecuencia las cosas no son claras y ambas partes creen que tienen la razón. En estos casos es mucho más beneficioso tener un árbitro que acudir al juez.

Existen servicios de conciliación cristiana precisamente para arbitrar cuestiones entre cristianos que toman en serio lo que instruye Pablo respecto a no enjuiciar a otro cristiano. Estos grupos tienen agencias en la mayoría de los estados. Recomiendo a cualquier cristiano que tiene una disputa con otro creyente que use estos servicios y evite ir al juez.

¿QUÉ OCURRE CUANDO NOS DEMANDAN?

Por fortuna, la mayoría no nos veremos en la necesidad de abrirle un pleito a una corporación o a otra persona. Sin embargo, en esta generación tan proclive a los litigios, podríamos encontrar que somos nosotros los demandados.

Conozco comerciantes cristianos que le entablarían un juicio a cualquiera por la más mínima cosa o lo harían como un arma para atacar al que se los haga a ellos. La imagen que trasmiten es un tanto como la del lobo que ferozmente protege su territorio y está presto para el ataque.

Pero también he conocido los que por estar confundidos acerca del precepto bíblico de poner a otros en primer lugar, se volvieron vulnerables a charlatanes que andan haciendo negocios fraudulentos. A menudo dejaron que otros les robaran o los estafaran impunemente. Como resultado, no sólo sufrieron reveses en sus negocios, sino que los alentaron a seguir haciendo trampas. La misericordia siempre debe ser una cualidad sobresaliente del cristiano. Pero la misericordia que echa a un lado la justicia no es humildad, sino debilidad.

Miguel era un creyente a cargo de una firma electrónica. Varios de los productos que vendía la firma eran de propiedad privada y protegida por patentes. Él comenzó en la compañía cuando aún no era creyente y en esos días se le conocía por su carácter combativo y su agresividad para los negocios. Miguel, después de su conversión, dedicó la mayor parte de su tiempo de oración y estudio bíblico a vencer su arrogancia y egocentrismo.

En su celo por resolver este defecto de su personalidad, llegó a la conclusión de que no era bueno enjuiciar a otra persona o a otra compañía y expresó esa convicción públicamente en varias oportunidades.

Una tarde Miguel recibió una llamada telefónica de una de las compañías de venta que representaba sus productos. Al parecer, otra compañía fabricaba un producto competitivo usando el diseño patentado por ellos.

Miguel llamó al dueño de la otra compañía y le dijo:

—José, te habla Miguel. Uno de mis representantes de ventas me dijo que has presentado al mercado un nuevo producto que utiliza uno de nuestros diseños.

—Tengo un producto nuevo, pero no tiene tu diseño. Es algo que yo mismo he ideado.

—¿Me puedes decir de qué manera lo lograste? Lo que pasa es que sé que tenemos el único diseño que ha logrado dar resultados hasta la fecha —le contestó Miguel con su antiguo tono arrogante.

—Mira —contestó el otro—, si crees que te robé tu diseño, pruébalo.

—¡Ya verás si no lo hago! —le gritó Miguel—. No tienes inteligencia ni para armar un equipo de radio común, mucho menos para crear nuevos diseños. Desde que te conozco, ¡has estado robando diseños de otra gente!

Después de colgar el teléfono se dio cuenta que su vieja manera de ser tomó el control. Totalmente confundido acerca de lo que le correspondía hacer, decidió esperar para ver qué acción tomaba la otra compañía.

Durante los meses siguientes la compañía de Miguel comenzó a perder ventas a medida que los productos de la otra saturaban el mercado. Era claro que el dueño esperaba que Miguel iniciara un juicio, pero trataba de vender lo más posible hasta que eso sucediera. Miguel se iba demorando mientras tanto, sin decidirse acerca de si llevarle o no a juicio por el atropello.

Un día, estaba Miguel sentado en su oficina cuando apareció un empleado judicial.

«¿Es usted Miguel Brito?», preguntó. «Tengo una citación judicial para usted».

Miguel casi no podía creer lo que decía el documento. Era un juicio que le entablaban los accionistas incluyendo dos personas de su directorio. Los accionistas reaccionaron negativamente ante la actitud de Miguel. Interpretaron que la misma representaba una amenaza para ellos por su participación en la compañía, lo cual era cierto.

Al final, Miguel se vio obligado a pagar varios cientos de miles de dólares a los accionistas por lo que el juez estimó como muy flexible con sus obligaciones. Los accionistas también llevaron a juicio a la compañía pirata apropiándose finalmente del producto de la venta de sus equipos. El dueño de la otra compañía apeló a la quiebra (personal y de la empresa) y nunca pagó un centavo a los dueños legítimos de la patente.

Miguel aprendió una lección costosa acerca de lo que es la responsabilidad de alguien en autoridad y también a no confundir sus opiniones personales con lo que la Biblia enseña realmente.

Recuerdo una discusión que tuvimos en el aula cuando estudiaba un curso de dirección de empresa. El profesor nos hizo una pregunta hipotética: «Si ustedes fueran los capitanes de un barco que se acababa de hundir y estando en el único bote salvavidas junto con otras cuarenta personas supieran que el bote se va a hundir a menos que bajen diez de ellas, ¿usarían su autoridad para sacar a diez personas por la fuerza?»

Pensé para mis adentros que nunca podría tomar una decisión así. Para quienes contestamos negativamente el profesor nos respondió: «Entonces nunca lleguen a capitán de barco, porque alguna vez se van a encontrar frente a una decisión de ese tipo».

CÓMO RESOLVER LAS DEMANDAS EN SU CONTRA

¿Qué debería hacer si alguien le enjuicia? ¿Se le exige al cristiano no tratar de defenderse ante el juez? ¿Y qué sucede si el demandante es cristiano también? ¿Es la autodefensa lo mismo que enjuiciar a otro?

La primera pregunta que debe hacerse es esta: ¿Soy culpable? Si es así, debe confesar su culpa y tratar de hacer la restitución a la parte afectada. Como dice el Señor en Mateo 5.25: «Ponte de acuerdo con tu adversario pronto, entre tanto que estás con él en el camino, no sea que el adversario te entregue al juez, y el juez al alguacil, y seas echado en la cárcel».

Una vez aconsejé a un creyente que trabajaba en bienes raíces, a quien otro creyente le entabló un juicio por lo que según él era una flagrante falta en el contrato de compraventa de un terreno.

—¿Cree que es correcto que un cristiano le entable juicio a otro? —me preguntó durante la conversación.

—Por supuesto que no —le respondí—. Todo lo que se logra es exponer la fe cristina al ridículo delante de los del mundo.

—Así es como pienso —me dijo—. ¿Por qué no llama a ese individuo y se lo dice?

—Primero permítame preguntarle algo. ¿*Cumplió* o no en los términos estipulados por el contrato?

—Naturalmente que no. La situación económica ha cambiado y la propiedad comprada ya no tiene el valor por el que arreglamos.

—¿Había alguna cláusula que estipulara el derecho a rescindir el contrato?

—No, pero no tiene sentido pagar una propiedad por el doble de lo que vale ahora. Lo que quiero es que le diga que un cristiano no debe entablarle un juicio a otro cristiano.

—Me temo que no puedo decirle eso. Es obvio que hace mal en entablarle juicio, pero también usted obra mal al no cumplir con un contrato establecido. No voy a actuar como árbitro para establecer cuál de los dos ha faltado más. Usted debe cumplir con lo que dice el contrato y después él ya no tendrá motivos para hacerle un pleito.

—¡No es justo! Me está obligando a comprar tierra que no vale lo que ahora se paga por ella.

Cuando este hombre se convenció de que no iba a intervenir para que el otro reconociera su falta, se fue. Terminó comprando la propiedad y luego la vendió. La cuestión no era si el otro hacía bien o mal en llevarle a juicio. Estaba mal. Pero como dice el proverbio: «Dos males no suman un bien». Si le hubieran enjuiciado por algo que no había hecho, sin duda hubiera tenido bíblicamente el derecho a defenderse.

LA DEFENSA EN LA CORTE

Una noche ya tarde recibí una llamada telefónica de un negociante al que llamaré Jaime. Al parecer él y otro comerciante estaban en sociedad en el negocio de los metales. Compraban y vendían plomo, zinc y cobre, por todas partes del mundo y habían desarrollado no sólo una empresa próspera, sino una excelente reputación.

A medida que la empresa crecía, Jaime, que era el socio capitalista, ponía más dinero para dar la oportunidad a la empresa de comprar y almacenar existencias para su uso en el futuro. Jaime sabía que era riesgoso, ya que si los precios bajaban tendrían pérdidas enormes. Pero como sólo operaba al contado, lo peor que podía sucederles era que perdieran lo invertido.

Sin embargo, sin que Jaime lo supiera, su socio comenzó a negociar en acciones de la bolsa. Como obtenía las acciones apostando con sumas bajas de dinero por compras muy grandes de acciones, el potencial en ganancias era enorme, pero también lo era en pérdidas.

El socio de Jaime logró hacerse de acciones muy importantes usando como garantía el inventario de la compañía. Tenía la posibilidad de hacer una ganancia de varios millones de dólares si se producía el alza esperada.

En lugar de eso, el precio se vino abajo debido a que los rumores acerca de una posible huelga de mineros no se materializaron. De pronto, el socio de Jaime se vio ante la pérdida de cientos de miles de dólares que no podía cubrir.

Cuando salió a luz la situación, Jaime tuvo que enfrentar comerciantes airados que le reclamaban su dinero. Le costó cuatrocientos mil dólares pagar lo adeudado por su socio y liquidar el resto de los contratos accionistas. Logró vender hasta lo último que le restaba de lo almacenado y así salvó la mitad de su capital. Disolvió la sociedad y regresó a su vocación inicial de trabajo, más sabio, aunque más pobre.

Poco después recibió una citación judicial; ¡su socio le entabló un juicio por estafa! Aducía haber comprado las acciones por indicación de Jaime y luego había robado todo el inventario para beneficiarse solo. Pedía un millón de dólares por daños y perjuicios, además de evaluar el inventario en una suma de varios miles de dólares.

Como hacía mucho tiempo que Jaime y yo nos conocíamos, me llamó.

—Larry, quiero saber qué hacer en esta situación. Puedo ganar mi caso contra este ex socio porque nunca lo autoricé a negociar acciones y podría demostrar que al hacerlo violó nuestro acuerdo. Mi abogado me recomienda el contraataque. ¿Qué opinas?

—¿Es creyente tu ex socio? —le pregunté.

—Antes de que surgiera esta situación pensaba que sí —me contestó y luego de pensarlo un poco agregó—: Sí, estoy seguro que es cristiano, pero supongo que la codicia y el temor lo tienen atrapado en este momento. Esta operación le ha costado todo sus bienes.

—¿Has analizado lo que Pablo dice en 1 Corintios 6 acerca de llevar a pleito a otro cristiano? —le pregunté.

—Sí, pero su abogado ni siquiera quiere hablar de eso. Ha obtenido los servicios de un abogado poderoso que obviamente no es cristiano.

—¿Tienes una Biblia contigo? —le pregunté.

—Sí, ¿por qué?

—Busca Hechos 25.

Luego comencé a mostrarle cuál era la situación de Pablo en ese momento. Los fariseos le acusaban de violar la ley y de hacer entrar a un gentil a adorar en el templo. De ahí que apelaron al gobernador romano para que les permitiera juzgar a Pablo según sus costumbres. Pablo se dio cuenta que tenía más posibilidades de obtener justicia de la corte romana que si caía en manos de ese grupo de fanáticos. Al fin y al cabo, por ser ciudadano romano, tenía el derecho de apelar a César para un juicio. Sobre todo si se trataba de una pena de muerte, lo cual sin duda era su caso. En el versículo 11 Pablo se expresa así: «Porque si algún agravio, o cosa alguna digna de muerte he hecho, no rehúso morir; pero si nada hay de las cosas que éstos me acusan, nadie puede entregarme a ellos. A César apelo».

Está claro que Pablo tenía el derecho a usar la ley vigente para defenderse. Dios debe haber estado de acuerdo con esa decisión porque todo formaba parte de un plan más grande de llevar al apóstol ante el César. Una cosa que se debe tener presente es que Pablo en ningún momento contraatacó a los judíos que lo acusaban. Defenderse de un juicio no justifica a un cristiano a que abra juicio a su vez para contraatacar.

—Estoy de acuerdo —respondió aliviado—. No quiero sacarle nada a mi ex socio, pero tampoco quiero perder más dinero por algo que hizo sin mi conocimiento.

Jaime rechazó todas las tentativas del abogado del ex socio de llegar a arreglos fuera de la corte, desestimando varias sumas de dinero que le fue ofreciendo hasta llegar a cien mil dólares.

—No —le dijo poco antes de ir a juicio—. No llegaré a arreglos ni por un dólar.

A esa altura, los costos habían subido tanto que el abogado no tenía otra alternativa que seguir el juicio hasta resolverlo en la corte. Cuando finalmente se abrió el caso, el juez pidió que cada una de las partes presentara su caso mediante sus abogados. El abogado del litigante presentó a Jaime como un hombre codicioso y egoísta que le había robado a su cliente la parte de la sociedad. Alguien que hubiera escuchado acerca de la condición lastimera de este pobre socio engañado, quizás le hubiera concedido lo que pedía. Este es el principio: «El que habla primero parece tener la razón hasta que se escucha al siguiente».

Después de escuchar al abogado de la defensa, el juez le preguntó a Jaime si tenía algo que agregar.

—Sí, señor —replicó—. Quiero aclarar algo. No quiero sacar nada de estas sesiones salvo aclarar mi nombre y mi reputación. Creo que tengo evidencias que nunca autoricé las transacciones que inició mi socio y cuyas pérdidas absorbí voluntariamente de mi bolsillo.

Su abogado entonces presentó dos cajas llenas de información de los agentes de cambio que operaron las transacciones de su ex socio, lo mismo que los documentos autorizándolas que llevaban su firma falsificada. Su ex socio se olvidó de limpiar un archivo que tenía toda esta información almacenada.

Cuando el ex socio vio la evidencia, se puso pálido. Creía haber destruido todas las pruebas. De inmediato hizo un gesto a su abogado y a los pocos minutos este pidió autorización al juez para retirar el caso.

El juez, después de hojear las pruebas, levantó la mirada y le contestó:

—Hace muy bien en retirarse —dijo. Luego, dirigiéndose a Jaime preguntó—: ¿Piensa iniciar una acción legal contra este ladrón?

—No, señor —respondió Jaime—. Lo único que quiero es terminar con esta cuestión de una vez.

El juez, mirando al ex socio, le dijo:

—Creo que usted es un ladrón y que si este señor le iniciara un juicio tendría la obligación de hacer caer sobre usted todo el peso de la ley. Como no lo va a hacer, lo menos que me cabe es asignarle la totalidad de los costos incluyendo los honorarios de ambos abogados. Ahora le sugiero que se retire de la corte antes que decida juzgarlo como se merece.

Cualquier cristiano que se enfrenta a un juicio tiene una responsabilidad legal y bíblica de hacer que se conozca la verdad. Es probable que no siempre se nos haga justicia en las cortes humanas, pero muchas veces Dios puede obrar a favor nuestro, a través de ellas.

‖ 15 ‖

Decisiones de descuentos

—Lo siento, señora, pero ya no puedo hacerle otra rebaja sobre el precio del auto. Usted misma puede ver por la factura que acabo de mostrarle, que ya estamos en el límite más bajo posible. Si quiere verificar en otras agencias, se va a dar cuenta que tenemos los mejores precios. Apenas sacaremos unos cien dólares de esta venta y eso escasamente alcanza para mantener abierto el salón.

—No quiero que pierdan dinero —les dijo la señora con sinceridad—. Sé que usted tiene que vivir de esto. Así que lo llevo a ese precio. Si me dice que apenas saca cien dólares de la venta, con seguridad que nadie les ganará en la oferta.

—Tenga la absoluta seguridad, señora.

Parado cerca de la oficina del vendedor, el gerente se decía: «Ronald es el mejor vendedor que he tenido hasta la fecha. Le podría vender pulgas a un perro».

El gerente sabía que el precio de la factura que su vendedor le mostró a la señora Marta era sólo correcto en parte. Era verdad que el precio que mostraba la factura representaba lo que la fábrica les cobraba por cada unidad. Pero con los descuentos de temporada y los agregados en servicios adicionales, el vendedor iba a sacar casi setecientos dólares y la agencia otros mil de la venta. *Cuando firmemos los gastos adicionales y Ronald le venda la garantía del servicio, lograremos obtener otros cuatrocientos o quinientos dólares más, como mínimo*, pensó.

El gerente se alejó satisfecho de tener vendedores de ese nivel que garantizaban el éxito de la agencia de autos.

Poco después de que la señora Marta firmara la compra del auto, incluyendo el servicio de mantenimiento por un año, entró en la agencia uno de los comisarios del condado.

—Eh, Roberto —le dijo al gerente—, necesito comprar un auto nuevo, pero quiero que me hagas la mejor oferta, ¿me oyes?

—Está bien —le dijo el gerente con una sonrisa—. Le pediré a Ronald que te haga una factura al costo.

—Vamos, no me vengas a mí con ese cuento de precios al costo, Roberto. No me importa pagarte cien o doscientos dólares, pero no quiero que le pagues la educación a tu hijo con lo que ganes de mi compra, ¿estamos?

—No hay problema. Te puedo vender el auto por mil dólares menos de lo que acaba de pagar una señora hace un momento por el mismo modelo.

—Bueno, me alegro que le hayas sacado suficiente a ella para no caer en la tentación conmigo —comentó riéndose el otro.

—Por cierto que sí —murmuró el gerente mientras le daba una palmada—. Estas viejitas son tan inocentes que todo lo que les hace falta para ser un cordero es un abrigo de lana.

Ambos soltaron una carcajada.

Esta es una descripción casi literal de la conversación que un joven vendedor cristiano escuchó en la agencia donde acababa de entrar a trabajar, mientras repasaba las listas de compras para familiarizarse con su nuevo trabajo de vendedor de autos. No pudo dejar de pensar que el gerente era un asiduo concurrente a la iglesia donde asistía su padre y muy renombrado como buen negociante y fiel cristiano.

Si alguien osara cuestionarle la ética de sus operaciones, era muy probable que se hubiera justificado diciendo que no había hecho daño a nadie. La señora Marta consiguió su auto y salió satisfecha de la compra. Mientras que el otro comprador simplemente fue más astuto en su trato.

En Proverbios 11.1 se nos dice: «El peso falso es abominación a Jehová; mas la pesa cabal le agrada». Mi opinión es que ese gerente tenía dos pesas diferentes en su bolsa y las usaba según el cliente.

¿ES HONESTA LA DIFERENCIA DE PRECIOS?

El principio que está detrás de las pesas diferentes es muy simple. En tiempos bíblicos era común que los mercaderes y los que vendían el grano de puerta en puerta tuvieran dos juegos de pesas dentro del bolso que colgaba de su cintura. Cuando vendían el grano en una comunidad de gente pobre usaban las pesas livianas para pesar su mercadería, porque sabían que los pobres no tenían balanzas para verificar el peso. Pero cuando vendían en las zonas de personas de más altos recursos usaban las pesas correctas, porque a menudo el comprador usaba su propia balanza para verificar la honestidad del vendedor. ¡Ser descubierto con pesas falsas podría significar un viaje directo a trabajar en las minas de piedra!

En muchos lugares «regatear» o pedir rebajas es muy común. Recuerdo cuando visité México y traté de comprar algunas cosas en las ferias de la calle. Muy pronto aprendí que el precio que pedían de inicio era sumamente elevado y que el vendedor terminaba arreglando por una fracción del ofrecimiento original.

Dudo que los vendedores mexicanos se detuvieran a pensar si lo que hacían era ético o bíblico. Para ellos era simplemente una tradición en la que se criaron y que todo el mundo seguía.

¿Pero es esa la filosofía que debe adoptar un creyente? Cuando comenzamos a permitir que nuestros principios se ajusten a las normas del mundo, corremos el riesgo de volvernos iguales a los demás. Cuando alguien adopta la costumbre de regatear el precio, se vuelve casi imposible descubrir si dice o no la verdad. En el caso de los vendedores mexicanos, me di cuenta que no podía depender de sus palabras. Me decían: «Este es el precio más bajo que le puedo dar. Ni un centavo menos». Pero cuando me veían alejarme bajaban más el precio. Quizás no tenían conciencia de que lo que hacían era deshonesto. Pero lo era.

En esencia, no existe ninguna diferencia en la mayoría de los vendedores de México y Estados Unidos. El precio que cobran depende a menudo de la habilidad negociadora del comprador. Si los compradores son realmente astutos y conocen el precio de costo y el valor de los artículos, pueden obtener el mejor precio. Pero si, como la señora Marta, no tienen idea de cuál es el precio real o si tienden a confiar en la persona con la que tratan, pagarán un precio más alto.

La prueba de fuego para un cristiano sobre el uso de pesas diferentes es, en realidad, doble. Primero debe preguntarse si le gustaría que alguien negocie con él en base a lo que él hace con otros. Las pautas bíblicas de este principio se encuentran en Mateo 22.39: «Amarás a tu prójimo como a ti mismo». De este principio nace uno de los adagios más conocidos del cristianismo: «Haced con otros como queréis que otros hagan con vosotros». La segunda prueba se trata de saber si uno está dispuesto a advertirle a un cliente desinformado que otro negocio tiene una oferta más barata. Imagínese, por ejemplo, que una persona que no conoce a Cristo le compra una lavadora. Usted le ha hecho creer que se la ha dado al mejor precio posible y luego él se entera por un amigo que podría haberla obtenido por mucho menos en otro lugar. Ahora bien, si usted fuera la única persona que tiene la oportunidad en esta tierra de hablarle de Cristo antes de que muera, ¿podría él recibir sus palabras como la verdad cabal? Esto nos da una perspectiva un poco diferente acerca de cómo debemos cuidarnos de nuestras palabras, ¿no es así?

Tengo un amigo que viaja regularmente a Afganistán. Le gustaría ayudar a algunas de las personas de esos pueblos para que empiecen sus pequeñas empresas de exportación de productos a Occidente. Pero dice que se siente limitado en sus esfuerzos por la costumbre tan extendida de mentir que existe en esa cultura. Hasta se considera un gesto honroso en algunas de las sectas religiosas el ser capaz de engañar al «diablo» extranjero y por eso mienten con diligencia a los europeos. Como resultado de esa actitud seguirán pobres, porque es difícil que algún comerciante de Occidente se anime a confiar en ellos. Me parece que tendremos una mentalidad semejante en nuestra sociedad, a memos que cuidemos las palabras de nuestra boca, como dice Proverbios 11.3: «La integridad de los rectos los encaminará; pero destruirá a los pecadores la perversidad de ellos».

¿CUÁLES DIFERENCIAS DE PRECIOS SON LEGÍTIMAS?

Hay razones éticas que permiten aceptar que un comerciante le cobre más o menos a alguien.

1. Descuentos por cantidad

Muchos comerciantes hacen descuentos en base a la cantidad de la compra. Esta es una práctica honesta y aceptable, siempre que se le permita a todos aprovechar el mismo descuento. Si comprara un artículo por un precio y luego oyera que otro compró diez del mismo pagando un precio menor, no me sentiría en lo absoluto engañado, sobre todo si me dijeron que podía obtener el mismo descuento por una compra mayor. Sin intención de engaño de su parte, no se puede decir que hubo pesas falsas.

2. Descuentos por pago al contado

Muchos comerciantes ofrecen descuentos a quienes pagan al contado. A menudo se hace lo mismo en tratos comerciales cuando se le ofrece un descuento al que paga antes de los diez días a partir de la fecha de facturación. Mientras esta oferta se haga a todos los clientes y se sepa de la norma, pagar más o menos queda a la decisión del cliente y por lo tanto tampoco estamos aquí frente a un caso de pesas falsas.

3. Descuentos a grupos específicos

Algunos ofrecen descuentos a jubilados, a estudiantes, a personas sin empleo, etc. Aunque este método no siempre favorece al comerciante, no por ello es negativa, mientras la norma se dé a conocer con claridad a todos los que pertenecen al grupo beneficiado. Dije que no siempre beneficia al comerciante, porque algunos clientes suelen abusar de tales privilegios. Lamentablemente, esto sucede a menudo entre comerciantes cristianos que ofrecen descuentos a pastores y evangelistas profesionales.

Estoy seguro que usted puede advertir el hilo conductor en todos estos casos. Si los descuentos se basan en normas establecidas y están al alcance de todos los que pueden acogerse a ellos, no hay intención de engañar a nadie ni se trata de establecer diferencias en el peso. Recordemos que al Señor le interesa mucho más nuestras intenciones que lo que hacemos.

UN PRECIO ESTÁNDAR JUSTO

¿No sería hermoso comprar algo sabiendo que se ha pagado el precio más justo posible? Si el vendedor dice: «Este es el precio más bajo que podemos darle y obtener ganancia», usted sabe que le puede creer.

Para hombres como J.C. Penney, ese era siempre su método. Vendía los artículos a un precio razonable y justo y mantenía su palabra. Por eso es que usted puede entrar todavía en cualquiera de las tiendas de la cadena Penney's y encontrar el mejor precio. Si liquidan algo, hacen la propaganda adecuada y permiten que sea accesible a todos los clientes. Esa fue la conducta estándar en Estados Unidos por décadas, hasta que la generación de los «medios de comunicación» entró al escenario. Ahora la norma es: «Aprovéchate de los ingenuos». Pero recuerde, sea fiel a las normas de Dios, no a la de los medios de comunicación.

Enrique y Marcos estaban en el negocio de equipos electrónicos utilizados por grandes empresas para probar y controlar sus equipos. Fabricaban aparatos excelentes que lamentablemente no lograban venderse bien. Eran equipos tan especializados que se necesitaban vendedores muy preparados para demostrar su uso correcto. Después que intentaron hacerlo a través de firmas de representantes, decidieron finalmente limitar las ventas a lo que pudieran hacer por sus esfuerzos. Así y todo las ventas apenas oscilaban por encima del nivel crítico, porque carecían de la habilidad de los especialistas para cubrir el mercado.

Una tarde, Marcos recibió una llamada de un hombre que se presentó como un comprador potencial de varios millones de dólares de sus equipos. Además invitó a Marcos y a Enrique a cenar.

A las seis de la tarde se encontraban sentados en el restaurante cuando llegó Braulio Suárez, el interesado. Durante la cena les presentó su proyecto de fabricar un equipo especial para el gobierno, usando el diseño básico de los equipos de Marcos y Enrique.

—Pero les advierto una cosa —dijo al terminar su presentación del plan—. Tendremos que elevar el precio del equipo de ocho mil a cuarenta mil dólares por unidad.

—Pero, ¿por qué? —preguntó Enrique—. El costo de fabricación no será mayor para el modelo del gobierno.

—Bueno, ustedes saben que el gobierno siempre paga más alto por lo que compra. Deben saber que casi es mostrarse antiestadounidense si uno no cobra al gobierno por lo menos cuatro veces lo que pagan los industriales comunes. No creerán que el equipo sirve de algo, a menos que cobren treinta mil dólares por él.

—No creo que sea correcto cobrarle al gobierno más que a cualquier otro cliente, a menos que nos cueste más la operación —insistió Enrique.

—Habrá algunos gastos adicionales asociados a la venta oficial, pero básicamente se reducirán a los gastos de envío —volvió a comentar Braulio con un guiño.

—Bien, si es así, no quiero hacerlo —dijo Enrique con decisión—. Siempre he creído que si se cobra un precio justo por un producto, la gente termina reconociéndolo.

—Veo que usted nunca ha hecho negocios para el gobierno —le dijo Suárez—. No aprecian el producto si alguien les da el precio justo. Es más, lo que hacen es desechar de entrada la oferta más barata, porque siempre piensan que debe estar mal fabricada.

—Vamos, Enrique. Despierta —le dijo su socio con voz irritada—. Escucha lo que te dice este hombre. Eso no es como ir a robarle a una viejita. Los tipos del gobierno son gente grande y, ¿qué nos importa si quieren pagar más?

—Lo único que me importa de todo es la ética —respondió Enrique—. Mientras sea dueño de la mitad de esta empresa haré que se cumplan las normas bíblicas. Y tú lo sabes bien, Marcos. No importa si la gente no se entera de que los engañamos, lo que importa es que el Señor lo sabe.

—Miren, si ustedes no están dispuestos a dejarme subir el precio de los equipos, no quiero aceptar ningún trato —les dijo Suárez para obligarlos.

—En ese caso no tenemos más de qué conversar —le respondió Enrique poniéndose de pie.

Braulio Suárez estaba desconcertado.

—Esperen un momento. ¿Me quieren decir que van a abandonar esta posibilidad? Sé que necesitan hacer este negocio. Y creo que puedo comprarles unos veinte millones de dólares en equipos durante los próximos años.

Marcos se puso pálido cuando escuchó la cifra.

—¡Veinte millones, Enrique! Imagínate lo que sería para nuestra compañía. Sé razonable.

—Lo siento —dijo Enrique mientras volvía a prepararse para salir—. Me parece que mis convicciones valen mucho más que veinte millones de dólares. Me gustaría negociar con usted, Sr. Suárez, pero no inflando los precios como me propone.

Durante las siguientes semanas, Suárez llamó varias veces para hablar con Enrique. Estaba convencido que Enrique tenía algún plan secreto para lograr hacer más dinero de sus equipos. Pero a pesar de todas las ofertas que les hacía para que obtuvieran un porcentaje mayor, Enrique volvía a rechazarlas. Cuando Enrique se dio cuenta de lo que el Sr. Suárez pensaba, le dijo:

—Sr. Suárez, creo que no se ha dado cuenta que no quiero negociar un mejor porcentaje. Soy cristiano y deseo seguir las normas de la Palabra de Dios y una de ellas es cobrar un precio justo a los clientes. No puedo poner arbitrariamente otro precio a mis productos nada más que por vendérselos al gobierno en lugar de a cualquier otro cliente.

—Me parece que no entiendo la lógica de todo esto —le dijo Suárez—. Si no consiguen la licencia para este trabajo, la conseguirá algún otro. La política del gobierno es gastar todo el dinero asignado en el presupuesto.

—Supongo que ellos tendrán que responsabilizarse de sus actos —respondió Enrique—. Pero no deseo violar lo que considero que es lo correcto.

Pasó un mes antes que Enrique escuchara de nuevo a Braulio Suárez. Mientras tanto Marcos había estado dando vueltas con un humor de perros. Evitaba encontrarse con Enrique y lo miraba con furia cuando lo veía pasar. Una tarde Braulio Suárez habló por teléfono y pidió de nuevo almorzar con ellos en algún lado. Enrique aceptó y le dejó una nota a Marcos.

Cuando Enrique buscó a Marcos, le dijeron que se había retirado; una clara indicación de que seguía irritado. Él ya esperaba en el restaurante en el que habían convenido encontrarse y Braulio Suárez acababa de entrar. Marcos hacía todo lo posible por pasar por alto a Enrique, quien a su vez hacía lo posible por aliviar la tensión.

—Iré directamente al asunto —dijo Suárez cuando llegó el café—. Cuando estuvimos juntos hace un mes, sentía bastante desconfianza respecto a la actitud de ustedes. Pensé que estaban haciendo alguna cosa para lograr una mejor tajada del negocio. Ahora me doy cuenta que lo de la ética era en serio. Me imagino que me he puesto un poco duro por trabajar tantos años entre gente sin principios y cuyo dios es el dinero. Les pido disculpas y quiero decirles que todavía me gustaría realizar las compras de los equipos —dijo, y luego mirando a Enrique, agregó rápidamente—: Por supuesto, a los precios normales y un poco más por gastos de papeles. Al menos nadie competirá con nosotros por bastante tiempo si mantenemos ese precio.

La cara de Marcos delataba lo que sentía. Se puso rojo e incómodo. Enrique simplemente sonrió y dio gracias a Dios en silencio, ya que estaba consciente de que su decisión bien podría haber significado la ruina de la compañía. En efecto, estuvo pensando mucho la manera de enfrentar los sueldos a pagar el fin de mes.

—Sé que han estado teniendo problemas para pagar a los distribuidores, lo que hace que su decisión de no permitirme subir los precios sea aún más impactante. Estoy dispuesto a pagarles por anticipado los primeros quinientos mil dólares en equipos para el gobierno y encargarme del envío. Además, si existe la posibilidad, me gustaría tener la oportunidad de invertir en esta compañía. No es muy frecuente que uno encuentre hombres honestos y creo que es verdad lo que Enrique dijo acerca de que Dios bendice la rectitud. Me gustaría probarlo.

Braulio Suárez llegó a invertir dos millones de dólares en la empresa y edificó una planta para la fabricación de los equipos, que luego les alquiló a menos del precio vigente. Dos años después Braulio Suárez oraba a la par de Enrique y aceptaba a Cristo como su Salvador. Se convirtió en el miembro más activo de su directorio y los ayudó a concretar varias ventas de importancia que convirtieron a la empresa en un necio multimillonario. Como dice Proverbios 15.6: «En la casa del justo hay gran provisión; pero turbación en las ganancias del impío».

TERCERA PARTE

SU VIDA Y LOS NEGOCIOS

|| 16 ||

Sociedades y corporaciones

Todo cristiano que decide llevar adelante una empresa se enfrenta a diario con decisiones cruciales. En realidad, las decisiones fueron necesarias aun antes de empezar a funcionar el negocio. ¿Debo buscar un socio? ¿Quién tiene que llevar el control? ¿Debo integrar una corporación? ¿Tengo respaldo si el negocio llegara a fallar? ¿Quién se hará cargo del negocio en caso de que muera? Cada una de estas preguntas pueden contestarse con la ayuda de la Palabra de Dios. Si usted ya tiene una empresa funcionando, quizás necesite revisar algunas de las pautas asumidas con anterioridad.

¿ES LEGÍTIMO FORMAR PARTE DE UNA CORPORACIÓN?

Hoy en día se acepta como algo legítimo el montaje de un sistema de protección corporativo para evitar la responsabilidad personal en caso de pérdidas. ¿Pero esto es así realmente? Cuando negociantes que están en niveles de decisión solicitan equipos o materiales a otra persona, ¿cesa su responsabilidad personal debido a que representan una corporación? Creo que en gran medida depende de las circunstancias; lo mismo sucede en los casos de que alguien opera por su cuenta.

He observado casos en que el uso de este sistema de protección corporativo se hacía lisa y llanamente con la intención de defraudar a otros. Pero también he visto casos en que la existencia de una protección corporativa se usó de manera legítima para resguardar la responsabilidad de una persona inocente. Consideraremos rápidamente dos ejemplos de la confiabilidad de una corporación.

Alex era un técnico que diseñaba herramientas mecánicas y tenía un pequeño estudio en su casa. Se crió colaborando con su padre en un pequeño taller de tornería y construcción de herramientas. Alex trabajó en esto durante unos dieciséis años antes de lograr ahorrar suficiente dinero como para iniciar su negocio. Era muy bueno en su tarea como para que grandes empresas le enviaran tareas de diseño, porque él podía diseñar gran parte del equipamiento que necesitaban a un costo mucho menor del que lo hubieran hecho en sus empresas.

Cuando la reputación de Alex se afianzó, recibió numerosas ofertas para ser consultor de distintas compañías. Con el tiempo la tarea de diseño excedió la capacidad de trabajo de su taller, de modo que cerró y se dedicó de lleno a la consejería.

Le ofrecieron un cargo muy bien pagado en una compañía que estaba montando un ejecutivo que trabajaba en una fábrica de automóviles e iniciaba una nueva empresa. El contrato era tan absorbente que Alex tuvo que suspender todos los demás proyectos en los que trabajaba. Se le prometió participar de los intereses en la nueva empresa, además de una generosa bonificación si lograba terminar el proyecto en un año.

Alex trabajó doce horas diarias durante casi nueve meses para diseñar las maquinarias e instalar el equipo especializado de la fábrica. Poco sabía que el director de la nueva compañía usaba los esfuerzos de Alex para convencer a banqueros e inversionistas a arriesgar grandes sumas de dinero en su nueva aventura. La mayor parte del dinero se desviaba hacia una serie de empresas subsidiarias. A Alex le daban un pequeño estipendio y grandes promesas para estimularlo.

Cuando el proyecto estaba casi terminado, Alex llegó un día y encontró que las puertas de la planta estaban cerradas y clausuradas. El propietario, que decía que era cristiano, cerró la operación y presentó la quiebra. Nunca se propuso fabricar autos, sino sólo acopiar dinero. Alex no sólo perdió la ganancia que nunca llegó a percibir, sino también miles de dólares que hubiera ganado de haber continuado con sus otros trabajos. Durante ese tiempo pidió préstamos con el respaldo de su empresa, porque su futuro socio le dijo que todavía no había logrado reunir todo el dinero. Este falso fabricante de autos pudo eludir toda responsabilidad personal, porque los contratos se realizaron en nombre de una empresa. El escudo corporativo tuvo en este caso la función de un garrote, una práctica desafortunadamente común en estos tiempos.

El segundo caso es el de Darío que dirigía una pequeña empresa de importación y exportación especializada en decoración de oficinas. Usaba productos de muchos países en vías de desarrollo que recibían promoción del gobierno de Estados Unidos y, entre otros, importaba artículos tales como cortineros y persianas. Los productos que adquiría eran de primera calidad y establecía el comercio mediante agencias oficiales de importación y exportación de los países de referencia.

Darío hizo una venta particularmente cuantiosa de persianas a una compañía local que requería de materiales no inflamables para satisfacer los requisitos de prevención de incendios en edificios públicos. Darío se comunicó con los representantes oficiales de uno de sus proveedores y le dio los detalles de lo que le habían solicitado. Al cabo de una semana recibió la respuesta con las pruebas de laboratorio del material. Basándose en estos datos, la empresa compró casi ciento veinticinco mil dólares en persianas y a Darío le correspondieron cuarenta y cinco mil dólares, la suma más grande que jamás había devengado.

Unos meses más tarde se declaró un incendio en uno de los edificios y las persianas contribuyeron al siniestro encendiéndose en el acto. Varias personas resultaron heridas y en consecuencia iniciaron millonarios juicios a la empresa propietaria del edificio.

La compañía hizo el análisis de algunas de las persianas y comprobaron que no satisfacían la exigencia de ser inmunes al fuego y que además expelían gases tóxicos al arder. La respuesta oficial de la agencia estatal intermediaria informó que la empresa ya no existía y que quedaban exentos de toda responsabilidad.

Darío perdió los juicios y le cargaron daños por más de quince millones de dólares. El seguro absorbió los quinientos mil dólares que le correspondían y el resto se cargó a la empresa de Darío que tuvo que ir a la quiebra por carecer prácticamente de respaldo.

No obstante, a Darío se le liberó de la carga de esta deuda porque aquí la protección corporativa evitó que lo denunciaran en forma individual. En este caso el escudo corporativo cumplió la función para la que fue inicialmente ideado: proteger la parte inocente.

¿ES BÍBLICO TENER SOCIOS?

El próximo asunto decisivo es si se debe o no integrar una sociedad. En caso de hacerlo, ¿cuáles son las pautas bíblicas al respecto?

La pregunta: «¿Qué es una sociedad?», se puede contestar mejor analizando la definición de yugo, que fue la ilustración que Pablo usó cuando instruyó a los creyentes de no entrar en yugo (unión) desigual con los incrédulos. La palabra griega que Pablo eligió para describir una sociedad o asociación es *zugo*, que define un implemento agrícola que se usa para unir dos animales, por lo general bueyes, con la intención de tirar de una carga.

En tiempos de Pablo, el yugo era la ilustración más adecuada de una sociedad entre iguales, como sucede en el matrimonio. Los animales debían seleccionarse con cuidado para transportar la carga. Si un animal era más grande que otro, el pesado yugo hubiera presionado desigualmente sobre el animal más pequeño pudiendo con el tiempo hacer que cayera bajo el peso de la carga. También debía equilibrarse a los animales en temperamento. Sólo tenía que haber un líder que no podía faltar para guiar al otro. Si ambos querían dirigir, lucharían por el dominio hasta desgastarse. Si ninguno de los dos querían hacerlo, se detendrían en el momento menos pensado o deambularían sin rumbo. Por tanto, la pauta de Pablo sobre el yugo indicaba exactamente eso: igualdad y equilibrio.

En 2 Corintios 6.14, Pablo expresa: «No os unáis en yugo desigual con los incrédulos; porque ¿qué compañerismo tiene la justicia con la injusticia? ¿Y qué comunión la luz con las tinieblas?» Este pasaje ha tenido muchas interpretaciones, pero la más directa es que esa unión se refiere a «estar unidos en una tarea en común». El ejemplo más bíblico de esa relación es el matrimonio. En el matrimonio dos personas están unidas para la tarea común de llevar adelante una familia.

En el campo de los negocios, el ejemplo más frecuente es el de una sociedad equitativa. En este vínculo, cada una de las partes está obligada por cualquier acuerdo que establezca el otro socio (o los otros socios). De modo que si uno de los socios asume un compromiso en nombre de la sociedad, los demás socios quedan igual y conjuntamente comprometidos.

La lógica que se observa detrás de la advertencia del apóstol, de no unirse en yugo desigual con los incrédulos, es que obviamente una relación de esa índole implica un posible conflicto de valores. En un matrimonio en el que uno de los cónyuges es un creyente consagrado y el otro no, el potencial de conflicto y contradicción alcanza casi a un ciento por ciento. Fui incrédulo mucho tiempo después que mi esposa conoció a Cristo, de modo que entiendo muy bien este principio. No era ateo, porque creía en un Dios creador del universo, pero mi relación con el Creador era de pasiva indiferencia. Daba por sentado que Dios podía enviarme la muerte si lo deseaba, de modo que procuraba no hacer nada que lo irritara.

Pero cuando mi esposa quería diezmar a la iglesia, me oponía a lo que pensaba que era una estupidez. Cuando quiso que nuestros hijos asistieran a un jardín de infantes cristiano, estuve de acuerdo (un poquito de religión no le hace mal a nadie). Pero me negué cuando quiso enviarlos a una escuela cristiana; después de todo había escuelas públicas muy buenas que no costaban nada. Nuestro matrimonio siguió así durante casi tres años. Amaba a mi esposa, pero me parecía que sus sugerencias no hacían otra cosa que gastar mi dinero y deformar a los niños.

Si no hubiera conocido a Cristo, sinceramente no sé cuál hubiera sido el resultado final. En este período de tres años que viví siendo incrédulo con una esposa creyente, aprendí algo que he comprobado básicamente en todo tipo de relación entre un creyente y un incrédulo: Si la sociedad sobrevive es porque el cristiano ha aceptado sacrificar lo mejor de su relación con Dios. Esto es así tanto en el matrimonio, como en cualquier sociedad laboral.

LA CARGA DE UN YUGO DESIGUAL

Son pocos los cristianos entendidos que se casarían con un inconverso (aunque algunos, insensatamente, lo hacen). En cambio, muchos creyentes entran en sociedad con incrédulos pensando que puede dar resultado. Si tienen éxito, casi siempre se debe a que no están muy comprometidos en aplicar los principios de Dios a sus negocios. Por lo general, racionalizan el vínculo basándose en razones económicas y no en principios bíblicos.

Por favor, no me malinterpreten. No pienso que sea una norma que la mayoría de los creyentes sean más éticos u honestos que los incrédulos (aunque debiera ser así). ¡Dios no ordenó a los judíos que no se mezclaran con otras naciones a su alrededor porque fueran más fieles o éticos! Dios quería que se mantuvieran separados pues no quería que se contaminaran con la idolatría. En nuestra sociedad los cristianos han asimilado tanto la corriente general, que ni siquiera llaman la atención por ser cristianos. Para el creyente consagrado, el interrogante es: «¿Sirvo a Dios o a los hombres?»

Daniel era un médico que acababa de completar su residencia en obstetricia y ginecología en la Marina. Dio inicio a su actividad profesional independiente y recibió varias ofertas de clínicas obstétricas en las que le hubiera gustado trabajar aunque ninguna era cristiana. Indagó cuidadosamente con cada uno de los socios directivos acerca de los abortos y otras prácticas que rechazaba. También se dio a conocer como cristiano y preguntó si tenían reparos al respecto. La lista de alternativas se redujo a tres clínicas y eligió la que se consideraba como la mejor y la más respetada por las enfermeras obstétricas del hospital de la zona. Pudo entrar a trabajar con entusiasmo y comprometido con una medicina correcta.

En un inicio no encontró dificultades en la atención compartida de pacientes. (Es frecuente que en una sociedad de médicos se comparta la atención de los pacientes; esto es en particular cierto en la práctica obstétrica, donde el médico que está de guardia es el que atiende los partos que se producen durante su turno.) Pero después de un año de mantener esta sociedad, empezó a correr el rumor de un problema que iba tomando proporciones alarmantes. A menudo Daniel había aprovechado la oportunidad del parto para testificarle de Cristo a sus pacientes y varias mujeres oraron para recibir a Jesucristo gracias a su testimonio. Uno de los médicos encaró directamente a Daniel y le dijo que dejara de «predicar» a sus pacientes. Al parecer, una paciente judía se ofendió con su costumbre de evangelizar.

—Siento mucho que se haya ofendido —dijo Daniel cuando su colega lo confrontó—. Pero no hice nada que afectara el trabajo del parto.

—Bueno, ella dice que le pareció que si no reaccionaba como tú esperabas de ella, no tratarías adecuadamente al bebé —respondió el otro médico visiblemente irritado—. ¿No puedes dejarle la evangelización a Billy Graham y concentrarte en la medicina?

—Eso no es justo y tú lo sabes —dijo Daniel, a la defensiva—. Hago lo que me corresponde e incluso más de lo que me corresponde. Nunca permitiría que mi fe distorsionara mi actitud profesional hacia el paciente.

—Mira, por mi parte detesto que toque mi timbre un evangelista cantando himnos, de modo que sé cómo se sienten los pacientes cuando tratas de acorralarlos en uno de los momentos más emotivos de su vida. Así que, no evangelices más a mis pacientes, ¿entiendes?

Daniel hizo todo lo posible por limitarse a testificar a sus propios pacientes, pero cuando veía una necesidad obvia en una de ellas, les hablaba de lo que sabía que era la respuesta a su necesidad: Jesucristo. Sin embargo, el desenlace final llegó cuando lo citaron a una reunión general de socios a raíz de un incidente ocurrido el día anterior. La reunión la presidió el socio de mayor antigüedad, Rogelio Alonso.

—Daniel, ¿es cierto que le dijiste a la Sra. Blanco que su bebé era una persona viva y que era un pecado interrumpir su embarazo porque la lectura del líquido amniótico daba registros anormales?

—Sí, así es —contestó Daniel—. Tenía entendido que esta sociedad estaba en contra de los abortos.

—En líneas generales es así —respondió el Dr. Alonso mientras hojeaba las tablas estadísticas que tenía delante—. Pero en este caso las pruebas del líquido amniótico revelan alto grado de daño cerebral en el feto.

—Es así, doctor —intervino Daniel—. Las pruebas muestran un alto grado de *posible* daño cerebral. Como sabe, esas pruebas no son precisas a un ciento por ciento.

—En efecto —afirmó el médico de mayor experiencia—. Sin embargo, la probabilidad de un severo retraso mental es muy alta. Si recomendamos a la madre llevar su embarazo a término y el niño nace con una deficiencia profunda, corremos el riesgo de una demanda judicial.

—Pero aun si el bebé naciera así, ¿acaso somos jueces y jurado para decidir quién ha de vivir o no en las condiciones que Dios le ha determinado?

Daniel podía advertir en los rostros de sus colegas que el concepto que tenían acerca de las decisiones sobre la vida y la muerte era muy distinto al suyo. Antes de que pudiera continuar hablando, alguien intervino:

—¿Es esta otra de sus filosofías religiosas, doctor?

—Sí, por supuesto —dijo Daniel reflexionando en lo que decía—. Cada vida es valiosa para Dios, aun la de los retardados. ¿Quién puede asegurar que el niño no podría llegar a ser otro Mozart? Pero aunque así no fuera, no tenemos el derecho de decidir que su vida no tenga valor para él mismo o para sus padres.

—Ya ven, les dije que sus fanáticas ideas religiosas terminarían arruinándonos a todos —expresó irritado—. No necesitamos un residente predicador. Si se queda, me voy.

—Cálmate, Alfredo —dijo Rogelio Alonso mientras cerraba el legajo—. Estoy seguro de que podemos llegar a un acuerdo, ¿verdad Daniel?

—No, en realidad no lo creo, Rogelio —respondió Daniel mientras echaba una mirada a sus colegas alrededor de la mesa—. Todos son buenos médicos y sé que quieren hacer lo mejor por los pacientes. Pero creo que su principal necesidad es la salvación. Para mí, la medicina es una herramienta que me ayuda a abrir la puerta para testificar de Jesucristo. Ahora percibo que siempre vamos a estar en confrontación respecto a esa meta. Alfredo está en lo cierto cuando dice que mi actitud finalmente va a incidir en la sociedad. Si coincidiéramos en las metas, eso no ocurriría. Pero como no es así, el conflicto es inevitable.

Con eso Daniel presentó su renuncia y empezó a distribuir su trabajo entre sus colegas. Podría haberse quedado indefinidamente en esa sociedad y gozar de estabilidad financiera de por vida. Pero el costo sería el de sacrificar lo que sabía que era la voluntad de Dios para su vida.

¿QUÉ ACERCA DE LAS SOCIEDADES QUE EXISTEN?

A menudo se me pregunta acerca de las sociedades ya constituidas entre un creyente y parientes incrédulos. La Palabra de Dios no hace distinción entre parientes incrédulos y amigos incrédulos cuando trata acerca de estas asociaciones. Debemos interpretar bien lo que Pablo dijo en 1 Corintios 7.10-15, si un socio incrédulo desea quedarse en la sociedad, el cristiano debe aceptarlo, pero si quiere separarse, el cristiano debe dejarlo en libertad. En las sociedades ya constituidas el cristiano debe procurar mantener el vínculo, a menos que comprometa sus convicciones espirituales.

Sin embargo, cuando el incrédulo es el padre o la madre creo que hay principios más elevados que gobiernan esa relación. El Señor dice en Mateo 15.4: «Porque Dios mandó diciendo: Honra a tu padre y a tu madre; y: El que maldiga al padre o a la madre, muera irremisiblemente». Por tanto, el principio de honrar a nuestros padres es un mandamiento que al fin y al cabo debe estar por encima del principio del yugo desigual. Obviamente, un cristiano no debe permitir que ni siquiera sus padres lo obliguen a ir en contra de su conciencia. Pero no siendo ese el caso, no saque a sus padres a empujones de la empresa.

PRINCIPIOS PARA EVALUAR UNA SOCIEDAD

Hay dos preguntas fundamentales que debe hacerse el cristiano que piensa formar una sociedad: ¿Quién es el líder? ¿Estamos de acuerdo en los valores esenciales?

1. ¿Quién es el líder?

A menudo, esta pregunta no se plantea en las etapas iniciales de constitución de una sociedad porque un cristiano no quiere poner incómodo al otro. Por lo general, cuando la empresa mantiene un nivel medio, este problema no aparece. Pero si el negocio es un éxito o un fracaso, este tema llega a ser central.

El poder que se adquiere al controlar una sociedad de éxito pone a prueba al creyente más comprometido. Si no se aclara de entrada quién va a dirigir, este asunto puede producir una fisura en la sociedad.

Por el contrario, si el negocio (o la inversión) comienza a tener dificultades, se requerirá un liderazgo fuerte y decidido para sacarlo adelante. Salvar un negocio que va a naufragar bien puede significar dejar fuera a miembros de la familia que participan de la empresa para reducir el nivel de gastos. A menos que se defina de inicio quién dirige, es imposible decirle a un socio que tiene que salir a buscar otro trabajo porque el negocio no puede sostener dos o más personas.

Ricardo era propietario de la mitad de una empresa productora de aparatos electrónicos. Su socio, Gabriel, era un brillante ingeniero que logró sacar varias patentes de productos que la compañía fabricaba y vendía a otras empresas.

El negocio estaba dividido básicamente en dos áreas: investigación y producción, supervisados por Gabriel, y ventas dirigidas por Ricardo. La idea era que tuvieran responsabilidades equivalentes pero distintas, un concepto que rara vez da resultados. Durante casi tres años el negocio apenas logró sobrevivir. Ricardo manejaba los aspectos financieros y su socio la ingeniería. De pronto uno de los productos tuvo mucha aceptación y la firma dio un gran salto. Por primera vez tuvieron el capital necesario para mudarse a un edificio donde tendrían oficinas adecuadas y suficiente espacio para la producción. Pero de repente Ricardo notó que discutía a menudo con su socio sobre las prioridades del equipamiento de las oficinas o del instrumental de prueba.

Parece que no entiende que necesitamos oficinas más cómodas para los empleados, pensaba Ricardo cuando concluían una reunión y repasaba mentalmente la conversación que acababan de tener:

—Escucha, Ricardo —decía Gabriel—. No veo la necesidad de gastar veinte mil dólares en muebles y alfombras. Necesito todo el capital que podamos acumular en este momento para desarrollar la versión computarizada del equipo.

—Pero es que apenas hemos comenzado con las ventas del último modelo —argumentaba Ricardo—. Si de inmediato lanzamos un nuevo modelo, ahogaremos las ventas del anterior. Sugiero que demoremos el desarrollo de la versión computarizada. Además, la mayoría de nuestros clientes no necesitan esa versión. No tiene la envergadura que justifique el costo adicional.

—Quiero empezar a trabajar en el nuevo modelo —terminó diciendo Gabriel, mientras ponía énfasis en la voz—. Hasta aquí el negocio ha crecido en base a mis diseños y por fin tengo el capital necesario para hacer una verdadera investigación.

—Eso resulta con las firmas grandes —le contestó Ricardo—. Tienen los productos que le sirven de base y que les permiten financiar la investigación. Pero nosotros no. Necesitamos vender lo que tenemos y concentrarnos en introducir nuestros modelos en compañías más pequeñas.

—No voy a perder tiempo adaptando el diseño de los equipos, Ricardo. Necesito trabajar en ideas nuevas. Sé que les vas a encontrar un mercado; no te preocupes por eso. Quizás podamos remodelar las oficinas el próximo año una vez completado este nuevo diseño.

Ricardo advertía que se le consideraba como socio secundario porque carecía de habilidades técnicas. Pero también sabía que el mejor producto del mundo carecía de valor comercial si nadie lo necesitaba. Y Gabriel estaba encaprichado con satisfacer sus intereses sin tomar eso en cuenta. Mirando hacia atrás, Ricardo se daba cuenta que no habían discutido estos detalles de la sociedad, porque ambos eran cristianos y habían dado por sentado que podrían ir resolviendo las dificultades a medida que se presentaran. Ahora se enfrentaba a una faceta diferente de su socio. El negocio era para Gabriel sólo un medio para satisfacer sus aspiraciones: el diseño y desarrollo de nuevos equipos. La función de Ricardo era vender los productos de Gabriel para que este produjera nuevos equipos.

Ricardo decidió que tenía tres opciones: (1) renunciar a la sociedad; (2) defender su lugar como socio con iguales derechos; (3) permitirle a su socio que dirigiera el negocio.

Después de orar sobre el particular y analizar la situación con su esposa, Ricardo llegó a la conclusión de que debía ceder una parte de sus acciones para que Gabriel tuviera en efecto una mayor participación en la sociedad. Cuando Gabriel entró al día siguiente a la oficina, se encontró sobre su escritorio un sobre donde Ricardo hacía dejación de una parte del capital.

Gabriel se sintió confundido. Había dado por sentado que Ricardo iba a pelear por el control de la empresa. Por su parte él y su esposa conversaron al respecto y decidieron que si era necesario irían a la justicia para defender sus derechos. Contemplando el sobre, Gabriel advirtió que Ricardo había hecho espontáneamente lo que ningún tribunal podía obligarlo a hacer. Se dirigió hacia la oficina de su socio, ahora de menor nivel.

—Ricardo, ¿por qué hiciste esto? —preguntó controlándose la voz, mientras sostenía el sobre.

—Bueno, pues estuve orando y Diana y yo decidimos que o bien creemos en lo que dice la Biblia o no creemos en ella. En Filipenses 2.3 Pablo escribió: «Nada hagáis por contienda o por vanagloria; antes bien con humildad, estimando cada uno a los demás como superiores a él mismo». Como sabemos que un negocio no puede tener dos cabezas, pensé que esto aclararía el asunto. De modo, jefe, que estoy listo para recibir tus órdenes.

Gabriel se quedó simplemente parado, sin decir nada. Sabía que Dios acababa de enseñarle una lección acerca de la humildad, por medio de su socio.

—Me gustaría que oraras conmigo, Ricardo —respondió—. Ya sabes que siempre he luchado con mi orgullo. Nunca podría haber hecho lo que hiciste, ni aunque el tribunal me lo exigiera. Me siento como un gigante que se presenta ataviado con su armadura, sólo para encontrarme con un muchachito con su honda.

Ricardo y Gabriel pasaron la siguiente media hora arrodillados y orando juntos. Tomaron ese hábito durante los tres años siguientes que compartieron la empresa. A partir de ese día, Gabriel nunca intentó imponerle una decisión a Ricardo. En lugar de ello, le presentaba las ideas y pedía su punto de vista. Siempre acataba la dirección de Ricardo en todo lo concerniente a los aspectos comerciales, aun en cuanto a fijar el presupuesto de investigación y desarrollo. Con el tiempo una compañía más grande compró la firma y Ricardo entró como jefe del equipo de ventas, mientras Gabriel pasó a dirigir el departamento de investigación. Como expresa Proverbios 22.4: «Riquezas, honra y vida son la remuneración de la humildad y del temor de Jehová».

2. ¿Qué decir acerca de los valores absolutos?

Uno de los mejores ejercicios preparatorios para la constitución de cualquier sociedad es que cada uno de los socios potenciales dedique tiempo (¡mucho tiempo!) para decidir cuáles son sus valores absolutos. Estos son los principios que orientan la acción y a los que no renunciaría por nada. Quizás no tenga conciencia de todos la primera vez que elabore su lista, pero cuanto más repita el ejercicio, más cosas van a ir apareciendo.

Sospecho que hombres y mujeres que ingresan a la política o al ministerio y los descubren en pecado, nunca se dedicaron el tiempo para afianzar sus principios. Luego advierten que sacrificaron sus creencias, pero ya es demasiado tarde.

Cuando decida formar una sociedad con alguien, ambos deben desde el comienzo saber cuáles son los valores mutuos. Las asociaciones entre creyentes no están prohibidas, pero como dijo Pablo en 1 Corintios 10.23: «Todo me es lícito, pero no todo conviene; todo me es lícito, pero no todo edifica». En otras palabras, usted está autorizado a formar una sociedad con otro creyente, pero esa alianza quizás no sea provechosa. Asegúrese de que cualquiera con el que forme una sociedad, también tenga sus valores y convicciones personales.

Algunos de los valores y convicciones que se deben analizar entre posibles socios son:

1. ¿Nos comprometemos a ofrendar a la obra del Señor y a obras de caridad en base a nuestras entradas? ¿Cuánto y a quién vamos a dar?
2. ¿Recurriremos a la justicia para cobrar deudas?
3. ¿Incorporaremos parientes como empleados?
4. ¿Aceptaremos ejecutivos o empleados no creyentes?
5. ¿Cuántas horas a la semana dedicaremos a la empresa?
6. ¿Qué tiempo pasaremos viajando lejos de la familia?
7. ¿Evangelizaremos a través del trabajo?
8. ¿Venderemos el negocio en algún momento?
9. ¿Cómo distribuiremos el activo en caso de la muerte de alguno de los socios?
10. ¿Estamos dispuestos a rendirnos cuenta mutuamente de lo que hacemos y también a responder por lo que hacemos ante otros grupos?

FUNDAMENTOS PARA UNA SOCIEDAD DE ÉXITO

Puedo decir con franqueza que he visto algunas sociedades de mucho éxito. Pero son muchas más las que he visto fracasar. Por lo general, los factores decisivos fueron la disposición de los socios de ser totalmente honestos desde el comienzo y el compromiso de cada uno con los principios bíblicos.

El mejor consejo que le puedo dar respecto a las sociedades es que deben encararse con mucha cautela. Disolver una sociedad es casi siempre tan doloroso como un divorcio. Sería mejor herir los sentimientos al comienzo, rechazando la sociedad propuesta, que dejar devastada a esa misma persona cuando la sociedad fracase.

Si se logra establecer un acuerdo satisfactorio respecto a la sociedad, recomiendo que se haga por escrito y en detalles. Se dice que la mayoría sólo retiene al cabo de un mes un diez por ciento de lo que ha oído. Súmele el hecho de que una persona muchas veces malinterpreta lo que la otra dice y se comprende fácilmente el porqué tantos socios tienen dificultades para llevar adelante lo acordado. La manera más simple de resolver este problema es dejar por escrito el acuerdo con la firma de todas las partes. Ni siquiera así se evitan las interpretaciones erróneas, pero al menos es una ayuda y estarán en mejores condiciones que el promedio de las sociedades cristianas. Si su posible socio se siente ofendido porque quiere dejar por escrito el acuerdo, es preferible conocer de entrada esa actitud de su socio.

¿SON LAS SOCIEDADES DE RESPONSABILIDAD LIMITADA REALMENTE SOCIEDADES?

Durante la década del setenta se constituyó una nueva figura legal, la de sociedades de responsabilidad limitada. La intención era permitir a individuos invertir en un negocio y percibir los beneficios de la sociedad sin las responsabilidades que una sociedad plena implica.

En esta asociación, los inversionistas particulares se encuentran restringidos tanto en sus responsabilidades como en su autoridad. El socio que es el gerente, llamado socio general, tiene en sus manos toda la autoridad administrativa dentro de los límites de las leyes vigentes. Este gerente es también el que asume la responsabilidad por las operaciones de la sociedad. Los socios menores sólo son punibles según el monto del capital invertido.

No cabe duda que muchas, si no la mayoría de esas sociedades, son una mala inversión, y demasiadas personas han perdido sumas considerables de dinero en estas inversiones. Algunos líderes en finanzas cristianos categorizan estas sociedades como antibíblicas, diciendo que son un yugo desigual.

Estoy de acuerdo en que la mayoría de los cristianos debe evitar estas malas inversiones y que los que arriesgan su dinero en asociación con no cristianos pueden correr el riesgo de sacrificar sus convicciones por el tipo de acciones que compran. Pero no considero que esas vinculaciones puedan considerarse como un yugo desigual. Si la entidad legal se hubiera denominado «inversiones de responsabilidad restringida», la mayoría de los maestros cristianos no hubieran encontrado problema en aceptarlas. Pero como se designan como *sociedades*, de inmediato plantean una controversia.

Aconsejo firmemente a los cristianos que eviten la mayoría de las sociedades de responsabilidad limitada por un simple criterio de administración correcta o buena mayordomía. Quizás resulten negocios malos, pero no por ello constituyen un yugo desigual.

RELACIONES EMPLEADOR-EMPLEADO

Muchos cristianos se preocupan innecesariamente por el hecho de trabajar para personas incrédulas o por tener empleados incrédulos, pensando que eso los pone en un yugo desigual. Pero esa relación no es la de un yugo o sociedad. Es una relación de autoridad donde uno es el que manda y el otro es el subordinado. A menos que el empleado cristiano se vea obligado a sacrificar sus principios cristianos, no hay ninguna advertencia cristiana en contra de este tipo de vínculo de autoridad.

¿CONSTITUYE UN YUGO EL CAPITAL?

No es tan simple como parece decidir si poseer acciones en una compañía constituye un yugo. Obviamente, si alguien compra algunas acciones en la IBM o en la Ford, esa persona no está en un yugo con la compañía; sólo adquiere el derecho a una retribución equitativa de los dividendos y a tener un voto por la minoría en las decisiones de la compañía.

¿Pero qué sucede en el caso de una corporación que pertenece a dos personas que tienen acciones a partes iguales? ¿Es un yugo? Si la intención es establecer una participación igualitaria de acciones, sin duda es una *sociedad*, se use o no esa palabra.

La solución más simple a un yugo desigual en esas condiciones es la que tomó Ricardo: dirigirse al socio (o a los socios) y preguntar si estaría dispuesto a aceptar una parte de las acciones que le pertenecen, para que la línea de autoridad esté más claramente definida. Pienso que esa actitud puede ser el primer paso para que muchos socios incrédulos conozcan al Señor. Pero aun si no se da así, ese paso podría ser el primero que muchos cristianos tengan que dar para aceptar la Palabra de Dios como verdadera autoridad en sus vidas.

‖ 17 ‖

El diezmo y los negocios

El principio respecto al diezmo de los negocios no es esencialmente diferente al de los personales. En realidad, la mayoría de los pasajes del Antiguo Testamento en cuanto a las ofrendas se refiere a los ingresos producidos por negocios, ya que muy pocas personas eran empleados en el sentido que lo conocemos hoy. La gran mayoría en tiempos del Antiguo Testamento se ocupaba de la agricultura, como lo hacían los colonizadores estadounidenses hasta mediados de este siglo.

Hasta el momento he analizado el tema de los diezmos en otros libros, pero quisiera referirme de nuevo a los interrogantes que nos plantean la mayoría de los negociantes:

¿ES APLICABLE EL DIEZMO A LOS CRISTIANOS?

Algunos maestros muy conocidos enseñan que el diezmo no se ajusta a los cristianos porque se trata de una ley del Antiguo Testamento y que concierne sólo a los judíos. Creo que esta enseñanza es errónea, como también lo es la posición opuesta de que diezmar es un mandamiento ineludible para todo el pueblo de Dios. No creo que diezmar sea un mandamiento para el pueblo de Dios, ni constituye algún requisito de ingreso al cristianismo. Pero, una vez dicho esto, debo agregar que tampoco creo que se contrarreste un extremo adoptando el otro.

El diezmo nunca fue una «ley». Si bien el diezmo se menciona a menudo en los libros de la Ley, nunca se plantea una sanción para el que no diezma. Si examina las leyes que Dios le dio a los hombres, observará que hay severas sanciones para los transgresores que les aplicarían otros hombres. Sin embargo, nunca se autorizó a un judío que castigara a otro por no diezmar.

Es cierto que había consecuencias asociadas a la falta del cumplimiento de esta práctica, como la expresada en Malaquías 3.9: «Malditos sois con maldición, porque vosotros, la nación toda, me habéis robado». Está claro que la idea siempre fue que el diezmo era la contribución voluntaria a la obra de Dios, como Pablo claramente lo expresó en 2 Corintios 9.7: «Cada uno dé como propuso en su corazón: no con tristeza, ni por necesidad, porque Dios ama al dador alegre».

Cada vez que el Señor, o alguno de sus apóstoles, analizaba un asunto bíblico, definía muy bien cualquier modificación que se introdujera respecto al Antiguo Testamento. Podríamos dar como ejemplos los temas del divorcio, de los sacrificios, de la retribución y del día de reposo. Si el tema del diezmo hubiera sido un problema para los cristianos del tiempo de Pablo, estoy seguro de que hubiera precisado claramente los cambios respecto a la enseñanza del Antiguo Testamento en concordancia con la voluntad del Señor para los cristianos.

En otras palabras, el principio del diezmo se ajusta tanto a los cristianos del siglo veinte como lo fue a Abraham que dio los diezmos por primera vez cuatrocientos treinta años antes de que se instituyera la Ley mediante Moisés (véase Génesis 14.20). El diezmo es el reconocimiento de la soberanía de Dios sobre todo lo que tenemos, tanto espiritual como material. Concuerdo con lo que escribió J. Oswald Sanders en su libro *Enjoying Intimacy with God* [Disfrutando de la intimidad con Dios]: «¿Por qué habría un cristiano de aprovecharse de la gracia de Dios para dar menos a su obra de lo que daban los judíos menos privilegiados que nada sabían del sacrificio del Calvario?» Es difícil pensarlo.

¿DEBO DIEZMAR EL NETO O EL BRUTO?

Ronald era un nuevo creyente que asistía a un estudio bíblico con un grupo de empresarios cristianos de su ciudad. Venía de un trasfondo agnóstico y poco sabía de las enseñanzas de Jesucristo, excepto lo que oyó de niño en la iglesia. Una de las cosas que lo impactó era la idea de diezmar de «los primeros frutos». Ronald planteó al grupo la siguiente pregunta:

—¿Quiere Dios que diezme del neto o del bruto de mis ganancias?

—Siempre debieras diezmar de tus ingresos —fue la respuesta de la mayoría.

—¿Quieren decir que diezman del ingreso total de sus negocios? —preguntó con la franqueza abrupta que caracteriza a la mayoría de los nuevos creyentes.

El grupo quedó en silencio. Juan García, uno de los empresarios del grupo, rompió el silencio:

—Bueno, no se puede diezmar de los ingresos en un negocio. Es imposible. De modo que se diezma sobre las ganancias.

—¿Por qué habría de diezmar sobre mis ingresos personales totales y no sobre los del negocio? —preguntó Ronald—. ¿Hay otro principio que se aplique en el caso de los negocios?

—En esto hay que ser práctico —insistió otro miembro del grupo—. No puedes diezmar del total de las ventas porque en la mayoría de los negocios sus utilidades no llega a sumar un diez por ciento.

Ronald se marchó ese día totalmente insatisfecho con las respuestas recibidas. No aceptaba el hecho de que la Palabra de Dios tratara con los ingresos personales de una forma y con los ingresos comerciales de otra. De modo que me preguntó si podía venir a conversar conmigo sobre el asunto. Acepté y le anticipé que yo mismo había luchado con el problema y creía haber encontrado algunas respuestas.

Ronald me planteó su gran interrogante apenas entró:

—¿Debo diezmar sobre las ventas o sobre las ganancias?

—Permíteme preguntarte algo —contesté—. ¿Preguntas esto porque realmente *quieres* ofrendar o buscas apoyo en la Palabra de Dios para dar menos?

Ronald quedó un tanto bloqueado y algo ofendido por mi pregunta.

—Quiero hacer exactamente lo que la Palabra de Dios diga. No logro discernir qué tengo que hacer porque no parece algo factible.

—Te hice esa pregunta porque creo que ofrendar siempre es un acto voluntario del pueblo de Dios. Si alguien se resiste a dar, siempre le recomiendo que no lo haga.

—¿Por qué lo dice? Creía que la Palabra de Dios nos ordenaba dar —planteó Ronald.

—En absoluto. Dios ama al dador alegre, como dijo el apóstol Pablo en 2 Corintios 9.7. Y eso es así desde que Abraham dio los primeros diezmos en Génesis 14.20, cuatrocientos treinta años antes de darse la Ley mediante Moisés.

—¿Y qué me puedes decir del mandamiento que aparece en Malaquías acerca de los diezmos? —preguntó Ronald.

—Dios llevó a Malaquías a desafiar al pueblo de Israel reclamándoles que robaban a Dios: «¿Robará el hombre a Dios? Pues vosotros me habéis robado. Y dijisteis: ¿En qué te hemos robado? En vuestros diezmos y ofrendas» (Malaquías 3.8). Pero nunca autorizó a un ser humano a castigar a otro por no diezmar. Siempre hay consecuencias a la desobediencia y Malaquías lo afirma en el versículo 9: «Malditos sois con maldición». Pero Dios no quiere ofrendas a regañadientes. Después de todo, el sentido de las ofrendas es mostrar respeto y agradecimiento a la autoridad de Dios en nuestras vidas, ¿no es así?

—Me imagino que sí. Nunca lo había pensado desde ese punto de vista —respondió Ronald—. ¿Pero cómo puedo diezmar sobre el ingreso bruto si no llego a ese porcentaje en utilidades?

—¿Dices que no llegas a esa suma o es que no logras preservarla?

—No sé cuál es la diferencia —respondió Ronald con un gesto de perplejidad—. Si doy el diez por ciento de mis ingresos, no podré pagar los impuestos.

—¿Cuánto pagas aproximadamente al año en impuestos? —inquirí.

—Bueno, no lo sé con exactitud, pero quizás sea alrededor de un veinte por ciento —respondió Ronald.

—¿Cómo logras pagar un veinte por ciento en impuestos de tus ingresos?

—Bueno, el gobierno me lo exige —respondió Ronald mientras empezaba a percibir la relación.

—Y en cuanto a los intereses, Ronald, ¿qué porcentaje de tus ingresos destinas a pagar los préstamos de dinero que obtienes?

—Tampoco lo sé, pero supongo que debe ser alrededor del diez al doce por ciento —replicó.

—Pues entonces ya sabes a dónde se va el diezmo de Dios. Se desvía al estado, que en consecuencia provee muchos de los servicios que Dios ordenó a su pueblo que proveyera. Y el resto va al pago de los intereses de tus acreedores. Pedir prestado deriva del desconocimiento de los estatutos y mandamientos de Dios, según lo que el Señor dijo en Deuteronomio 28.43-45.

Tomé mi Biblia y le leí el pasaje:

> El extranjero que estará en medio de ti se elevará sobre ti muy alto, y tú descenderás muy abajo. Él te prestará a ti, y tú no le prestarás a él; él será por cabeza, y tú serás por cola. Y vendrán sobre ti todas estas maldiciones, y te perseguirán, y te alcanzarán hasta que perezcas; por cuanto no habrás atendido a la voz de Jehová tu Dios, para guardar sus mandamientos y sus estatutos, que Él te mandó.

—¿Dices que como el pueblo de Dios decidió pasar por alto sus principios y hacer su propio camino, Él ha permitido al estado y a los prestamistas arrebatar la parte que le corresponde a Dios? —preguntó Ronald mientras reflexionaba en esta «revelación».

—Creo que esencialmente esto es cierto. Hemos llegado a estar tan sintonizados con el mundo a nuestro alrededor, que seguimos sus principios en lugar de hacerlo con los de Dios. No diezmar es un síntoma de nuestra desobediencia, no su causa.

—¿Qué puedo hacer para salir de esta trampa ahora que sé que estoy en ella? —preguntó Ronald—. Realmente quiero honrar al Señor con mi vida y con mis finanzas.

—Parece que de momento no podemos hacer mucho respecto a los compromisos con el gobierno —le respondí—, de modo que pienso que lo mejor sería liberarnos de los préstamos y darle esa parte a Dios.

—Pero eso puede llevarme varios años —argumentó Ronald—. ¿Qué puedo hacer mientras tanto?

—Simplemente lo que puedas. Si no estás en condiciones de dar el diezmo completo sin faltar a tus compromisos, da lo que puedas. Pero ponte la meta de liberarte de los acreedores y luego diezmar al Señor lo que antes dabas en intereses.

Ronald empezó dando un pequeño porcentaje de sus ingresos brutos, mientras seguía dando el diezmo de su salario. Le llevó casi siete años liberarse por completo de las deudas. En ese período rechazó algunas buenas oportunidades de las que se podría haber beneficiado si hubiera estado dispuesto a pedir más préstamos.

Muchos de sus amigos cristianos pensaban que había exagerado la nota por hacer caso a mis consejos. El argumento típico es casi siempre el mismo: «Así podrías hacer mucho más dinero para dar más después». Pero la experiencia me ha mostrado que por alguna razón la mayoría de las personas nunca llegan en efecto a dar más.

Ronald está ahora totalmente libre de deudas y da casi el doble del diezmo de los ingresos brutos de su compañía. Nunca va a figurar en la lista de magnates, pero tal vez ocupa un lugar más destacado en otra lista.

Proverbios 3.9 dice: «Honra a Jehová con tus bienes, y con las primicias de todos tus frutos». Las primicias de todos tus frutos puede expresarse también como «tu cosecha». Cuando un granjero termina una cosecha, tiene costos asociados a ella. Esto incluye los salarios de sus obreros y los pagos a proveedores y acreedores. En nuestra época, el granjero promedio no puede diezmar ni siquiera una pequeña proporción de su cosecha, porque los costos son altos y los beneficios bajos. Sin embargo, conozco varios granjeros que pueden diezmar y aun así mantienen un buen nivel de vida. Lo que es común a todos es que están libres de deudas. No piden préstamos para sembrar, ni para pagar los impuestos. Sólo piden préstamos para extender sus operaciones y nunca usan su propiedad como garantía para adquirir más tierra.

Muchos cristianos de hoy en día piensan que es casi imposible diezmar de los ingresos brutos. Y es cierto, en tanto el creyente siga conduciéndose con las reglas del mundo. Pero es asombroso que lo que para una persona resulta imposible, para otra se torna su principal testimonio.

Quizás las dos personas más destacadas en este siglo por su conducta al respecto sean R.G. Le Tourneau y Stanley Tamm. No tuve el privilegio de conocer a Le Tourneau, porque falleció antes de que yo conociera a Cristo, pero en cambio me he encontrado varias veces con Stanley Tamm. Es un buen empresario, que ha llevado adelante una compañía de éxito (U.S. Plastics) y ha dedicado la mayor parte de lo producido a la obra del Señor.

Estos hombres no se planteaban si debían diezmar del ingreso bruto o de las utilidades. Como dijo Le Tourneau en su libro *Movers of Men and Mountains* [Los que mueven hombres y montañas]: «Uso la pala para donar dinero y Dios lo vuelve a reponer; pero la pala que Dios usa es más grande que la mía». Una característica común a estos dos hombres es que se mantuvieron sin deudas y por lo tanto estaban en libertad de dar al Señor la porción que antes daban a los acreedores. Quizás nos parezcan un poco exagerados, pero ambos crecieron en una época en que esta era la manera normal de manejar un negocio, no la atípica. Estoy convencido de que estas convicciones pueden funcionar también en nuestra generación.

¿CÓMO PUEDO DAR BIENES QUE NO SEAN EN EFECTIVO?

Con frecuencia se me pregunta: «¿Cómo se puede ofrendar en base a los ingresos si la mayor parte no es dinero en efectivo?»

Veamos un buen ejemplo en el trabajo agrícola. Un granjero podría decir: «Casi no produje nada este año», cuando en realidad ha adquirido una máquina combinada, un nuevo tractor y otro establo. La ganancia está allí, pero no en efectivo. ¿Cómo se puede dar en esa situación?

La respuesta en muchos casos es ceder una parte de la propiedad. Así, en la medida que el negocio prospere, también prospera la parte del Señor. Eso es exactamente lo que Stanley Tamm hizo en su empresa. Afectó una parte de su capital a una fundación dedicada a la obra del Señor. Si la compañía llegaba a venderse, la fundación recibiría su parte también.

En el caso de propiedades concretas como edificios, camiones y demás, el diezmo se puede resolver fácilmente asignando la porción del Señor a la iglesia o a algún otro ministerio. Definiendo esa porción como acciones sin voto, un propietario puede tomar esta medida sin afectar su autoridad o capacidad de decisión.

Muchos propietarios cristianos también han ofrendado sus productos al Señor. Por ejemplo, cuando renovamos las oficinas de nuestro ministerio, un cristiano propietario de una firma que trabajaba paneles de vidrio donó todos los que necesitábamos para nuestras ventanas. Otros cristianos han donado camiones, aviones, comida, equipos de oficinas, para distintos ministerios. Todos estos obsequios evitaron gastos a los ministerios que los recibieron. Puede tratarse del mejor obsequio, en realidad. Cada vez que levanto la vista y miro la ventana de mi oficina trato de agradecer a Dios por el empresario que dio de su tiempo y su capacidad para apoyar nuestro ministerio. También oro regularmente por su negocio.

Donar del capital puede ser beneficioso tanto al empresario como al ministerio. Como las leyes determinan que el valor de una donación se estipula al precio vigente en el mercado, el donante puede eximirse de impuestos por un monto superior al costo real del producto. Por ejemplo, si un donante tiene un costo básico en su compañía de diez dólares por acción, pero el valor del mercado en vigencia es de cien dólares, el monto deducible por las acciones donadas suma cien dólares. Como el donante en realidad no vendió las acciones, no hay impuesto a las ganancias, de modo que lo deducible es la donación en su totalidad. Si las acciones primero se venden para luego donar lo producido, el donante tendría que registrar la venta para los fines de impuestos y luego deducir la donación. Donar la mercancía antes de su venta representa un ahorro significativo. Si el ministerio es una organización sin fines de lucro, los bienes se pueden vender sin necesidad de afectar parte a los impuestos.

Un comentario interesante al margen es que muchos dueños de negocios han utilizado las donaciones en acciones, lo cual es legal, para evitar impuestos sobre algunas transferencias significativas al dar acciones a sus herederos dentro de corporaciones cerradas. Como saben que la Dirección General de Impuestos tiende a bajar la evaluación de las acciones que se donan a organizaciones no lucrativas, donan sus acciones y luego le piden a la DGI que establezcan el valor de la donación. Una vez que reciben la evaluación de los estimados (a fin de donarlos), entregan las acciones a sus familiares usando la evaluación proporcionada por la DGI para establecer su valor. ¡El gobierno no puede entonces objetar porque fue el evaluador!

¿QUÉ DEL LEGADO DESPUÉS DE LA MUERTE?

Mucho se ha hablado en círculos cristianos respecto a dar a la obra del Señor en función de un legado a la hora de la muerte. Si alguien sabe que va a morir prematuramente, esta puede ser una buena idea. Pero «es mejor dar mientras vives, para saber cómo se usa», como dijo un buen amigo mío. Los ministerios aparecen y desaparecen en función de los líderes que vienen y van. Un ministerio que se muestra firme y dinámico mientras está en actividad, puede venirse abajo cuando desaparezca su fundador. Creo que es mucho mejor ayudar a algún ministerio cuando lo vemos luchar en sus años iniciales, que esperar a donarles algo después de nuestra muerte. Sin embargo, es lógico y bíblico tener previsto qué hacer en caso de una muerte prematura.

Estoy convencido, a partir de mis observaciones, que un cristiano no debiera subsidiar ministerios más allá de su ciclo de vida. Una organización demasiado subsidiada se vuelve complaciente y esto a su vez tergiversa sus convicciones. Una mirada a cualquiera de las universidades bien respaldadas de la zona noreste de Estados Unidos confirma mi observación. Y una mirada a las denominaciones que se desenvuelven de esta forma durante cien años o más, también confirma esta tendencia. Sospecho que la mayoría de los santos hombres de Dios que tiempo atrás dejaron un subsidio de esta naturaleza, se desmayarían al ver cómo se usan hoy sus legados para promover ideas totalmente anticristianas, desde el aborto hasta la homosexualidad.

Recuerde, sólo Dios ve con sabiduría el futuro. Mejor es dar mientras estamos cerca para ver cómo se usa lo donado. «El alma generosa será prosperada; y el que saciare, él también será saciado» (Proverbios 11.25).

‖ 18 ‖

La jubilación

«Un poco de sueño, un poco de dormitar, y cruzar por un poco las manos para reposo».

Me pregunto cuántas personas asociarían este pasaje de Proverbios 6.10 y varios otros que se le parecen con la jubilación. No son muchos, me parece, a pesar de que el sentimiento que expresan los pasajes corresponde a la idiosincrasia de la mayoría de las personas (incluyendo los creyentes) respecto a la jubilación. La gente desea trabajar sólo lo necesario para retirarse y hacer lo que tengan deseos. Son muchos los que están atrapados en carreras sin significado y que anhelan escapar mediante la jubilación. Sin embargo, así desperdician muchos buenos años de su vida.

Se nos ha vendido una mentira respecto a la jubilación, sobre todo con relación a los cristianos propietarios de negocios. Desafío a cualquier cristiano para que justifique, partiendo de la Palabra de Dios, los millones de dólares que se recaudan para lo que llamamos «retiro».

¿ES BÍBLICA LA JUBILACIÓN?

Es interesante notar que la única referencia bíblica a la jubilación se encuentra en Números 8.25: «Pero desde los cincuenta años cesarán de ejercer su ministerio, y nunca más lo ejercerán». No es precisamente un fundamento suficiente para elaborar el sistema multimillonario de jubilación que tenemos hoy en día, sobre todo si recordamos que los sacerdotes a los que se hace referencia en este pasaje asumían luego otras responsabilidades.

Cualquier cristiano que reflexione debería llegar a la conclusión de que nuestro sistema de jubilación no es bíblico y por lo tanto se trata de una moda pasajera. Un argumento que he escuchado a favor de la jubilación es que las personas viven más que antes y por lo tanto necesitan del sustento para retirarse porque dejan de ser productivos. Eso es cierto sólo en parte. No obstante, si comparáramos la esperanza de promedio de vida de nuestros contemporáneos, con las primeras generaciones de las que nos habla el Génesis, veremos que los nuestros parecen jóvenes. Parece que entonces permanecían jóvenes y productivos por varias décadas más que ahora.

Creo que hay algunos principios en Proverbios que pueden aplicarse hoy a la jubilación, pero sólo en relación al ritmo más tranquilo que debemos ir adoptando con la edad y no a la interrupción de las actividades.

En Proverbios 6.6-8 leemos:

> Ve a la hormiga, oh perezoso,
> Mira sus caminos, y sé sabio;
> La cual no teniendo capitán,
> Ni gobernador, ni señor,
> Prepara en el verano su comida,
> Y recoge en el tiempo de la siega su mantenimiento.

Las estadísticas indican que el tiempo de la «siega» para la mayoría es el período entre los veinticinco y los sesenta años. Por lo tanto, sería del todo prudente que separemos en ese tiempo un porcentaje para las últimas etapas de nuestra vida, cuando nuestra capacidad de obtener ingresos disminuya y a fin de que no nos tornemos en una carga para nuestros hijos.

Pero es importante equilibrar este razonamiento con la instrucción que nos dio el Señor acerca del rico insensato:

También les refirió una parábola, diciendo: La heredad de un hombre rico había producido mucho. Y él pensaba dentro de sí, diciendo: ¿Qué haré, porque no tengo dónde guardar mis frutos? Y dijo: Esto haré: derribaré mis graneros, y los edificaré mayores, y allí guardaré todos mis frutos y mis bienes; y diré a mi alma: Alma, muchos bienes tienes guardados para muchos años; repósate, come, bebe, regocíjate. Pero Dios le dijo: Necio, esta noche vienen a pedirte tu alma; y lo que has provisto, ¿de quién será? Así es el que hace para sí tesoro, y no es rico para con Dios (Lucas 12.16-21).

¿En qué momento la planificación se torna en acaparamiento? Cuando lo que acumulamos alcanzaría para satisfacer nuestras necesidades durante cien años y nuestros antojos otros cincuenta (esta es mi definición personal).

Tomemos el ejemplo del apóstol Pablo. Es claro que sirvió un tiempo prudencial en la obra del Señor aun antes de iniciar su tercer viaje misionero. Nadie lo hubiera criticado si se retiraba en Éfeso o en Corinto a escribir sus memorias. Hasta podría haber regresado a su casa cercana a la ciudad de Tarso y vivir en paz la última parte de su vida. En Hechos 21 se nos describe su último viaje después de anunciarles a los ancianos en Éfeso que iba camino a Jerusalén y que ya no volverían a verlo. Sin duda, Pablo frisaba la edad de setenta años, una persona mayor, aun desde nuestro punto de vista. Desde la perspectiva de su generación era un anciano. Se nos dice que Pablo necesitaba un compañero constante a causa de su escasa vista. A pesar de ello, no pensaba en retirarse hasta tanto estuviera en condiciones de ejercer la labor que Dios le asignó. Si la jubilación es un concepto bíblico, parece que Dios olvidó mencionárselo a Pablo.

Recuerdo lo que R.G. Le Tourneau le dijo a su amigo de toda la vida, el Dr. Robert Barnhouse, respecto a la jubilación: «Quizás me retire algún día, pero estoy demasiado ocupado en este momento». Cuando lo dijo, tenía alrededor de ochenta años.

En su último año de vida cruzaba Estados Unidos y se dirigía hacia América Latina predicando el evangelio y ayudando a los cristianos del Tercer Mundo a adquirir técnicas para el abastecimiento de su alimentación. Obviamente, sentía que tendría tiempo para descansar cuando llegara a la eternidad. Esa es una perspectiva que beneficiaría a muchos creyentes de hoy en día.

Recordemos las palabras de nuestro Señor en Mateo 24.44-46: «Por tanto, también vosotros estad preparados; porque el Hijo del Hombre vendrá a la hora que no penséis. ¿Quién es, pues, el siervo fiel y prudente, al cual puso su señor sobre su casa para que les dé el alimento a tiempo? Bienaventurado aquel siervo al cual, cuando su señor venga, le halle haciendo así». Si piensa realmente que puede dedicarse mejor a la obra del Señor jubilándose, hágalo, pero de lo contrario reflexione sobre sus metas.

Un estudio reciente hecho por la Universidad de Harvard sostiene esta perspectiva bíblica. (No cabe duda que debe haberse escrito hace mucho tiempo, cuando lo que salía de Harvard se apoyaba en las Escrituras.) El estudio abarcaba a dos grupos de graduados de Harvard entre los sesenta y cinco, y setenta y cinco años de edad. Un grupo de cien personas se retiraron a los sesenta y cinco años de edad. El otro grupo, también de cien personas, continuaron trabajando hasta los setenta y cinco. (En un esfuerzo por controlar las variables, el estudio excluía a los hombres que hubieran sufrido problemas serios de salud antes de los sesenta y cinco.)

En el primer grupo, los jubilados a los sesenta y cinco, siete de cada ocho murieron cerca de los setenta y cinco. En el segundo grupo, los que continuaban trabajando, sólo murió uno de cada siete. ¡La conclusión del estudio era que jubilarse demasiado temprano reduce significativamente en un sexto la probabilidad de sobrevivir más de diez años!

Es posible que este estudio no refleje nuestra sociedad como un todo, ya que hay muchas personas empleadas en trabajos que les disgustan. En lo que se refiere al estrés, en ese caso, no hace mucha diferencia si se retiran o continúan. (Pero ese es un tema que podría ocupar otro libro.)

¿DEBE UNO VENDER SU NEGOCIO?

Una de las preguntas que lógicamente se plantea un propietario cuando se acerca la edad de la jubilación es: «¿Debo vender mi negocio?» Por lo general, cuando se vende un negocio se hace al mejor postor, lo cual favorece al dueño o dueños y a los accionistas principales. Pero, ¿qué decir de todos los demás que han trabajado duro y largamente para ayudar al éxito de la empresa? ¿Y qué de los que nunca han tenido oportunidad de trabajar en un ambiente cristiano y quizás nunca lleguen a tenerlo? Si la mejor oferta proviene de un no creyente, el negocio se perderá como herramienta de Dios.

Quisiera presentar una perspectiva radicalmente diferente respecto a este asunto. Como creyente al frente de una compañía consagrada al Señor, usted no tiene derecho de vendérsela a un no creyente simplemente porque le dé grandes ganancias. Usted sin duda cree (ahí está otra vez esa palabra) que Dios es el dueño, ¿o no es así?

Si este concepto lo irrita un poco, necesita revisar a fondo su actitud respecto a la mayordomía que ejercemos para Dios. Los mayordomos nunca son propietarios de los bienes que se les confían; son simples administradores para otros. Si acepta la premisa de que Dios es el propietario de todo, es difícil justificar que pueda vender la empresa a un incrédulo. He conocido muchos creyentes que en apariencias profesan dedicarlo todo al Señor, pero cuya entrega total desaparecía cuando se les presentaba la oportunidad de vender el negocio con ganancia.

Obviamente, si la empresa es de carácter público o si usted no es el principal accionista, la decisión quizás no esté a su alcance. Recuerde que Dios sólo lo hace responsable de lo que puede hacer, no de lo que no puede.

Me parece totalmente contradictorio que un creyente se esfuerce en implementar en su negocio los principios cristianos, para al final vendérselo a un no creyente que sin duda desmantelará todo lo que hecho en el nombre del Señor. El mensaje negativo que esto trasmite al empleado resulta muy obvio: «Usted dice una cosa y hace otra». Ha actuado como el hombre que el Señor describe en Lucas 14.28 que empezó a construir una torre sin calcular el costo.

Alberto ayudó a iniciar una compañía química que se expandió hasta alcanzar un volumen de ventas de varios millones de dólares anuales. Con el tiempo, Alberto compró la parte de su socio cuando este decidió retirarse. De modo que durante los últimos diez años fue dueño y señor de la empresa en sentido literal. Virtualmente tomaba todas las decisiones y administraba la firma con mano de hierro. Lo consideraban un dictador y un tirano, pero buen pagador. Si no hubiera sido por eso, decían sus empleados, nadie hubiera trabajado para él.

Cuando tenía casi cincuenta años, la esposa de Alberto murió de cáncer y él empezó a cuestionarse todo su sistema de valores. Empezó a asistir a la iglesia y por la influencia de un colega en el trabajo hizo profesión de fe en Jesucristo como su Salvador. Durante los próximos meses asistió a cuanto estudio bíblico podía encontrar y empezó a crecer y madurar espiritualmente. Al hacerlo, su actitud hacia la gente cambió; sus empleados llegaron a advertir que hasta les sonreía cuando pasaba. En uno de los estudios bíblicos escuchó de un seminario sobre cómo dirigir un negocio para el Señor y decidió asistir.

En ese seminario de «Los negocios y la Biblia», Alberto oyó acerca de un hombre de negocios creyente que tenía mucho éxito y que había dedicado su empresa a Jesucristo. Alberto hizo en ese mismo momento un voto de dedicar su propia compañía.

Durante los próximos años Alberto trabajó testificando de Cristo a sus empleados, clientes y colegas. Introdujo muchos cambios en el negocio para mostrarles a los empleados que se preocupaba por ellos, que incluía el permitirles un tiempo devocional diario, seminarios gratuitos y un archivo de grabaciones. A lo largo de los años muchos de sus empleados llegaron a conocer al Señor, incluso la mayoría de sus gerentes. Muchos otros se alejaron porque no estaban de acuerdo con sus decisiones. Al cabo de unos cinco años, casi todos los gerentes de Alberto eran creyentes.

Desafortunadamente, Alberto empezó a descorazonarse del nivel de crecimiento espiritual de algunos de sus empleados. A pesar del tiempo y el dinero invertido, la mayoría seguía como antes. De modo que empezó a dirigir más y más sus esfuerzos en testificar, fuera de la compañía, con sus colegas y con otros cristianos que estaban decididos a servir al Señor. (En otras palabras, decidió pescar en vivero.) Los resultados fueron inmediatos y efectivos, ya que encontró cientos de hombres de negocios creyentes que pensaban como él.

Al cabo de pocos meses Alberto se sentía desilusionado de su empresa y sintió el «llamado» a ministrar a otros grupos. Cuando se presentó la oportunidad de vender la compañía, aceptó en el acto. El grupo que compró la empresa era un consorcio no cristiano que buscaba expandir su negocio en esa área; la decisión de comprar se basaba puramente en el provecho potencial que les daría la inversión en la industria química. Pasado un mes del cambio, ya habían eliminado todo vestigio de cristianismo en la empresa y habían reemplazado a la mayoría de los gerentes. El esfuerzo que hizo Alberto durante diez años por levantar un negocio con principios cristianos quedó totalmente destrozado en cuestión de días. Muchos de los que poseían la perspectiva de Alberto quedaron sin trabajo.

Alberto se benefició de la venta porque su ganancia neta fue de varios millones de dólares con los cuales «servir al Señor». No es asunto nuestro cuestionar si alguien tiene o no derecho a vender su empresa, pero tengo mis dudas de que los que fueron gerentes de Alberto estén dispuestos a creer de nuevo en algún «testimonio personal» del siguiente jefe. Como expresó Santiago: «Pero sed hacedores de la palabra, y no tan solamente oidores, engañándoos a vosotros mismos» (Santiago 1.22).

Nadie puede discutirle a un propietario legítimo su derecho a vender su empresa a quien quiera. Pero esa actitud es contraria al principio de mayordomo de la propiedad de Dios. Considere lo que escribió Pablo en Filipenses 2.4-5: «No mirando cada uno por lo suyo propio, sino cada cual también por lo de los otros. Haya, pues, en vosotros ese sentir que hubo también en Cristo Jesús».

BENEFICIOS DEL EMPLEADO JUBILADO

Por cierto, los propietarios de las compañías no son los únicos que se jubilan. La referencia bíblica que nos viene a la mente cuando pensamos en el tema del retiro de los empleados (en oposición al de los empleadores) es la de Filipenses 2.3:

«Nada hagáis por contienda o por vanagloria; antes bien con humildad, estimando cada uno a los demás como superiores a él mismo».

Si usted, como empleador, separa fondos o inclusive ingresos adicionales para reservarlos para su etapa de retiro, también debe poner una suma equivalente de dinero al alcance de quienes dependen de usted. Es más, la mayoría de los empleados quizás tengan mayor necesidad de fondos suplementarios para la ancianidad, porque durante los años productivos tienen menores posibilidad de generar ganancias.

Sería fácil adoptar la actitud tradicional: «El botín es para el vencedor». En otras palabras: «Yo lo construí y me lo merezco». Sin embargo, cada uno de nosotros puede estar agradecido de que Dios no haya asumido una actitud similar. Al fin y al cabo, Él es dueño de todo y tiene el derecho de guardarlo para sí, ¿no es cierto?

Es una vergüenza a la causa de Cristo que en nuestra época sean los del mundo secular quienes asumen la defensa de los derechos del trabajador y no los creyentes líderes de negocios. En las generaciones anteriores el argumento podría haber sido que carecíamos de recursos para proveer a todos de manera satisfactoria. Pero ese argumento ya no tiene validez. ¡Sólo basta echar una mirada a los «graneros» de los empresarios contemporáneos! Quizás el argumento de la escasez de recursos vuelva a ser válido en el caso de que colapse nuestra economía fundada sobre arenas movedizas. Pero por el momento, la mayoría de los empresarios prósperos pueden satisfacer las necesidades actuales y futuras de sus empleados.

Usted debe tomar sus decisiones basándose en la Palabra de Dios, no en lo que vemos en la iglesia y sus ministerios actuales. Creo que hay muchos ministerios de la iglesia que se administran de manera menos bíblica que muchas empresas. Sus líderes levantan enormes aparatos en base a su capacidad de atraer fondos, mientras obligan a la mayoría de su equipo a llevar un nivel de mera subsistencia (o menos).

Quizás el ejemplo más clásico de esta situación lo den las escuelas cristianas. ¡A quienes les confiamos nuestros hijos están obligados a vivir en el máximo nivel de pobreza! ¿Qué clase de ejemplo les damos a los alumnos que visualizan al cristianismo como una religión de «perdedores»?

Muchos obreros cristianos a tiempo completo se acercan con preocupación a su última etapa de vida, porque carecen de una reserva de dinero o de una jubilación digna. Mire a su alrededor y fíjese si no hay algún obrero a tiempo completo al que pueda ayudar. Como escribió Lucas en Hechos 4.32: «Y la multitud de los que habían creído era de un corazón y un alma; y ninguno decía ser suyo propio nada de lo que poseía, sino que tenían todas las cosas en común». Estos principios son tan aplicables hoy como lo eran en el primer siglo. Todo es cuestión de hacerlo como descubrió Bernardo, un médico amigo.

Bernardo era socio de una entidad profesional que tenía más de veinte empleados. Su ingreso era aproximadamente de doscientos mil dólares al año, de modo que siempre figuraba en la primera categoría de contribuyentes. Para descargar una parte de los impuestos, se vinculó al programa de una asociación profesional para pensionados, en la que invertía unos cincuenta mil dólares al año. Luego las leyes con relación al plan de retiros cambiaron y la asociación tuvo que iniciar un aporte para los empleados no profesionales, además de los profesionales. La sociedad contrató los mejores abogados en esta materia para ver cómo podía esquivar las nuevas leyes.

—Creo que el abogado ha encontrado la forma en que podemos reducir el aporte para los empleados —dijo el Dr. Roque a sus socios en la reunión semanal que tenían—. Nos recomienda que fijemos la contribución en base a nuestros propios índices de aporte a la Seguridad Social.

—Buena idea —aceptó con entusiasmo otro de los médicos—. Eso significa que los empleados de menor categoría no van a contar con mucho y nuestra proporción será la más grande porque somos los que más aportamos a la Seguridad Social.

—Sí, eso es lo que dicen los abogados. Están seguros de que el estado va a aprobar esta propuesta, ya que aplicamos el sistema del gobierno para determinar las compensaciones.

—Me encanta —intervino el Dr. Aldama, que era el socio más antiguo—. Nunca me ha gustado la idea de tener que pasarle el dinero que ganamos a esos pedigüeños.

Bernardo no dijo nada en un primer momento porque era el socio más reciente del grupo, pero no se sentía plenamente de acuerdo con la filosofía de sus colegas. Al final, habló:

—¿Estamos seguros de que esto es justo? —preguntó a los demás.

Los médicos lo miraron como si les acabara de informar que había contraído lepra. Fue el Dr. Aldama el que respondió.

—Bernardo, tú eres nuevo en el grupo de modo que no conoces las cosas. Si les das un dedo a los empleados, se apropiarán de una mano, por decirlo de alguna forma. Nosotros les pagamos por trabajar. Ese es todo el beneficio que se merecen.

—Pero si la ley exige que proveamos un aporte para la jubilación y tenemos el dinero para hacerlo, ¿no es incorrecto que no lo hagamos?

—¿Bromeas? —insistió el Dr. Aldama—. Escucha, si esos vampiros en Washington supieran que pueden hacerlo, nos quitarían hasta el último centavo para dárselo a los que quieren sentarse en su casa y vivir de los seguros sociales. Tenemos que obedecer la ley, pero no debemos ser estúpidos.

Bernardo se fue a casa esa noche desilusionado de sí mismo. Se sentía mal respecto a la decisión del grupo de limitar al mínimo la contribución para el retiro de los empleados. Sabía que había cedido a la presión de sus socios y había aprobado un plan con el que no estaba de acuerdo.

Pasó el tiempo, y como en tantas cosas, la culpa y la convicción se fueron desvaneciendo, hasta que Bernardo prácticamente olvidó el incidente. Al cabo de un año la compañía en la que su padre trabajó durante casi treinta años se vendió a una más grande. Casi de inmediato los nuevos administradores reemplazaron a los empleados de más edad por sus propios empleados.

Al padre de Bernardo, que frisaba los sesenta años, lo obligaron a jubilarse. Durante el tiempo que trabajó para el empleador anterior contribuyó al plan de retiro basado en los índices de ingresos. Su jubilación total, incluyendo los beneficios de seguridad social, no alcanzaban a ochocientos dólares mensuales. En apenas unos meses vio reducirse sus ingresos en casi un cincuenta por ciento y se vio obligado a buscar un nuevo empleo, porque no podía adaptarse tan pronto al cambio tan drástico que le impusieron.

Bernardo se enfrentó de manera objetiva a una situación muy similar a la que avaló en su grupo profesional y en este caso afectaba a un miembro de su familia. Su padre no mostró amargura alguna, pero Bernardo se sintió muy culpable acerca de la decisión que tomada respecto al plan de jubilación en su asociación profesional.

Al cabo de dos años, las leyes de retiro se revisaron de nuevo para reducir las desigualdades que produjeron grupos como el de Bernardo. Desafortunadamente, el grupo optó por un plan de retiro individual en lugar de incluir a los empleados con una participación más equitativa. Bernardo se apartó del grupo y abrió otro según sus pautas, incluyendo un índice justo de aportes en base a los réditos, que fuera equitativo para todos los miembros de la entidad.

Hasta aquí hemos abarcado un amplio territorio a través del libro. Recuerdo lo que dijo un hombre de negocios que asistió a uno de nuestros seminarios de tres días: «Me siento como si apenas hubiera tomado un vaso de agua de un tanque de mil litros». Hasta cierto punto eso es cierto. No hay manera posible de que pueda incorporar a su empresa todo lo que aquí hemos analizado, al menos, no de manera inmediata. En el próximo y capítulo final, trataré de presentar un plan realista para iniciar ese proceso.

19

Ponga en práctica el plan de Dios

Hay un viejo refrán que dice: «La información sin aplicación produce frustración». Hasta el momento, usted dispone de una gran cantidad de información nueva para revisar y evaluar. Luego debe decidir qué hacer o lo que Dios quiere que haga con ella. Creo que las reacciones pueden clasificarse en tres grupos generales.

Un grupo puede llegar a la conclusión de que lo presentado no tiene lógica, es imposible o inaplicable. Terminarán el libro y no cambiarán nada. Excepto con un malestar de conciencia cuando echen a un empleado o mientan para lograr una venta, todo lo demás seguirá igual.

El segundo grupo aceptará de lleno los principios y tendrá un deseo sincero de aplicar la Palabra de Dios a cada área de su vida, incluyendo los negocios. Pero como dijo el Señor: «El afán de este siglo y el engaño de las riquezas ahogan la palabra, y se hace infructuosa» (Mateo 13.22). Este grupo será en realidad el más frustrado, porque conocer la verdad y no ponerla en práctica es por lo general peor que desconocerla por completo (al menos en esta vida). Parece bastante fácil aplicar la Palabra de Dios dentro de los límites del escritorio o la oficina. Después de todo, es muy bueno decidir diezmar de los ingresos del negocio o tomar el compromiso de incluir a su esposa en las decisiones laborales. Pero es totalmente distinto permitirle a Cristo que gobierne sus pensamientos y acciones día a día.

El tercer grupo es el que más me alienta. Son los que ponen en práctica la Palabra de Dios. Si usted se encuentra en este grupo, ya habrá advertido que Dios quiere que haga algo y está decidido a hacerlo.

Lo que queda de este libro lo escribí exclusivamente para usted, porque contiene ideas prácticas acerca de cómo implementar el plan de Dios en su negocio.

Pero primero permítame despedirme de quienes cerrarán este libro o cualquier otro sobre principios bíblicos, sin cambiar nada en su vida. Usted debe aceptar con todo su peso las palabras de Jesús en Mateo 16.24-26:

Entonces Jesús dijo a sus discípulos: Si alguno quiere seguir en pos de mí, niéguese a sí mismo, y tome su cruz, y sígame. Porque todo el que quiera salvar su vida, la perderá; y todo el que pierda su vida por causa de mí, la hallará. Porque ¿qué aprovechará al hombre, si ganare todo el mundo, y perdiere su alma? ¿O qué recompensa dará el hombre por su alma?

Jesús continuó sus enseñanzas en el capítulo 19.21-23 en respuesta a un joven que guardaba todos los mandamientos religiosos, pero sentía que aún le faltaba algo en la vida:

Jesús le dijo: Si quieres ser perfecto, anda, vende lo que tienes, y dalo a los pobres, y tendrás tesoro en el cielo; y ven y sígueme. Oyendo el joven esta palabra, se fue triste, porque tenía muchas posesiones. Entonces Jesús dijo a sus discípulos: De cierto os digo, que difícilmente entrará un rico en el reino de los cielos.

Una vez escuché a un periodista preguntarle al senador Harold Hughes, de Estados Unidos, cómo podía estar seguro de que había «nacido de nuevo». Era obvio que a este hombre *algo* lo transformó. Su respuesta fue: «Todo lo que puedo decirle, amigo, es que antes era ciego y ahora veo». Si usted no tiene esa misma seguridad en su vida, necesita considerar lo que dijo el apóstol Pablo: «Que si confesares con tu boca que Jesús es el Señor, y creyeres en tu corazón que Dios le levantó de los muertos, serás salvo. Porque con el corazón se cree para justicia, pero con la boca se confiesa para salvación» (Romanos 10.9-10).

No se pase la vida pensando que de alguna forma puede abrirse paso hacia el reino de Dios, pues esto no es cierto. El único camino es el mismo de cada creyente en todos los tiempos: debe entregar su vida y sus posesiones al Señor y permitir que el Espíritu Santo dirija y controle todo su ser.

USTED NO PUEDE HACERLO TODO

Quizás la forma más segura de frustración, tanto para usted como para quienes lo rodean, es tratar de poner en práctica todo el material de este libro en un mes. Eso sería como querer tener una vida cristiana madura al día siguiente de aceptar a Jesucristo como Salvador y eso simplemente no ocurre. Todos crecemos y maduramos de manera gradual. Hasta el apóstol Pablo pasó sus primeros años como creyente en el desierto aprendiendo acerca del Señor. Cuanto más escuchamos la voz de Dios, más fácil nos resulta reconocerlo cuando nos habla. Ese es un ejemplo del «síndrome de asimilación». Su mente captará las cosas en las que se interesa y dejará fuera las que no le interesan. Cuanto más esté en sintonía con el estilo de Dios, más cosas le mostrará.

Le sugiero que empiece enfocando un área específica que considere clave para la situación en la que ahora se encuentra. Quizás sea el desarrollo de estrategias adecuadas de contratación para colocar en su empresa las personas más adecuadas para cada tarea. O a lo mejor sea tratar de concentrarse en los que lo rodean como iguales en el Señor, aunque estén muchos escalones por debajo en jerarquía.

Hay cosas que podrá hacer de inmediato y otras que no podrá. Por ejemplo, si trabaja en una compañía donde hay convenios gremiales, no podrá aplicar un sistema de pago compensatorio según las necesidades porque las reglas y los contratos prohíben a los empleadores hacer pagos indiscriminados por iguales tareas. En lugar de pelear por imponer ese sistema, empiece por lo que sea posible. Puede desarrollar un fondo de beneficencia usando su dinero y quizás aportes de los empleados. Luego empiece a educar a la gente respecto a que usted puede interesarse sinceramente por sus necesidades y que de veras quiere ayudar en todo lo que sea posible. ¿Se imagina a una asociación gremial tratando de convencer a sus afiliados de que esa no es una buena idea?

Si no tiene buena comunicación con su cónyuge, no le recomiendo que entre de lleno con un análisis detallado de los problemas empresariales. En cambio, empiece asistiendo a un buen encuentro sobre comunicación o a un seminario para matrimonios. La idea es partir de la situación en la que se encuentra, no de donde le gustaría estar dentro de un año o dos. Pero si nunca llega a comenzar, estará en las mismas condiciones de aquí a un año.

COMIENCE CON SU VIDA

Lo único que nadie puede impedirle, ni los gremios, ni su esposa, ni un gerente poco cooperativo, ni la falta de recursos, es aplicar los principios bíblicos a su vida. Decídase a amar a las personas que lo rodean, aun los que no le caen bien (o quizás *especialmente* los que no le caen bien). Si tiene la tendencia a encerrarse en una torre de marfil y mirar desde arriba a las masas de obreros allá abajo, quizás tendría que cambiar de despacho con el conserje para que pueda mezclarse con los obreros. ¡Una medida como esa, por cierto, convencerá a los demás que ha sucedido algo inusual en su vida! Tal vez piensen que está en la crisis de la mediana edad, pero si no aparece vistiendo un pantalón vaquero juvenil y conduciendo una moto, a lo mejor adviertan que se trata de otra cosa.

EMPIECE UN DEVOCIONAL EN SU EMPRESA

Casi todo propietario de empresa está en condiciones de implementar un culto devocional periódico. Es algo legal en tanto que sea optativo. Quienes deseen continuar trabajando en ese horario deben tener la libertad de hacerlo. Le recomiendo traer oradores ajenos a la empresa para encarar temas conflictivos como drogas, crianza de los niños, comunicación entre cónyuges o la planificación del presupuesto. Temas como esos alcanzan prácticamente a todos. Si selecciona sus oradores entre

personas con experiencia reconocida, será de ayuda para empleados que están en dificultades. Los que han recibido ayuda se lo
dirán a otros y el Señor hará que el tiempo devocional se fortalezca.

TESTIFIQUE

Quizás desee comenzar a testificar a sus empleados, acreedores y clientes. Pero hasta que no esté bien seguro de que trata
a sus empleados con amor, que paga sus cuentas a tiempo y
que provee productos de excelencia a sus clientes, le recomiendo que su testimonio se limite a los cambios que puedan verse
en su vida. Una vez demostrado que el cristianismo resulta en
su vida, quizás quiera probar formas más directas de testificar
que otros han comprobado como efectivas. No todas las ideas
se ajustan a todas las personas o empresas, pero al menos alguna se adaptará.

Stanley Tamm, de la firma *U.S. Plastics*, en Lima, Ohio,
pintó una vez un cartel en el costado de su edificio que miraba
a la calle que decía: «Dios lo ama y nosotros también». Cuando
era un creyente nuevo y hombre de negocios pensé: *Eso estará
bien para él, ¿pero qué se logra? Quiero decir, ¿cuántas personas se van a salvar por leer el cartel al costado de su edificio?*

Luego escuché a Stanley relatar acerca de las decenas de
personas que al ver el cartel se detuvieron y visitaron la empresa para terminar aceptando al Señor. ¡Llegué a la conclusión
de que sí daba resultados!

La compañía Edwards Baking, en Atlanta, estampa versículos bíblicos en el envoltorio metalizado de sus deliciosos
productos. Conocí a un empresario que se entregó a Dios después de leer el fondo de un envase de dulce una noche en la
cocina. Su esposa, que era cristiana, acababa de morir después
de una larga enfermedad. El día de su muerte solicitó un dulce
de esa firma y lo dejó en el refrigerador para su esposo. Poco
antes de morir, le dijo: «Te dejé una sorpresa en el refrigerador, querido. Léela con cuidado». El versículo estampado en
el fondo era el de Romanos 8.28: «Y sabemos que a los que
aman a Dios, todas las cosas les ayudan a bien, esto es, a los
que conforme a su propósito son llamados».

Una compañía química en Birmingham, Alabama, coloca un folleto bíblico en cada caja que embala. El presidente de la compañía se cuestionó acerca de la eficacia de este recurso, porque rara vez se encontraba con alguien que hubiera leído el material. De modo que indicó al departamento de embalaje que suspendiera esta práctica. Al cabo de un mes recibió más de una docena de cartas preguntando si habían vendido la compañía a otros dueños. Varias personas tenían hermosos testimonios acerca de cómo los folletos sirvieron para orientar a sus compañeros a encontrarse con el Señor y hablaban acerca del testimonio de ese empresario de éxito comprometido así con el Señor.

Una compañía nacional de fletes pintó carteles en todos sus camiones que decían: «¡Marchamos por Jesús! Si desea más información llame al _____». Reciben un promedio de quinientas a seiscientas cartas al año tanto de creyentes como de no creyentes, pidiéndoles más información.

El propietario de una cadena de tiendas en el sur del país decidió eliminar el alcohol y los cigarrillos de sus negocios antes de llegar a ser cristiano. Desafiando las estadísticas nacionales que indican que estas no sobreviven sin la venta de licores y cigarrillos, sus tiendas se mantienen prósperas. El testimonio es evidente aun para los niños que viven en los vecindarios cercanos al negocio.

Como dije antes, nadie puede aplicar todas las técnicas que otros han usado para testificar de Jesucristo. Busque el plan que Dios tiene para su vida y para su negocio y dará resultados. Hay alrededor de doscientos cincuenta mil empresas en Estados Unidos que son propiedad de creyentes o administradas por creyentes. Si al menos un diez por ciento de esas empresas se usaran como herramientas para expandir el evangelio de nuestro Señor, podríamos hacer un gran impacto en la sociedad que nos rodea. Tomar esa posición requiere una entrega total de su persona y una disposición a aceptar el rechazo y la burla de quienes odian las cosas de Dios. Pero eso no es nada nuevo. Lo único nuevo es que los creyentes hoy tienen mucho más para perder.

Si queremos que Dios nos use primero, debemos estar dispuestos a morir por Él. Como dice Pablo en Filipenses 3.7-8:

«Pero cuantas cosas eran para mí ganancia, las he estimado como pérdida por amor de Cristo. Y ciertamente, aun estimo todas las cosas como pérdida por la excelencia del conocimiento de Cristo Jesús, mi Señor, por amor del cual lo he perdido todo, y lo tengo por basura, para ganar a Cristo».

Para concluir, la pregunta que quisiera hacer es la siguiente: ¿Cree esto? ¿O sólo dice creerlo?

¡Sea un Maestro o Consejero en
Mayordomía Bíblica!

¡Sea un Maestro o Consejero en Mayordomía Bíblica!
Pida nuestro
<u>Curso de Liderazgo Económico</u>

El programa de Maestros y Consejeros Conceptos Financieros consiste en entrenar voluntarios dentro de nuestras propias comunidades para servir a las necesidades de individuos y familias que hablan español. Cada Maestro o Consejero en Mayordomía Bíblica no está oficialmente ligado a Conceptos Financieros sino que trabaja directamente dentro de la organización o iglesia a la cual pertenece.

El Maestro como el Consejero en Mayordomía Bíbica se capacitan para enseñar los estudios de Conceptos Financieros; entre ellos, "Cómo manejar su dinero" y "Finanzas familiares". También pueden enseñar a otros a controlar sus gastos preparando un presupuesto con "El Cuaderno de Planificación Financiera" y el video "Cómo armar un presupuesto familiar".

CURSO DE LIDERAZGO ECONOMICO – CONTENIDO

Módulo I: <u>Maestro en Mayordomía</u>
- ◆ Libro "¿ Cómo Manejar su Dinero?"
- ◆ 10 sesiones en video
- ◆ Manual de Trabajo "Finanzas Familiares"
- ◆ Más de 400 hojas en materiales educativos
- ◆ Certificado de Maestro en Mayordomía Bíblica

Módulo II: Consejero en Mayordomía
- ◆ Libro "¿ Cómo Llego A Fin de Mes?"
- ◆ Más de 600 hojas en materiales educativos (orientados, primordialmente, a EEUU).
- ◆ Certificado de Consejero en Mayordomía Bíblica
- ◆

PARA SER UN <u>MAESTRO</u> EN MAYORDOMIA BIBLICA SE REQUIERE:

1. Debe completar el <u>Primer Módulo</u> de nuestro Curso de Liderazgo Económico.
2. Debe vivir dentro de un presupuesto familiar por lo menos por cuatro meses.
3. Debe enviar los formularios firmados por su supervisor, pastor o encargado.

PARA SER UN <u>CONSEJERO</u> EN MAYORDOMIA BIBLICA:

1. Es pre-requisito ser un Maestro en Mayordomía Bíblica.
2. Debe completar el Segundo Módulo de nuestro Curso de Liderazgo Económico.
3. Debe enviar los formularios firmados por su supervisor, pastor o encargado.
4. Debe enviar Compromiso de Honor, Exámenes, Testimonio Personal y Ejercicios.